公安机关执行监察协助法律问题研究

魏地 著

本书受国家社科基金重大研究专项项目『社会主义核心价值观融入党内法规制度建设的创新性路径研究』（19VHJ009）资助

法律出版社
LAW PRESS · CHINA
北京

图书在版编目(CIP)数据

公安机关执行监察协助法律问题研究 / 魏地著. --北京:法律出版社,2023
ISBN 978-7-5197-7498-1

Ⅰ.①公… Ⅱ.①魏… Ⅲ.①公安机关-执法监督-研究-中国 Ⅳ.①D922.14

中国国家版本馆CIP数据核字(2023)第010395号

公安机关执行监察协助法律问题研究
GONGAN JIGUAN ZHIXING JIANCHA XIEZHU FALÜ WENTI YANJIU

魏 地 著

策划编辑 冯雨春 张 颖
责任编辑 张 颖
装帧设计 鲍龙卉

出版发行 法律出版社
编辑统筹 法律应用出版分社
责任校对 王 丰
责任印制 刘晓伟
经 销 新华书店

开本 710毫米×1000毫米 1/16
印张 19.75 字数 332千
版本 2023年3月第1版
印次 2023年3月第1次印刷
印刷 北京盛通印刷股份有限公司

地址:北京市丰台区莲花池西里7号(100073)
网址:www.lawpress.com.cn
投稿邮箱:info@lawpress.com.cn
举报盗版邮箱:jbwq@lawpress.com.cn
销售电话:010-83938349
客服电话:010-83938350
咨询电话:010-63939796

书号:ISBN 978-7-5197-7498-1
定价:78.00元
凡购买本社图书,如有印装错误,我社负责退换。电话:010-83938349

序　言

在近年来的学习和工作中，围绕“监察协助”对公安机关协助监察机关履行职责有关法律问题，持续进行了一些思考和研究，权以本书作一小结。

一

自监察体制改革之初，即开始关注改革有关问题。由于工作关系，较早接触《监察法》、《监察法实施条例》以及部分规范性文件，了解到地方监察机关和公安机关执行《监察法》的一些实际情况，对于有关部门推进监察法治进步的努力，以及需要解决但因种种原因还未能解决的问题，也有一些体会。出于个人兴趣，也广泛阅读了监察体制改革相关研究文献。学界对这一重大宪制改革给予了热切关注，也进行了冷静深入的思考；我从中得到很多启发，受益颇多。

经监察体制改革试点创制、由《宪法》修改确认的监察机关，在政治、法律、社会各个领域的重要性不言而喻，其重要地位似乎已经成为社会的一种基本认识。那么，在《宪法》和《监察法》所构建的集中统一、权威高效的中国特色国家监察体制中，作为行使国家监察职能专责机关的监察机关，为什么履行职责还需要公安机关等机关和单位的协助？尤其是对于公安机关而言，为什么需要动用警察权协助监察权？以警察权协助监察权的权力界限如何把握？如何规范监察权与警察权，以防止权力的滥用与任性，从而实现权力的有限且有效？在林林总总、各种各样的协助活动中，在监察权力、行政权力、刑事权力的运行过程中，在权力行使与权利保障的动态平衡中，这些问题不断出现，已无法回避，我试图去探寻这些问题的答案。

无须避讳，在国家权力结构中，公安机关与监察机关均为相对较特别的权力主体。监察机关的出现，改变了多年“一府两院”的权力格局，形成“一府一委两院”的新格局，监察权成为独立于立法权、行政权和司法权之外且具有相当程度的强制性的新型权力。公安机关拥有完整的警察权，兼具行政权力和刑事权力，有权对人身自由行使最高程度的强制力。在此意义上，公安机关协助监察机关是一种公权力的“强强联合”。当监察机关请求公安机关协助执行，用警察权来保障监察权的实施，为防止出现任意协助，防范警察权或监察权的泛用甚至滥用，尤其需要规范权力的行使，以避免其恣意和任性。

然而，与学界对权力可能滥用的忧虑不同的是，当转向基层公安机关和监察机关去了解执法办案实践，发现无论是监察机关还是公安机关，在协助过程中均面临诸多的困难与困惑。可以归结为三重困境：

第一重困境在宏观层面。宏观层面的困境主要是关于协助监察机关的理论储备不足，有关研究较为少见；立法供给不充分，现有关于协助的规定碎片化，缺乏制度框架和系统规定。

第二重困境在中观层面。中观层面的困境有监察协助的事项范围如何确定，哪些事项应纳入协助范畴，由何机关何部门协助；适用情形如何界定，监察机关自主采取措施与公安机关协助执行的界限与限度如何把握；执行程序如何设置，以保证协助请求的提出、协助事项的执行有相对统一的标准和规范；法律责任如何分担，在损害与责任之间，在监察机关与协助机关之间如何分配责任等，均缺乏清晰的依据和指引。

第三重困境在微观层面。微观层面的困境体现在具体协助活动面临一些现实困难，如监察机关与公安机关如何联络沟通，形成规范的制度机制，而不再依赖于双方合作关系是否良好或者监察机关是否更强势；部分措施如通缉、留置的适用存在《监察法》与《刑事诉讼法》的规定不相衔接问题，实际协助执行时何去何从如何掌握；公安机关协助时可以行使哪些权力，采取何种措施，如何应对因执行协助或不执行协助而产生的各种责任等。

上述这些问题、忧虑、困惑的存在，对于深入研究监察协助法律问题，并且建立和完善监察协助制度提出了迫切需求。

基于此，本书的基本思路是，创新提出“监察协助”的概念，确立监察协助这一新的协助类型，以公安机关执行监察协助的理论基础、权力主体、运行程序、法律责任为基本框架，力求深入系统地研究公安机关执行监察协助过程中出现的一系列理论和实务中的法律问题。

二

对于监察协助的认识，经历了不断深化、逐渐清晰的过程。研究之初是从公安机关协助监察机关履行职责的现象切入的，在不断思考这些协助活动的表现、特点，分析与其他协助活动及相关行为的异同中，渐渐认识到，这种协助是随着监察权和监察机关应运而生的新的协助类型，于是提出“监察协助”的概念，将监察协助作为一个独立的专门现象进行研究。或许，这种理论概念的“发明”，其实正是对客观存在的“发现”。

“监察协助”概念是一名词，指代协助监察机关这一特定的协助类型名称。中文的特点不像英语，不需在名词、动词等词性上加以形式上的区别，并不会造成理解上的任何困难。像“行政协助”“刑事司法协助法”“提供协助”等，均是将协助作为名词使用。这种语言现象其实很普遍，不止“协助”一词，常见的许多其他词语，像“构建”“规范”等，既可以在动词意义上使用，也可以作为名词使用，实在不胜枚举。

以“监察协助”这一概念概括各机关和单位行使法定职权协助监察机关的活动，可以体现出这些活动协助监察权的本质，还可与现有其他协助制度相衔接。本书界定了“监察协助”的概念、外延，分析了其性质与特点，划分了不同的协助类别，并与其他相关行为做了比较研究，突出了监察协助作为一个独立类型存在的意义与价值。

监察协助作为一种协助制度，是监察机关在履行监察职责过程中基于法律规定，或者因遇到障碍，向其他国家机关或单位提出协助请求，被请求的机关或单位依法提供职务上的帮助以支持实现监察职能的制度。由此，在监察协助制度中，公安机关依法向监察机关提供职务上的帮助，即公安机关执行监察协助的活动。

三

为系统完备地研究监察协助，本书以权力与责任为逻辑主线，构建起公安机关执行监察协助法律问题的理论框架。

从权力配置等法理基础和警察权演进等实践必然两个维度论证公安机关执行监察协助的内在逻辑，从权力运行的角度论证公安机关执行监察协助的具体程序，从法律责任的角度论证公安机关执行监察协助的责任认定与承担。

同时，又以权力配置这一线索贯穿始终。从权力配置的支配层面，探究公安机关执行监察协助的权力来源，并从国家强制权力的集中和警察协助的历史角度，突出了警察权的专属性。

从权力配置的模式层面，归结公安机关执行监察协助的权力配置模式，在功能性分配和结构性分配层面分别表现为公安机关与监察机关之间横向配置、公安机关之间纵向分配两种基本模式。在横向配置模式中，监察权配置的“统”与“分”、警察权配置的“强”与

“弱”特点突出；在纵向配置模式中，公安机关的领导体制、中央与地方公安事权划分对执行监察协助有着深刻影响。

从权力配置的表达层面，论证监察机关与公安机关这一对监察协助权力主体之间分工负责、互相配合、互相制约法律关系的应然与实然。

四

作为在实务部门工作的法律研究人员，坚持问题导向，既是工作的必然要求，也是长期形成的思维习惯。

在研究过程中，始终以强烈的问题意识为指引，力求注重实效性，秉持发现问题、分析问题、解决问题的原则，按照从一般规则到具体措施的逻辑，结合实地调研、书面调研、法规范研究与文献研究等方法，对公安机关执行监察协助进行了立体化的程序构建。既设计了执行监察协助的基本程序控制，又对技术调查、搜查、留置等主要事项的协助执行逐一进行了探讨。重点分析执行依据、程序要求、理论与实务难题等内容，对理论上的分歧提出了研究意见，对实践执行中遇到的困难提供了解决思路和对策建议，以期对请求协助的监察机关和执行监察协助的公安机关解决执法办案问题能有所助益。在此仅举几例略作说明。

例如，对公安机关执行技术调查，在《监察法》和《监察法实施条例》现有规定的基础上，应以罪名列举和刑罚程度相结合的方式，进一步限定技术调查适用的案件范围；以采取常规的调查措施无法实现调查目的的要求，进一步限定其适用情形，同时对技术调查的措施种类范围作出限定，不应完全等同于技术侦查措施。

再如，关于留置措施的协助执行，总结了地方公安协助执行留置的三种模式，讨论了学者的四种观点，论证了如若将看守所执行留置作为一种确定的制度设计，而非一时权宜之计的利弊得失。由看守所负责执行留置固然具有若干突出优势，但会存在法律之间不协调、有违法治精神的问题，为此分别从现有法律规定框架之内和修改法律两个方面，提出分步骤解决的建议。

又如，对于公安机关协助监察机关执行搜查，遇到紧急情况的情形，提出有必要通过立法赋予监察机关紧急情况下无证搜查的权力，公安机关可以提供协助，但在现行法律规定下不能直接依据《刑事诉讼法》径行开展无证搜查。

五

需要说明的是，对于公安机关执行监察协助的事项范围，本书采取了较为宽泛的方式，将各种协助活动分为确定的协助、酌定的协助和商定的协助三类。但这并非主张扩大公安机关执行监察协助的事项范围，也并不意味着赞同公安机关应更多地承担协助义务。面向客观存在的现实，务实的做法既不是存在即合理、不加区分地全盘接受，也不是否认或者回避问题的存在，而应从实际出发去寻求规范的路径。

因而，出于既保障监察机关职权行使，又合理调用公安机关警力资源，科学划分监察权与警察权的界限的考虑，应通过多点发力对不同类型的协助活动予以规范。对于《监察法》明确规定的协助事项，主要是形式要件和基本程序的确定；对于《监察法》明确规定的协助事项之外，实践中通过规范性文件、协调会、部门协商等形式开展的协助活动，还需要对协助的适用情形、协助执行程序、协助的范围与限度进行更为严格的限定和严密的设计。

至于监察协助的三个类别，不同于以往的协助分类，是以协助产生依据及确定程度的不同作为分类标准。确定的监察协助有《监察法》的明确规定作为依据，当出现法定情形时，监察机关必须向其他机关请求协助。酌定的监察协助产生的依据也是《监察法》的明确规定，但《监察法》同时授权监察机关自行确定是否需要协助，监察机关对于协助拥有裁量权。商定的监察协助在《监察法》中没有明确规定作为直接协助依据，而是基于其他法律规定的法定职权以及提请协助的监察机关和提供协助机关之间的协商一致，商定的监察协助也需建立在法定职权的基础之上。三个类别的划分并不同于依职权与依申请活动的区分，毕竟作为协助活动，即使是确定的监察协助，未经监察机关提出的，公安机关亦无权主动执行。

不同类别的监察协助活动中，执行模式、使用权力、程序要求和可能承担的法律责任也有所不同。

不同的协助类别呈现不同的执行模式。确定的监察协助的执行，属典型的“监察机关决策—公安机关执行”类型。监察机关作出有关决定后，公安机关执行过程中具有较强的自主性，如通缉令的发布、缉捕、移交人员等。酌定的监察协助和商定的监察协助则属于“监察机关决策并执行—公安机关协助执行”类型，是否由公安机关提供协助取决于监察机关是否需要、是否提出请求；公安机关是否需要执行存在或然性，自主性的空间也较小。当然，监察机关提出协助请求的，公安机关还应根据法律判断是否应予协助。

在执行监察协助中，公安机关行使的权力主要涉及武力使用权、带有强制性的措施使用权、羁押监管权、技术调查使用权、治安管理处罚权、刑事案件侦查权以及管制物品处置权等。不同的协助类别中，公安机关可以行使的权力亦不相同。确定的监察协助和酌定的监察协助可以依法使用强制性手段，对人身自由有权予以限制；商定的监察协助一般并不直接使用强制权力，但协助过程中出现暴力抗拒、伤害他人等行为的除外。这应是《监察法》之所以对部分措施予以明确规定的原因。

执行的程序在不同的协助类别中也有不同的要求。如对确定的监察协助事项，公安机关主要进行形式审查，符合形式要求，法律手续完备，且由本公安机关管辖的，公安机关应当及时予以协助；对酌定的监察协助和商定的监察协助事项，在形式审查之外，还应进行实质审查，判断是否符合协助的适用情形，是否符合相关法律规定等。

不同的协助类别还会影响法律责任的承担。在确定的监察协助中，监察机关对决定承担责任，公安机关对执行承担责任；而在酌定的监察协助和商定的监察协助中，公安机关仅对违法行使权力和超出监察机关请求范围和限度的行为承担法律责任。

六

在一定程度上，公安机关执行监察协助活动，不但涉及《宪法》保护的基本权利及其他权利，也关乎反腐败工作成效、法律制度间融合衔接乃至社会法治信仰。法律责任的科学设定，是执行监察协助制度效能的重要保障。

尽管在资料收集和各种调研中，并未见到监察机关或公安机关因监察协助承担法律责任的实际案例，但从责任理论和办案规律判断，法律责任问题的产生具有必然性。近年来，公安机关一直坚持严格规范公正文明执法，努力让群众在每一起案件办理、每一件事情处理中都能感受到公平正义。然而，由于“感受”是一种主观体验，办案部门的自我评估和执法对象的主观感受不相一致的现象并不鲜见。同其他执法办案活动一样，对于执行监察协助也应提供充分的权利救济的途径渠道和制度保障。因而，本书对公安机关执行监察协助的法律责任进行了前瞻性研究，对监察协助责任主体、归责原则、责任形式、承担方式等责任体系内容进行了较为系统的探讨。

作为首部较为全面系统研究公安机关执行监察协助有关法律问题的专著，一些内容仅为千虑一得，可能是初步的，甚至是谬误的，还值得商榷，请各位读者和专家学者批评指正。唯愿能作为引玉之砖，在当前监察法治研究日渐深入和精细之时，引发更多对监察协助问题的思考和研究，为更好地发挥监察协助的制度效能，促进监察法治的发展与完善，实现对权力的规范与权利的保障，尽一份应有责任、出一份绵薄之力。

前　　言

公安机关执行监察协助的法律问题，按照现代法治的精神和原则，实质是运用法律手段对公安机关执行监察协助的活动及所运用权力进行制约和规范，即通过科学的制度设计和程序控制，合理设定警察权和监察权的权力配置，规范公安机关执行监察协助的运行和程序，完善法律责任，使其在法治轨道上良性运行，真正发挥公安机关执行监察协助的效能作用，实现监察协助的制度目标。

本书分为绪论、主体五章、结语以及附录，共八个部分。

绪论部分，说明监察协助研究的理论意义和实践意义，梳理概括目前学界对监察制度及监察协助相关课题研究的成果，介绍了本书的研究思路、研究方法与不足。

第一章论述了公安机关执行监察协助的基础理论，从监察协助的概念界定、公安机关执行监察协助的内在逻辑和公安机关执行监察协助的规范依据三个方面展开。将监察协助作为新的协助类型，界定了监察协助的概念外延，分析论证其性质、特点与类型；从法理基础和实践必然两个维度论证公安机关执行监察协助的内在逻辑，探寻公安机关执行监察协助的必然性；梳理了监察协助的相关法规范，分析了规范依据的实然状态与应然体系，为更深入系统地研究监察协助奠定理论基础。

第二章论述了公安机关执行监察协助的权力主体，从权力制约和权利保障两个维度分析规范公安机关执行监察协助权力主体的必要性，论证在权力主体之间进行权力配置的目标与模式，从功能与结构层面体现为公安机关与监察机关之间的横向配置、公安机关内部的纵向配置，并由此形成了监察机关与公安机关之间分工负责、互相配合、互相制约的关系网络。

第三章论述了公安机关执行监察协助的运行路径，在阐述需遵循的职权法定、权利保障、协助适度、正当程序、权力监督等原则基础上，按照运行程序逐一探讨监察协助的管辖、监察协助程序的启动、监察协助请求的审查与执行。上述五项原则分别从权力的配置、运行过程控制及效力结果评价的角度展开，贯穿公安机关执行监察协助的全过程。监察协助的管辖是执行监察协助的前提，涉及职能管辖、级别管辖、地域管辖三个层面及关联案件管辖问题。监察机关提出协助请求启动监察协助，应符合监察协助的事项范围、适用情形与请求形式方面的要求。公安机关收到协助请求后进行形式审查和实质审查，依据《监察法》及相关行政、刑事法律法规的规定执行。

第四章论述了监察协助事项的具体执行，按照监察协助类型分别从确定的监察协助的执行、酌定的监察协助的执行、商定的监察协助的执行展开。在对监察协助基本程序建构的基础上，突出对具体协助事项执行过程中理论难题与实务困境的思考，结合实践中公安机关协助监察机关的部分实际案例，系统论述三类监察协助事项的具体适用情形、执行程序，尤其是技术调查、通缉、搜查、留置等措施的协助执行中的理论与实践问题，并提出解决思路与对策建议。

第五章论述了公安机关执行监察协助的法律责任，分别从公安机关执行监察协助的责任划分基础、责任认定形式、责任承担方式展开。将责任类型、归责原则和责任主体确定作为责任划分的基础，通过监察机关的认定、检察机关的认定、国家赔偿中的认定、公安机关内部监督中的认定等形式开展，并体现为否定性、补救性、惩戒性三类责任承担方式。通过设定科学、落实到位的法律责任，促进监察协助法律法规的实施效果和制度构建的目标实现。

结语部分提出了完善公安机关执行监察协助的制度构建，在不同层面对公安机关执行监察协助的责任主体、程序要求、法律责任等进行全面系统的规定，从而构建完整的公安机关执行监察协助的制度体系。

附录部分在本书所作研究的基础上，为简明扼要又系统完整地呈现公安机关执行监察协助的有关制度设计，附上所起草的《公安机关执行监察协助程序规定（试拟稿）》，包括6章90条，以供理论研究和实务部门参考。

目录
CONTENTS

绪　论

国家监察体制改革是事关全局的重大政治体制改革，是强化党和国家自我监督的重大决策部署。[①] 2018 年《宪法修正案》和《监察法》的出台与实施，将监察体制改革的成果固化为宪法和法律，成为监察体制改革实现预期效果的标志。这不仅带来了国家反腐败体制的重构，而且对国家权力进行了重新配置，构成国家权力结构的重塑和国家治理体系的重大调整。虽然《宪法修正案》和《监察法》的出台使改革中遇到的一些争议和问题暂时有了答案，但监察体制改革作为当下中国最根本性、最重大的宪制变迁，仍带来许多需要进一步研究论证的重大理论和实践问题。

一、监察协助的研究意义

监察权的设立，直接体现了监察工作的特色和监察机关作为国家反腐败工作机构的定位，对国家权力结构和公民权利保障产生了广泛和深刻的影响。监察机关有效行使法定职权，离不开有关机关的协助配合，因而履行好监察法职责，固然是专责机关监察机关的法定义务，但包括公安机关在内的其他国家机关也依法负有协助执行的义务。如何协助监察机关履行好监察职责，即如何执行好"监察协助"，成为一个兼具理论价值和现实意义的问题。作为在公安机关法制和研

① 参见《习近平谈治国理政》（第三卷），外文出版社 2020 年版，第 512 页。

究部门工作多年的同志，对监察体制改革后公安机关应当如何执行监察协助、如何履行好法定职责给实务部门工作人员造成的困惑深有感触，对公安机关执行监察协助的法律问题进行了持续的思考和关注。

（一）理论意义

理论是实践的先导。为改革和立法献言、提供决策参考，是学者的当然使命。监察体制改革作为近年来宪制领域的重大变革，已成为法学，尤其是宪法学与行政法学的重大研究课题。如何进一步完善监察体制，仍会是今后一个时期理论界的关注焦点之一。已有许多学者从不同领域、不同角度对进一步完善监察体制提出了很多真知灼见，涌现了丰硕的研究成果，主要集中在监察权的性质、监察机关的宪法定位、监察机关与其他国家机关的关系、监察程序与刑事司法程序及其他法律程序的衔接等方面。对于如何执行监察协助，尤其是公安机关如何执行监察协助，论及者凤毛麟角。在监察权与警察权的权力配置、监察协助的运行程序、法律责任等诸多问题上尚需进行深入而系统的研究论证，为完善监察协助相关制度、规范公安机关执行监察协助的实践提供思想引领和理论支撑。

（二）实践意义

法律的生命在于实施。《宪法修正案》和《监察法》为建立全新的监察制度提供了宪法法律依据，但由于《宪法》和《监察法》的地位及调整范围，监察立法与实践需求之间还有较大空间，尤其在监察协助方面，无法为监察协助提供可操作性依据。2021 年出台的《监察法实施条例》从协助“需求侧”的角度，对监察机关提出协助请求的程序作了一定规范，但公安机关如何执行协助这一“供给侧”的规范仍然缺位。实践中，公安机关执行监察协助几乎是“照单全收”，无条件地全力支持配合监察机关，对于执行监察协助的范围、条件、程序等均未暇深究，这一方面与监察机关的重要地位不无关系，另一方面，也是暂时延续了部分过去的工作模式和做法。但长远看来，监察协助重要制度性问题的立法缺失、理论储备不足与实践需求的落差，将会日益凸显，如法律制度缺位问题不能解决，执行中范围不清、标准不一、程序混杂等问题将会制约监察协助执行的实质效果，甚至一定程度上影响监察制度的可持续性发展。厘清公安机关执行监察协助所涉及的法律问题，完善监察协助制度，是执行监察协助实践的迫切需求。

二、相关研究现状及趋势

理论界对国家监察制度的研究，时间区间主要分布在2016年监察体制改革试点之后，研究焦点主要集中在监察权的性质、监察机关的宪法定位、对监察法草案的评价建议等。随着研究的拓展深入，在监察办案与刑事司法程序的衔接、留置等监察措施，国家赔偿责任等方面的专题研究日益增多。

（一）关于监察制度相关问题的研究

由于监察协助相关的研究文献数量过少，对监察制度相关文献进行了广泛阅读，作为监察协助专题研究的理论基础。影响力较大的专著主要有：江国华主编《中国监察法学》（2018）和编著《国家监察立法研究》（2018），姜明安著《监察工作理论与实务》（2018），马怀德主编《监察法学（高等学校法学试用教材）》（2019），秦前红著《监察改革中的法治工程》（2020），秦前红、叶海波等著《国家监察制度改革研究》（2018），秦前红主编《监察法学教程》（2019），中共中央纪律检查委员会、中华人民共和国监察委员会法规室编写《〈中华人民共和国监察法〉释义》（2018），杨宇冠著《监察法与刑事诉讼法衔接问题研究》（2018），尤光付等著《监察的理论和体制机制研究》（2018），姚文胜著《国家监察体制改革研究》（2019），李晓明、芮国强主编《国家监察学原理》（2019），张晋藩主编《中国古代监察制度史》（修订版）（2019），薛小建编著《中国国家监察体制的历史与变革》（2020），吴建雄、廖永安主编《监察法学（21世纪中国高校法学系列教材）》（2020）等二十余种。自2016年以来，与监察有关的各类研究文献有5318篇，其中，发表在核心期刊的有590篇。

经对相关研究成果进行大致梳理，主要有以下六方面：

1. 对监察制度的历史研究。有学者对中国监察制度的发展和监察思想、监察机关、监察权的历史发展作了系统梳理分析，指出中国古代监察法制可为当前的监察体制改革提供历史镜鉴，并指明监察改革的方向①。

2. 对监察体制改革路径的集中研究。许多学者对监察体制改革的合宪性、合法性路径的问题进行了探讨。如有学者认为，由于涉及人民代表大会制度的根本，监察体制改革试点必须由全国人大授权，在全国范围内设置国家监察机关必须通过修宪方式②。有学者指出，监察体制改革应以人民代表大会制度为根本，遵循先“变法”后“变革”的逻辑、遵照机构与职能整合的思路、坚持监察权独立行使理念，适时启动相关法律的“立改废”工作③。有学者提出，国家监察委员会的设立能不能在法治化方面取得进步，取决于能否突破法律的正当程序困境以及国家权力设置的科学化考量④。还有学者提出，监察体制改革试点阶段全国人大常委会可以对部分地方授权，在全国范围改革则需由全国人民代表大会作出授权决定，再通过修宪予以确认

---

① 参见张晋藩：《中国古代监察机关的权力地位与监察法》，载《国家行政学院学报》2016年第6期；秦前红：《监察权一词的流变和现实观照》，载《中国纪检监察》2019年第8期；等等。

② 参见童之伟：《将监察体制改革全程纳入法治轨道之方略》，载《法学》2016年第12期。

③ 参见秦前红：《监察体制改革的逻辑与方法》，载《环球法律评论》2017年第2期。

④ 参见张建伟：《法律正当程序视野下的新监察制度》，载《环球法律评论》2017年第2期。

固化[①]。也有学者建议，设立国家监察机关可以由全国人大常委会通过授权的方式进行，无须修宪[②]。当然，监察体制改革试点任务的完成和《宪法修正案》《监察法》的出台，已为这一问题给出了答案。

3. 对监察立法总体思路的建议以及评价解读。如一些学者立足中国实际，回顾历史轨迹，考察海外经验，遵循法治规律，总结了监察立法取得的成就与进步，对监察立法应处理的重要关系、坚持的主要原则等进行了思考和论证，并提出了需要今后修改监察法或制定实施条例、组织法、程序法等法律法规的建议[③]。

4. 对监察机关地位与监察权性质的研究。目前虽有监察机关作为“政治机关”[④] 的属性定位，但学者对此定位多有不同认识。如有学者认为，监察机关的“政治机关”属性在国家层面无法成立，不具有宪法上的任何根据，所谓的“政治机关”并不包括在我国宪法所确立的国家机关内[⑤]。有学者指出，“政治机关”的定位虽体现了监察机关独特的政治功能，但从国家法律实施的角度，监察机关应是一种依法办案的法律执行机关[⑥]。

关于监察权的性质，有学者主张监察权属于行政权，查处贪污贿

---

① 参见焦洪昌、古龙元：《从全国人大常委会授权看监察体制改革》，载《行政法学研究》2017 年第 4 期。

② 参见马怀德：《全面从严治党亟待改革国家监察体制》，载《光明日报》2016 年 11 月 12 日，第 3 版。

③ 参见陈光中、姜丹：《关于〈监察法（草案）〉的八点修改意见》，载《比较法研究》2017 年第 6 期；江国华：《国家监察体制改革的逻辑与取向》，载《学术论坛》2017 年第 3 期；姜明安：《国家监察法立法的若干问题探讨》，载《法学杂志》2017 年第 3 期；马怀德：《国家监察体制改革的重要意义和主要任务》，载《国家行政学院学报》2016 年第 6 期；秦前红、刘怡达：《国家监察体制改革的法学关照：回顾与展望》，载《比较法研究》2019 年第 3 期；等等。

④ 参见《积极探索实践　形成宝贵经验　国家监察体制改革试点取得实效——国家监察体制改革试点工作综述》，载新华网，http：//news. xinhuanet. com/2017 - 11/05/c_1121908387. htm。

⑤ 参见陈瑞华：《论国家监察权的性质》，载《比较法研究》2019 年第 1 期。

⑥ 参见龙宗智：《监察与司法协调衔接的法规范分析》，载《政治与法律》2018 年第 1 期。

赂、失职渎职以及预防职务犯罪部分的职权本质上也具有行政权性质[①]。有学者认为，监察权拥有自身独立的权力属性，虽然形式上具有司法权和行政权的某些特征，但本质上并不相同[②]。也有学者认为，国家监察权本质属性是新型复合性国家权力，权力内容具有多样性、包容性特征[③]。有学者将监察权界定为一种宪法性权力，独立于立法权、行政权和司法权之外[④]。还有学者从监察权是符合党和人民意志的宪定权角度，提出监察权是人民权、有限权、可控权[⑤]。主张监察权是宪法性权力，是人民权、有限权、可控权，属于公权力的一般性特征，恐未能准确描述监察权的独有性质。将监察权作为一种不同于现行立法权、行政权和司法权的复合性权力更为妥帖。“立法、行政、司法”的权力架构模式尽管为许多西方国家采用，但这仅是权力分化的一种模式。2018 年《宪法修正案》在国家结构中单列了监察机关，彰显了监察权的独立性。监察机关职责的复合性决定了监察权的复合性。

5. 对监察制度与刑事司法制度衔接机制的研究。如有学者提出，监察机关与司法机关之间在案件管辖、立案程序、调查措施、证据适用、人权保障等方面存在协调衔接困难，监察立法在体现“纪法共治”的同时，应从立法规范和组织体制上体现纪法的适度分离[⑥]。有学者提出，监察体制改革对调查主体和调查程序的双重新设，使监察

① 参见任喜荣:《国家机构改革的宪法界限》，载《当代法学》2017 年第 4 期。

② 参见秦前红、叶海波等:《国家监察制度改革研究》，法律出版社 2018 年版，第 25 - 28、145 - 198、210 - 233 页。

③ 参见徐汉明、张乐:《监察委员会职务犯罪调查与刑事诉讼衔接之探讨——兼论法律监督权的性质》，载《法学杂志》2018 年第 6 期。

④ 参见齐小力、陆冬华:《论公安机关和监察机关互相配合、互相制约》，载《中国人民公安大学学报（社会科学版）》2018 年第 3 期。

⑤ 参见姚文胜:《国家监察体制改革研究》，中国社会科学出版社 2019 年版，第 80 - 89 页。

⑥ 参见龙宗智:《监察与司法协调衔接的法规范分析》，载《政治与法律》2018 年第 1 期。

机关不能适用刑事诉讼法关于侦查机关与检察机关、审判机关的衔接机制，因而应设置新的衔接机制①。有学者从线索移送机制、工作配合机制、证据规则适用衔接机制、审查起诉中与案件审理中的程序衔接等方面，提出了构建监察制度与刑事诉讼制度的衔接机制的设想②。还有学者建议，实现《监察法》与《刑事诉讼法》的衔接可采取以观念更新为导引、以程序衔接为关键、以配套制度为保障的技术路线③。

6. 对留置等监察措施进行的专题研究。监察措施中关于留置措施的研究最为集中，学者较为一致地认为留置替代“两规”是法治进步的体现，但存在被异化或被滥用的风险，建议完善留置程序，将被留置人员权利纳入刑事诉讼人权保障的整体考量，与刑事强制措施体系有效衔接，体现正当法律程序的要求④。

此外，还有一些以监察体制改革为背景对相关问题进行研究的文献。如有学者结合监察体制改革，在检察权、法院监察制度以及律师帮助权等方面进行了深入研究⑤。

总体看来，理论界对监察体制改革和监察制度进行了较为充分的研究论证，在回顾历史、比较中外的基础上，提出了各自改革思路和方案，对进一步深化监察体制改革、完善监察制度提出了建议和构

---

① 参见王秀梅、黄玲林：《监察法与刑事诉讼法衔接若干问题研究》，载《法学论坛》2019 年第 2 期。

② 参见江国华：《国家监察与刑事司法的衔接机制研究》，载《当代法学》2019 年第 2 期。

③ 参见徐汉明、李少波：《〈监察法〉与〈刑事诉讼法〉实施衔接路径探究》，载《法学杂志》2019 年第 5 期。

④ 参见秦前红、石泽华：《监察委员会留置措施研究》，载《苏州大学学报（法学版）》2017 年第 4 期；江国华、王冲：《监察委员会留置措施论析》，载《湖北社会科学》2018 年第 9 期；刘艳红：《程序自然法作为规则自洽的必要条件——〈监察法〉留置权运作的法治化路径》，载《华东政法大学学报》2018 年第 3 期。

⑤ 参见秦文峰：《国家监察体制改革背景下律师帮助权研究》，载《吉林大学社会科学学报》2017 年第 6 期；袁博：《监察制度改革背景下检察机关的未来面向》，载《法学》2017 年第 8 期；秦前红、刘怡达：《国家监察体制改革背景下人民法院监察制度述要》，载《现代法学》2018 年第 4 期；等等。

想。除了总体面上的研究之外，对专题问题的深入研究，尤其在监察制度和刑事司法制度的衔接等方面，宪法学与行政法学、刑事诉讼法学等领域专家学者均贡献了丰硕的研究成果。

（二）关于监察协助相关问题的研究

由于国家监察体制改革推进较快，国家监察制度实施时日尚浅，实践中协助监察机关执行的一些问题和困难可能未充分显现，尚未引起学者的足够关注，虽有少数学者进行了敏锐的探索，但理论上尚未将“监察协助”作为一个研究对象进行专门研究。目前有限的研究成果散见在其他相关论题中。截至2020年4月17日，以“监察协助”为关键词进行搜索，结果仅1篇，即江国华、张硕《监察过程中的公安协助配合机制》；以“监察协助”为篇名进行搜索，结果有6篇，实际相关的有3篇，除江国华、张硕的学术作品外，还有唐冬平《公安协助配合监察事项范围之限缩》，冯放《行政监察中行政协助机制研究——以江苏省太仓市为例》。以“监察协助”在中国知网社会科学Ⅰ辑中进行全文精确检索，即文中出现“监察协助”一词的，搜索结果共24篇，与主题相关的仅有3条，即江国华、张硕《监察过程中的公安协助配合机制》，童之伟《将监察体制改革全程纳入法治轨道之方略》，焦洪昌、古龙元《从全国人大常委会授权看监察体制改革》，其中，焦洪昌文使用“监察协助”的表述时系引用童之伟等人文章。因此，主题相关且实际使用“监察协助”一词的仅有2篇文献。以“监察协助”为主题进行模糊检索，有298条结果，2016年12月之后101篇，其中相关的有29条。多数学者在论述监察机关与其他国家机关的宪法关系时，对监察协助有所论及。相关研究情况主要涉及六个方面：

1. 关于监察协助的概念与性质问题。对于监察协助的概念，前述3篇论文中出现了“监察协助”一词，但均未作概念界定。江国华、张硕的学术作品在“警监协助机制中，案件移送属于公安机关依职权进行的监察协助”等处出现“监察协助”的表述，但该文中使用的是“警监协助”概念，从监察过程中公安协助配合的法理基础、事项范围、基本程序及配套机制四方面对监察过程中的公安协助配合机制作了系统的论述。童之伟的学术作品和焦洪昌、古龙元的学术作品在建议制定监察法应规定的内容中提及对监察协助、监察建议、审查起诉程序、信息公开等予以详细规定，但未对监察协助展开论述。

至于监察协助的性质，有学者提出，公安机关协助执行权的法律属性原则上是刑事侦查权，但协助限制出境执行权则归于一般治安管理权与出入国（边）境管理权①。有学者认为，协助属于多阶段行为，可分阶段确定其属性：监察机关的申请协助行为属于监察行为；公安机关的审核协助申请行为属于内部行政行为，实施协助行为视协助事项的不同而可能属于司法行为、行政行为或监察行为②。学者对监察协助的性质根据不同情况进行分析，恰说明监察协助的性质确具有复合型特征，难以用某一种单一性质来认定，这一方面是由于监察权本身是一种复合型的权力，另一方面也和警察权兼具治安行政和刑事司法性质密切相关。

2. 关于监察协助的法理基础问题。公安机关协助监察机关履行职责，已经得到立法确认，但对于这种制度设计背后的法理基础，学者有不同的观点，可归纳为能力限制说、权力专属说和权能制约说三种。

能力限制说主张，监察协助的原因在于监察机关调查和执行能力有限，而公安机关具有较强的侦查能力。如有学者指出，监察调查要求高度的专业能力以及技术手段，并以国家强制力为后盾，需要公安

① 参见徐汉明、李少波：《〈监察法〉与〈刑事诉讼法〉实施衔接路径探究》，载《法学杂志》2019 年第 5 期。

② 参见江国华、张硕：《监察过程中的公安协助配合机制》，载《法学研究》2019 年第 2 期。

机关等刑事诉讼中的国家专门机关提供支持配合①。有学者认为，公安机关具有较强的侦查能力，具备专业的技术手段，能够使用强制措施，而监察机关欠缺以上能力，调查能力有限②。也有学者认为，监察机关需要公安机关配合是因为自身没有配备法警队伍，也不能使用刑事司法程序中的强制手段③。

权力专属说主张，监察协助的合理性在于调查措施中涉及的权力，属于公安机关的专属权力。如有学者主张，由于监察机关所获授权的不完整性和非对称性，使得监察机关调查手段的不完整性、技术能力的单一性、监察力量的有限性突出，基于警察权的专属性和监察优先原则，监察调查措施中需要运用属于公安机关的专属权力④。

权能制约说认为，监察机关之所以需要协助，是由于立法对监察机关权能的有意制约。如有学者提出了“监察弱权能”，认为立法者为回应社会对监察权过于强大的担忧，通过刻意区分监察机关和司法机关的不同性质，延续了原行政监察权“弱权能”取向，回避了新监察权基于宪法功能定位所应具有的“强权能”⑤。

以上观点分别从不同角度和层面解释了公安机关执行监察协助的原因，各有可取之处，但有的论证仍值得商榷。如对公安机关协助监察机关的范围予以明确甚至限缩确有必要，这既有利于保障监察机关职能行使，也是保证公安机关正常工作运转的需要。但其中原因恐非监察机关的“弱权能”，毕竟以是否具有部分强制执行权来判断权能

---

① 参见卞建林：《监察机关办案程序初探》，载《法律科学（西北政法大学学报）》2017 年第 6 期。

② 参见王秀梅、黄玲林：《监察法与刑事诉讼法衔接若干问题研究》，载《法学论坛》2019 年第 2 期。

③ 参见叶青：《监察机关调查犯罪程序的流转与衔接》，载《华东政法大学学报》2018 年第 3 期。

④ 参见江国华：《国家监察与刑事司法的衔接机制研究》，载《当代法学》2019 年第 2 期；齐小力、陆冬华：《论公安机关和监察机关互相配合、互相制约》，载《中国人民公安大学学报（社会科学版）》2018 年第 3 期。

⑤ 参见唐冬平：《公安协助配合监察事项范围之限缩》，载《法学》2019 年第 8 期。

强弱会稍显武断，况且《监察法》规定的搜查、留置均为带有强制性质的措施，监察机关亦有权自行决定并执行。相反，学者大多认为，监察机关大权在握、权力厚重。如监察机关与纪委合署办公形成了强大的纪检监察力量，处于我国“集中型权力构造的核心位置”[①]；“鉴于现有权力配置与运行的实践，监察权的实际位阶已然高于审判权和检察权”[②]。

3. 关于监察机关与公安机关的关系问题。专门论述二机关之间关系的文献较少，但许多文献在论述监察机关与其他机关之间的关系时，论及监察机关与公安机关的关系。学者普遍以《宪法》和《监察法》规定的“互相配合，互相制约”为基础进行分析研究，并对其重要性予以高度认可。如有学者认为，科学构设“监警关系”“监检关系”“监审关系”在完善国家监察体制中具有基础性地位，成为攸关监察权顺畅运行的核心问题[③]。有学者提出，理顺监、公、检、法之间的规范关系是助推国家监察运行法治化的关键，关乎保障人权、实现宪法法律权威甚至推进国家政治现代化[④]。

但对于“互相配合”与“互相制约”之间的关系和具体表现，存在不同观点。有些学者认为，监察机关和公安机关之间基本是配合关系，检察机关、审判机关之间则体现互相制约关系较多。如有学者认为，监察机关与司法机关的关系主要体现在监察机关与公安机关的互相配合，以及监察机关与检察机关的互相制约上[⑤]。有学者认为，

---

① 参见龙宗智：《监察与司法协调衔接的法规范分析》，载《政治与法律》2018 年第 1 期。

② 参见秦前红：《我国监察机关的宪法定位：以国家机关相互间的关系为中心》，载《中外法学》2018 年第 3 期。

③ 参见江国华、张硕：《监察过程中的公安协助配合机制》，载《法学研究》2019 年第 2 期。

④ 参见刘熊擎天：《论监察机关与公、检、法之间的规范关系——从〈监察法〉第 4 条切入》，载《湖北警官学院学报》2019 年第 2 期。

⑤ 参见卞建林：《监察机关办案程序初探》，载《法律科学（西北政法大学学报）》2017 年第 6 期。

监察机关与公安机关的关系不同于与检察机关、审判机关的关系，公安机关主要是对监察机关的配合，司法机关则更多的是对监察工作承担监督职责①。

有些学者认为，协助配合本身就是制约。如有学者认为，监察机关采取技术手段或强制调查手段，交由或指挥监督公安机关执行，公安机关作为刑事强制措施的执行机关，就可以发挥执行权对监察机关决定权的制约作用②。有学者认为，监察机关与行政机关中的执法部门“互相配合，互相制约”关系中，“互相制约”主要是指执法部门的配合应当依法进行③。有学者指出，公安机关协助监察机关的调查是公安机关与监察机关之间关系的主要体现形式，协助同时也是一种制约④。

也有学者主张，在协助过程中通过审查协助请求等方式发挥制约作用。有学者认为，公安机关配合监察机关工作时，通过严格把关、明确责任实现对监察机关的制约⑤。有学者提出，监察机关对公、检、法的制约主要体现在监察机关监督其行使公权力的公职人员，而后者则通过对协助监察机关开展相关工作的审批体现对监察机关的制约，包括公安机关对监察机关协助申请进行形式审查和实质审查等⑥。有学者认为，监察机关与执法部门的互相制约关系，体现在决定权和执行权的制约等方面，监察机关尽管有权主动启动协助程序，但执法部

---

① 参见江国华、何盼盼：《中国特色监察法治体系论纲》，载《新疆师范大学学报（哲学社会科学版）》2018 年第 5 期。

② 参见张建伟：《监察至上还是三察鼎立——新监察权在国家权力体系中的配置分析》，载《中国政法大学学报》2018 年第 1 期。

③ 参见秦前红：《我国监察机关的宪法定位：以国家机关相互间的关系为中心》，载《中外法学》2018 年第 3 期。

④ 参见陈光中：《〈监察法〉是党规转向国法的重要变化》，载中新网，https://www.chinanews.com.cn/gn/2018/03-22/8473449.shtml。

⑤ 参见齐小力、陆冬华：《论公安机关和监察机关互相配合、互相制约》，载《中国人民公安大学学报（社会科学版）》2018 年第 3 期。

⑥ 参见刘熊擎天：《论监察机关与公、检、法之间的规范关系——从〈监察法〉第 4 条切入》，载《湖北警官学院学报》2019 年第 2 期。

门仍具有审查决定的正当性和判断执行的自主性[①]。

从以上论述可见，《宪法》和《监察法》规定的互相配合、互相制约的关系，是一种理想状态和目标，但对于如何缩小乃至弥补应然与实然之间的距离，法律规定的理想状态在实践中如何得以实现，目前还缺乏有效的制度机制。如果仅是部分措施实行决定权和执行权分离，单凭监察机关决定执行和公安机关协助执行本身，并不能必然达成机关之间互相制约的结果。赋予公安机关审查监察协助请求并依法决定协助与否的权力，建立协助执行中发现问题反馈、纠偏机制等，才能实现互相制约制度设计的初衷。

4. 关于监察协助的事项范围和类别问题。有学者认为，公安机关协助监察机关执行的事项可分为案件移送类事项、协助取证类事项、协助限制人身自由类事项三类 10 项[②]。有学者主张，将协助配合事项区分为确定的协助和酌定的协助两类，并对协助范围予以限缩[③]。学者采用不同标准进行的划分各有其科学性，因为如何确定协助范围和事项分类，取决于对监察协助概念及其外延内涵的界定。至于协助事项类别，按照协助依据及确定程度的不同，可分为确定的协助、酌定的协助和商定的协助。

5. 关于监察协助的程序问题。有学者对技术调查、搜查、调取、查封、扣押、通缉、限制出境、留置等措施的协助设计了基本程序[④]，但似乎多侧重外在形式上的普遍要求，如二人调查、录音录像等，未能深入分析不同措施的适用对象、限制条件及相关理论问题。有学者从程序作为“交涉过程的制度化”和“为限制恣意的工具”两重意

---

① 参见钱宁峰：《监察机关与执法部门之间关系的宪法定位及其具体化》，载《学海》2019 年第 3 期。

② 参见江国华、张硕：《监察过程中的公安协助配合机制》，载《法学研究》2019 年第 2 期。

③ 参见唐冬平：《公安协助配合监察事项范围之限缩》，载《法学》2019 年第 8 期。

④ 参见林艺芳：《监察机关与公安机关配合衔接机制研究》，载《湘潭大学学报（哲学社会科学版）》2018 年第 5 期。

涵，分析了监察机关协助申请程序、公安机关审核回复程序、公安机关履行协助义务三个基本程序，并对协助搜查等程序规则以及常见问题、紧急突发情况处置进行了梳理阐释[①]，具有很强的实践指导性。其中也有个别建议值得再予斟酌，例如，建议公安机关在执行技术调查措施时，应根据监察机关的要求整理、收集信息资料，尽到信息筛查义务。实践中，公安机关作为协助机关，并不了解全部案情，筛查信息、判断证据的关联性由监察机关统一认定，完整移交调查获取的全部信息也许更为适宜。

6. 关于监察协助的责任问题。明确对协助责任作系统论述的仅见1篇文献。学者主张根据协助活动中不法行为的可能外在表现，将协助责任分为机关内部法律责任、机关间法律责任以及外部法律责任。公安机关违反警察法规和监察机关工作人员违反监察法规的应当承担机关内部法律责任，机关间法律责任针对公安机关拒不协助监察机关引发的不作为法律责任，外部法律责任主要是国家赔偿责任[②]。其他文献对监察法律责任的相关探讨主要集中在国家赔偿责任，大多建议单独构建监察赔偿制度，认为监察赔偿不能适用现有行政赔偿制度或刑事赔偿制度，需要修改《国家赔偿法》对监察赔偿制度进行专门规定[③]。还有学者提出了行政责任，主张协助机关如果违反协助监察机关的法定义务，应承担《监察法》第62条规定的法律责任[④]。可见，对于监察责任的研究目前主要集中在监察制度与国家赔偿制度的衔接，学者观点也较为一致，但对于其他责任形式的研究较少，尤其是

① 参见江国华、张硕：《监察过程中的公安协助配合机制》，载《法学研究》2019年第2期。

② 参见江国华、张硕：《监察过程中的公安协助配合机制》，载《法学研究》2019年第2期。

③ 参见杜仪方：《新〈国家赔偿法〉下刑事赔偿的司法实践研究》，载《当代法学》2018年第2期；张红：《监察赔偿论要》，载《行政法学研究》2018年第6期；王青斌：《论监察赔偿制度的构建》，载《政法论坛》2019年第3期；等等。

④ 参见姜明安：《论监察法的立法目的与基本原则》，载《行政法学研究》2018年第4期。

针对监察协助相关责任的专门研究十分有限。随着监察法律实施和协助执法实践的深入，包括监察协助责任在内的监察责任理论研究和制度完善尚有较大的空间。

上述有关研究探讨为进一步细化完善国家监察制度、深化监察体制改革提供了不同的路径和样本，具有十分重要的理论和现实意义，也展现了相关领域专家学者和研究人员对国家重大政治法律变革的责任担当。就监察协助，尤其是公安机关执行监察协助而言，目前有关研究作出了有益探索，也还存在一些不足，如缺乏系统研究，对监察协助的研究多分散在其他相关理论问题之中，对协助本身的问题浅尝辄止；缺乏实证研究，大多采用法规范分析法，对实际执法状况和实务问题关注不多，理论对实践的引领和指导还不够。

三、本书的研究思路、方法与不足

聚焦公安机关执行监察协助的法律问题，从“监察协助”的概念界定着手，在探讨其概念、性质、特点与基本原则等基础上，以公安机关执行监察协助的内在逻辑、运行程序、法律责任为框架，全面研究论证公安机关执行监察协助的一系列理论和实务问题。

（一）研究思路

监察协助是保障监察机关有效履行监察职责的重要环节，构建科学有效的监察协助制度也是监察法治体系建设的重要内容。首先，通过概念界定、性质特点分析等建立监察协助这一协助新类型；其次，重点从为什么是公安机关承担更多的监察协助义务、公安机关如何执行监察协助、执行监察协助会带来哪些法律责任三个方面，以公安机关执行监察协助的权力主体、运行程序、法律责任为框架，探讨了公安机关执行监察协助的一系列理论和实务问题；最后，提出完善公安机关执行监察协助制度的建议。

（二）研究方法与不足

1. 规范分析方法。紧扣《宪法》《监察法》《人民警察法》《刑事诉讼法》《监察法实施条例》等法律法规规范，对协助行为，尤其是公安机关提供协助的相关规定进行细致梳理，对现有立法与实践需求不协调不适应之处进行研究论证，并对中央纪委有关规定等党内法规进行了规范分析，力求党内法规与国家法律规范的协同研究。

2. 实证分析方法。宪法学与行政法学作为理论性强、实践性亦很强的学科，以理论引领、推动和指导实践是宪法学与行政法学研究的重要目标。公安机关执行监察协助，是监察体制改革带来的现实问题。开展研究时始终坚持理论与实践紧密结合，着眼于警察执法实践，服务于监察职责履行，在实地调研和书面调查的基础上，注重运用实际案例分析、工作中掌握的相关资料作为研究支撑，努力为解决实践中存在的问题寻求解决方案。

3. 历史分析方法。梳理监察协助相关立法的发展历程，结合警察权的历史演进，阐释了公安机关执行监察协助的内在逻辑与历史必然，从而建立更清晰的完善路径，以适应监察体制改革带来的国家治理体系和治理能力的新变化，推动法治与改革一体两翼的协调发展。

4. 比较分析法。比较德国、日本、韩国、新加坡、俄罗斯等国家和我国港澳台地区在监察制度、警察制度和协助制度方面的法律规定，分析借鉴其有益做法，为完善我国监察协助提供可以攻玉的“他山之石”。

主要不足之处包括：

1. 由于监察协助是一个新课题，相关参考文献不多，主要是从现有一些相关问题的参考文献中摘选学者观点和意见，研究基础不够深厚。

2. 由于国（境）外监察体制与我国差异较大，对我国监察协助问题进行研究的期刊文献也较少，外文文献研究不足。

3. 在分析有关问题和现象时，更多注重实践问题的发现梳理和寻求解决方案，运用宪法学和行政法学的前沿理论指导实践还显不足。

4. 出于保密要求和了解渠道的限制，缺乏相关监察案件的足够数据支持，主要是从公安机关如何执行的角度研究监察协助，对于监察机关的协助需求与要求理解把握可能还不够。

第一章

公安机关执行监察协助的基础理论

随着国家监察体制改革的深入推进和《监察法》的出台，全新的监察权带来了一种新的协助类型——监察协助。公安机关执行监察协助的制度设计并非偶然，而是具有理论基础、实践必然和规范依据的支撑。对监察协助基础理论的研究，将为建立监察协助制度的系统研究奠定基础，也有助于推动进一步完善监察法治体系。

第一节　监察协助的概念界定

监察立法中并未明确使用“监察协助”的表述。之所以提出“监察协助”的概念，系因监察协助不同于行政协助，或刑事诉讼活动中的协助和配合，也不同于国际刑事司法协助等诸多概念，有其自身鲜明的特征，具有作为一种新类型独立存在的价值和意义。

一、监察协助的概念与外延

监察协助是监察机关在履行监察职责过程中基于法律规定，或者因遇到障碍，向其他国家机关或单位提出协助请求，被请求机关或单位依法提供职务上的帮助以支持实现监察职能的制度。

监察协助的构成有六个要素：第一，监察协助具有特定主体。请求协助的一方是监察机关；提供协助的一方是其他国家机关或单位。第二，监察协助的内容是监察权的行使。监察机关在履行监察调查等职责时提出协助请求，被请求协助的机关依法在自身职权范围内提供帮助。第三，监察协助须符合一定的前提条件。监察机关履行职责遇到障碍，需要其他机关或单位予以协助，或者基于法律规定超出自身职权范围无权行使，而须由其他机关或单位协助。其中既有法律方面的因素，也有事实方面的因素。第四，请求协助的监察机关对监察协助事项具有法定职权。作为请求机关的监察机关对协助事项具有完整或者部分权力，有的协助事项属监察机关依法具有决定权，执行权由其他机关行使；有的协助事项则是监察机关既具有决定权，又具有执行权，在工作需要时也可以请求其他机关提供协助配合。第五，提供监察协助的基础是法定职权。被请求机关或者单位虽然对于监察案件并无管辖权，但对于需要提供协助的事项须具有法定权力，提供协助是出于其履行职责的行为，即基于其法定职权，而不是基于道德义务或其他。第六，监察协助应符合一定限度。监察协助应在法律框定范围内开展，请求协助和提供协助均应依法进行。监察机关提出协助请求的事项及其方式与内容必须合法，被请求机关应依据法定权限并按照法定程序实施协助。

现有文献对于监察协助几无专题研究，其他相关研究中，一些文献从不同角度对包括监察协助在内的协助问题进行了研究，有些学者使用“职务协助”、[①]“警察协助”、[②]“警察行政协助”、[③]“警监协

① 蔡震荣：《行政法强制执行之困境与职务协助》，载《行政法学研究》2015 年第 2 期。

② 郑琳：《我国警察协助模式的选取——一种比较法上的检讨与反思》，载《行政法学研究》2019 年第 6 期。

③ 余湘青：《基于警察行政协助的视角谈〈警察法〉的修改》，载《公安学刊（浙江警察学院学报）》2010 年第 6 期；汤颖：《警察行政协助制度研究——以警察人身权益保障为视角》，载《经济研究导刊》2016 年第 26 期。

助”、[1]“监警协作”[2]等概念，各有合理性与理论价值。在监察制度确立之后，对协助监察机关的职务活动而言，从协助类型的科学划分和协助概念的准确界定角度考虑，适用“监察协助”的表述会更为精准些。主要有三方面的考虑：

第一，监察协助体现出此类协助的本质属性，具有根本性。正如在国家权力的分类上，一般认为国家权力分为立法、行政、司法、监察等权力，而不是按照各部门名称罗列监察权、检察权、审判权、警察权、审计权、市场监督管理权等权力，尽管这些权力确实存在，也各有其应用场景。对于协助类型的研究亦是如此。监察协助体现了对监察机关和监察权的协助这一最根本属性。如按照国家不同机构的名称或实践中各种具体的协助活动来划分协助类型，势必繁杂而不得要领。

第二，监察协助作为新的协助类型与现有各种协助制度相衔接，具有系统性。根据我国有关法律规定和理论研究成果，目前已有的各种协助制度主要包括：行政协助，我国虽一直未能出台专门规范行政协助的法律[3]，但行政协助研究在境内外已经有较高程度的共识[4]；刑事诉讼中的互相配合与协作，由《刑事诉讼法》及相关规定、司法解释、规范性文件予以调整；国际刑事司法协助、国际民商事司法协助[5]和国际行政协助[6]，由《刑事司法协助法》和有关条约、公约予

① 江国华、张硕：《监察过程中的公安协助配合机制》，载《法学研究》2019年第2期。

② 魏薇：《监警协作机制研究》，载《法制与社会》2019年第32期。

③ 我国制定《行政程序法》从1986年第一次提出，曾被写入全国人大立法计划，但时至今日仍未提上立法日程。参见《〈行政程序法〉难产25年背后：权力不愿自缚手脚》，载中国新闻网，http：//www. chinanews. com/gn/news/2010/05－14/2283088. shtml。

④ 参见黄学贤、周春华：《行政协助概念评析与重塑》，载《法治论丛（上海政法学院学报）》2007年第3期；唐震：《行政协助行为基本要素解析》，载《政治与法律》2013年第4期；等等。

⑤ 《国际刑事司法协助法》已由第十三届全国人民代表大会常务委员会第六次会议于2018年10月26日通过，并于当日公布施行。国际刑事、民商事司法协助已经较为成熟，目前我国已经签署了73个国际刑事司法协助、民商事司法协助领域的双边条约。参见中华人民共和国条约数据库，载外交部网，http：//treaty. mfa. gov. cn/Treaty/web/index. jsp。

⑥ 关于国际行政协助，尚无国内法予以规定，条约也较为罕见。所了解的公约有经合组织和欧洲委员会于1988年共同制定的《多边税收征管互助公约》（经2010年议定书修订），中国于2013年签署公约，2015年批准公约，并对有关条款作了保留。

以规范。监察协助的内容是支持保障监察职能的实施与实现，与其他协助类型的划分，既各有区别又相互衔接，与通常将执法办案分作监察案件、刑事案件、行政案件、国际司法协助案件等也形成对应。

第三，监察协助作为代表新事物的新概念，具有包容性。“监察协助”一词能涵盖各种机关和单位等对监察机关的协助。如使用“警监协助”或者“监警协作”的概念表述，从文字表述上似有相互协助之意，未能突出对监察机关的协助；且如单独作为一种协助类型会略显分散。因“监察协助”概念所具有的包容性，其他机关、单位根据《监察法》规定对监察机关的协助，虽不像公安机关的协助如此集中和典型，但亦具有一定的共性，可以纳入监察协助的类型中研究，将来研究其他机关对监察机关的协助，亦可在监察协助的框架内再进一步分类讨论。当然，对“监察协助”概念的提出和界定不会排除对现有各种协助现象继续深入研究。

确定监察协助的概念内涵之后，有必要厘清其外延。监察协助是经监察机关提请，有关国家机关或单位依法履行职责对监察机关予以协助，而不包括以下较广泛意义上的配合协作：

1. 监察协助不包括对处置决定的执行和监察建议的采纳。监察机关依法作出的处理决定和监察建议，均具有法律效力，其中，处理决定具有较强的强制性，监察对象和有关单位必须执行；对于监察建议要求履行的义务，有关单位无正当理由也必须履行。对监察处理决定的执行和监察建议的采纳情况，有关单位还应通报监察机关。此种情形中的配合属于当事人履行协力义务①，监察对象和有关单位是监察行为的相对人，执行监察处理决定或者采纳监察建议是一种配合义务，而不是主动行使职权协助监察机关履行职责的活动，因而不属于监察协助范畴。

---

① 参见黄学贤：《行政程序中的协力行为研究——基于两岸理论与实践的比较》，载《苏州大学学报》2006 年第 5 期。

2. 监察协助不包括监察机关之间的互相协作。同一系统内不同层级、不同地域之间的办案协作也是保障其职责履行的重要方面。监察机关之间因职权配置上具有一致性，负有基本相同的法定监察职责，不存在弥补职权空白的需求。对于有隶属关系的监察机关，在发生需要提供帮助的情形时，往往通过请示报告、指挥命令等途径解决，且一般不得拒绝协助。至于无隶属关系的监察机关之间，对于不同案件或事项的管辖分工是监察机关内部的分工，而不存在法定权力上的实质区别。这些内部办案协作不属于监察协助范畴。较之监察协助，监察机关之间的办案协作范围更为广泛，凡是监察机关有权采取的措施或处理，均可由其他监察机关提供帮助，如调查取证、没收、追缴、责令退赔、送达监察文书以及联合办案等。其协作程序更为灵活，有的事项由办案机关派员赴外地直接办理，当地监察机关予以协助；有的事项则可以采取委托的方式，由受委托监察机关完成委托调查、委托送达事项的办理后，将办理结果告知委托的监察机关。

3. 监察协助不包括监察机关将职务犯罪案件移送审查起诉后，同检察机关、审判机关之间的配合。监察机关同检察、审判机关的互相配合、互相制约关系，体现为刑事诉讼活动中的分工和配合，不同机关分别在不同办案环节或诉讼程序中履行各自职责，不存在监察协助中的主责与协助关系。

4. 监察协助是否包括关联案件的管辖分工，需分情况处理，视关联案件的不同处理方式而定。

第一种情况是按照监察机关为主原则，一并交由监察机关管辖的关联案件，其他机关向监察机关提供的协助属于监察协助。在此情形中，原本公安、检察或其他机关具有管辖权的案件，因适用监察机关为主的调查原则，产生类似“法定指定管辖”的法律效果，改变了原职能管辖分工，而转化成监察机关管辖的案件，在监察机关调查案件过程中，其他机关依法在职权范围内提供的协助属于监察协助。

第二种情况是按照分别调查原则处理的关联案件，如监察机关和公安机关分别调查、分别移送起诉，由检察机关共同审查起诉的，在各自的调查、侦查过程中就同步移送起诉等进行沟通协商与配合①，但仍各具有管辖权，各自办理其职责范围内的案件，此种分工与配合不属于监察协助的范畴。但公安机关除侦查所管辖的刑事案件外，对于监察机关调查的案件又提供协助的，则可以纳入监察协助范围。

二、监察协助与其他相关行为的区分

监察协助的表现形式，与社会协助、危难救助、行政协助、多阶段行政行为等有一些形似，有必要予以区分和厘清。

（一）监察协助与社会协助的比较

我国许多法律未加区分，在不同层面上使用“协助”的表述，但这些“协助”并非同一含义。社会协助是行政法中的概念，也称协助行政，是个人或者组织虽不具有行政职权，但基于主动或者被动而对行使行政职权的行政主体给予方便、提供帮助②。在社会协助中，公民、法人或社会组织对国家机关履行职责活动的协助配合，不是行使国家权力的行为，而是一种“社会配合”③。监察协助和社会协助的目的都是保障请求协助机关的职责履行，不同之处主要表现在：

1. 提供协助的主体不同。社会协助中提供协助的是个人或组织。监察协助中提供协助的是特定的国家机关或单位。

2. 协助的依据不同。社会协助是出于社会责任和义务，运用的是

① 参见钟纪晟：《被审查对象既涉嫌职务犯罪又涉嫌其他刑事犯罪，监委和公安机关分别立案调查、侦查的案件，怎样移送起诉？如何做到同步起诉？》，载《中国纪检监察报》2019 年 9 月 25 日，第 8 版。

② 参见黄学贤主编：《中国行政程序法的理论与实践——专题研究述评》，中国政法大学出版社 2007 年版，第 441 页。转引自唐震：《行政协助行为基本要素解析》，载《政治与法律》2013 年第 4 期。

③ 参见王麟：《行政协助论纲——兼评〈中华人民共和国行政程序法（试拟稿）〉的相关规定》，载《法商研究》2006 年第 1 期。

个人、组织的能力和资源。监察协助则是基于法律的明确规定，并经监察机关请求，提供协助的机关或单位运用法定职权在其职责范围内提供协助。

（二）监察协助与危难救助的比较

警察的危难救助是最常见也是最重要的一项衍生职权，是指公民人身安全或财产安全处于危难境地时，警察依法采取必要手段协助阻止侵害、排除危险和进行救援的行为[①]。也有学者提出“警察行政救助”的概念[②]。此类救助的核心在于救急于危难之中，“危难救助”更能凸显此类行为特质。由于2012年《人民警察法》第19条关于人民警察在非工作时间应当履行职责的规定较为模糊，实践中履行职责的边界不清晰，易引起争议，公安部在2016年12月向社会公开征求意见的《人民警察法（修订草案稿）》中对危难救助义务进行了进一步明确[③]，除适用于公民的人身、财产安全处于危险之外，还规定了公共设施出现险情等情形。监察协助与危难救助中提供协助的主体都有公安机关，不同之处主要表现在：

1. 对象不同。危难救助的对象是处于危险的公民和出现险情的公共设施。监察协助的对象是请求协助的监察机关。

2. 适用情形不同。危难救助适用于公民的人身、财产安全处于危险，或者公共设施出现险情等危及公共安全、人身、财产安全的情形。监察协助适用于监察机关认为工作需要或法律明确规定的情形。

3. 依据不同。危难救助既可以是公安机关收到救助请求，也可以是公安机关或者人民警察工作中发现紧急情形而主动予以救助。而监

---

① 参见卢建军：《警察职权的界定与配置》，北京大学出版社2017年版，第85页。

② 参见程华、沈国琴：《警察行政救助权的有效行使及法律规制》，载《中国人民公安大学学报（社会科学版）》2014年第4期。

③ 《人民警察法（修订草案稿）》第13条。参见《公安部关于〈中华人民共和国人民警察法〉（修订草案稿）公开征求意见的公告》，载公安部网2016年12月1日，https：//www.mps.gov.cn/n2254536/n4904355/c5561673/content.html。

察协助由监察机关依法提出请求，公安机关及其他机关无权主动提供协助。

（三）监察协助与行政协助的比较

行政协助是行政主体之间依法提供职务上的帮助，支持行政职能的实现的制度[①]。监察体制改革之前，2010 年《行政监察法》（已失效）第 22 条规定的对监察机关的协助即属于行政协助。监察协助与行政协助表现形式相似度高，制度内容（尤其是基本框架）存在诸多相通之处。二者除因权力性质决定的协助性质上的区别之外，不同之处主要还表现在：

1. 适用情形不同。行政协助一般须遵循“穷尽一切手段在先”原则，即请求协助的机关遇到自身无法克服的障碍，如不能获得协助，就无法正常履行其职责。监察协助不受此限，既可以是监察机关遇到障碍，自身无法克服，也可以是基于明确的法律规定。

2. 协助频度不同。行政协助具有临时性、个案性特征[②]，在行政协助中，行政协助机关提供行政协助的行为，并不是请求协助的行政机关为实现其行政目的所必不可少的，请求协助的机关也可以采取其他方式实现行政目的[③]。请求协助机关行使某项职权时，并非必然需要协助，协助仅为个案和临时情况。监察协助具有机制性、程序性特征，部分监察措施每次实施时均必须由其他机关提供协助方能完成。

（四）监察协助与多阶段行政行为的比较

在研究具体行政行为时，对于应由其他不相隶属的行政机关或上级机关同意或核准才能完成的行政行为，我国台湾地区学者称为多阶

① 参见王麟：《行政协助论纲——兼评〈中华人民共和国行政程序法（试拟稿）〉的相关规定》，载《法商研究》2006 年第 1 期。

② 李震山：《警察行政法论——自由与秩序之折冲》，台北，元照出版有限公司 2009 年版，第 69 页。

③ 参见余湘青：《基于警察行政协助的视角谈〈警察法〉的修改》，载《公安学刊（浙江警察学院学报）》2010 年第 6 期。

段行政行为[1]。监察协助与多阶段行政行为的相似之处在于，从协助依据上看，直接依据都有法律的明确规定；从执行程序上看，监察协助中的通缉、限制出境、技术调查等措施，由监察机关决定后交公安机关执行，与多阶段行政行为中多个部门先后参与决定相似。除监察机关与行政机关的法律定位不同这一明显差异之外，二者的区别主要表现在：

1. 自主性的程度不同。多阶段行政行为中必须由两个以上的机关参与，一个机关无权决定全部事项。监察协助中监察机关具有更强的自主性，除少数措施必须由其他机关执行外，大部分监察措施监察机关可以自行决定和执行，是否请求协助由监察机关根据工作需要确定。

2. 机关的权力比重不同。多阶段行政行为由两个以上机关共同参与决定，一个机关无法决定整个事项。监察协助中监察机关有权对监察事项独立作出决定。即使是监察机关决定、公安机关执行的调查措施，公安机关的执行也不是监察机关作出决定的必要程序，无论是否执行、如何执行均不能限制监察机关的决定，公安机关和监察机关并非共同决定有关事项。

三、监察协助的性质特点与分类

在国家监察体制改革之前，公安机关等机关对行政监察机关的协助，属于行政协助范畴；而在监察体制改革之后，因监察权内涵外延的扩展变化，监察权已脱离了行政属性，成为独立的“第四权”[2] 或

---

① 参见王麟：《行政协助论纲——兼评〈中华人民共和国行政程序法（试拟稿）〉的相关规定》，载《法商研究》2006 年第 1 期。

② 参见左卫民、安琪：《监察委员会调查权：性质、行使与规制的审思》，载《武汉大学学报（哲学社会科学版）》2018 年第 1 期。

“第五权”①。监察权的独立性和国家监察机关独特宪制地位的确定，使对监察机关的协助也随之发生变化，监察协助成为新的协助类型。

（一）监察协助的性质

研究监察协助的性质，关系执行监察协助适用的法律、有权采取的措施、条件、范围、程序，以及后续法律责任等一系列问题，属监察协助研究的基础性问题之一。为厘清监察协助的性质，首先需明确与其密切相关的监察调查权的性质。

1. 监察调查权的性质

监察调查权的性质直接影响监察机关和其他机关之间权力配置与法律关系，决定监察案件办理的程序设计和法律效果。学者在监察机关调查权的性质上，主要有四种不同观点。

第一种观点主张监察调查权具有侦查权属性。有学者认为，监察调查虽不能统称为监察侦查，但对职务犯罪的调查具有侦查性质②，《监察法》赋予监察机关的权力，与《刑事诉讼法》赋予公安机关的侦查权具有同质性③。一些学者更明确指出，监察机关的调查权与公安机关的侦查权在形式上相似、实质上法律效果相同，“调查”与“侦查”之间仅有称谓用语的区别④，对刑事案件的监察调查权实质上就是不冠名的“刑事侦查权”⑤。

---

① 参见江国华、张硕：《监察过程中的公安协助配合机制》，载《法学研究》2019 年第 2 期。

② 参见卞建林：《监察机关办案程序初探》，载《法律科学（西北政法大学学报）》2017 年第 6 期。

③ 参见洪浩：《刑事诉讼视域下的国家监察机关：定位、性质及其权力配置》，载《法学论坛》2019 年第 1 期。

④ 参见马岭：《监察委员会的设立与人大制度的完善及宪法修改》，载《苏州大学学报（法学版）》2017 年第 4 期；陈卫东：《职务犯罪监察调查程序若干问题研究》，载《政治与法律》2018 年第 1 期；王秀梅、黄玲林：《监察法与刑事诉讼法衔接若干问题研究》，载《法学论坛》2019 年第 2 期。

⑤ 参见张建伟：《法律正当程序视野下的新监察制度》，载《环球法律评论》2017 年第 2 期。

第二种观点主张监察调查权属于司法权。有学者认为，从监察机关权力来源看，监察调查权本质上属于司法权，而监察监督权和处置权属于行政权[1]。

第三种观点主张监察调查权具有警察权属性。有学者主张，监察机关的调查权力与公安机关作为专门警察机关的部分职权具有一致性，监察调查权具有警察权性质[2]。

第四种观点主张监察调查权是一种特殊类型的权力。有学者认为，监察调查权兼具调查和侦查属性，用单一的刑事侦查权或行政调查权无法涵盖[3]。有学者认为，监察调查权具有“调查对象二元化”与“构成复合性”[4]。还有学者认为，监察调查权是一种融党员党纪调查、公职政纪调查与刑事犯罪调查为一体的复合型调查权，与公安机关侦查权形式相似、实质不同[5]。

监察调查权不同于之前已有权力类型，是一种特殊的新型复合性权力。第一，监察调查权并非刑事侦查权。假设监察调查权具有刑事侦查属性，属于刑事侦查的一种类型，则应受《刑事诉讼法》调整，在《刑事诉讼法》中有所体现。但自《监察法》出台后，为与《监察法》相协调，2018 年 10 月修改的《刑事诉讼法》并没有将监察机关的调查活动纳入刑事侦查活动，而且专门修改了对侦查的定义，已释放出将监察机关调查活动排除在侦查之外的明确信号。《监察法》的出台和《刑事诉讼法》的修改共同创设了一个刑事诉讼活动运行的新模式，即不经侦查环节，而是从检察机关审查起诉启动刑事诉讼程

---

① 参见陈勇、许燕：《监察机关与审判机关关系问题研究》，载《理论观察》2019 年第 4 期。

② 参见唐冬平：《公安协助配合监察事项范围之限缩》，载《法学》2019 年第 8 期。

③ 参见秦前红、叶海波等：《国家监察制度改革研究》，法律出版社 2018 年版，第 158－166 页。

④ 参见左卫民、安琪：《监察委员会调查权：性质、行使与规制的审思》，载《武汉大学学报（哲学社会科学版）》2018 年第 1 期。

⑤ 参见刘熊擎天：《论监察机关与公、检、法之间的规范关系——从〈监察法〉第 4 条切入》，载《湖北警官学院学报》2019 年第 2 期。

序。无论是对刑事案件管辖的调整，还是对立案、审查起诉、审判等刑事诉讼活动的规定，不难发现，监察机关的调查活动，即使针对涉嫌犯罪的被调查人，甚至采取了限制人身自由和财产的措施，都不属于刑事侦查措施，而只能是监察措施。

第二，监察调查权亦非司法权。监察机关所拥有的权力包括调查权，源于《监察法》的授权，而《监察法》既不属于传统的宪法、行政法，也不属于刑事诉讼法，而是独立的法律部门[①]。如从机构改革和权力整合的过程来看，新的监察机关整合了原行政监察部门、预防腐败机构和检察机关查处贪污贿赂、失职渎职以及预防职务犯罪等部门的力量[②]，但无法从检察机关属于司法机关自然推导出整合了检察机关原有部分权力的监察权具有司法权性质。如前所述，监察调查并非侦查权，原属于检察机关的职务犯罪侦查权经整合后，已不属侦查权。检察机关的审查起诉权及其他权力并未一并转至监察机关。因此，难以推出监察调查权属司法权的结论。

第三，监察调查权更非警察权。理论上身份化警察权和非身份化警察权概念的区分，也称为实质意义上的警察权与组织法意义上的警察权，学界已有专门讨论。实质的警察概念与实质意义上的警察权从功能角度出发，只要从事维护安宁秩序、防止危害的警察任务的，即属于警察范畴；形式的警察概念与组织法意义上的警察权从组织机构角度出发，专指警察机关及其权力。[③] 在我国从未真正形成类似当代德国法上的实质概念与形式概念、当代日本法上的“学问上的概念”与“实定法上的概念的”二元格局[④]，像欧美国家对警察权的宽泛认

① 参见秦前红主编：《监察法学教程》，法律出版社2019年版，第35页。

② 参见中共中央纪律检查委员会法规室、中华人民共和国国家监察委员会法规室编写：《〈中华人民共和国监察法〉释义》，中国方正出版社2018年版，第31页。

③ 参见余凌云：《警察权的“脱警察化”规律分析》，载《中外法学》2018年第2期。

④ 参见陈鹏：《公法上警察概念的变迁》，载《法学研究》2017年第2期。

识只在少数学术探讨中存在，而实践中根本没有这样的理解[①]。如据此认为监察调查权具有警察权属性，在学理中接受度不高，实践中也缺乏认同。

因此，将监察调查权作为特殊的复合性权力更为准确。监察权在国家监察体制改革中融合、重塑了原有多种不同权力，形成了新型复合性国家权力，具有独特的本质属性，而不应视作不同权力的简单叠加。同理，尽管监察调查活动确与行政调查和刑事侦查有诸多相似之处，但作为监察权重要组成部分的监察调查权，既非行政调查权、刑事侦查权，也不是行政调查权和刑事侦查权的简单叠加，而是一种特殊的复合性调查权。而且在案件调查过程中，监察机关在严格依法收集证据的同时，还要进行思想政治工作和组织关怀感化[②]。因而监察调查权是融党纪调查、政纪调查与犯罪调查“三体合一”的复合性权力，其特殊性与复合性将其与其他任何调查权显著区别开来。

2. 监察协助的性质

由于监察权，尤其是监察机关的调查权本身，性质如何清晰界定在学界未达成共识，与之相关的监察协助的性质便越发显得扑朔迷离了。如从制度类型的维度看，监察协助自当属于一种协助制度和协助活动。从权力属性维度进行分析，对于监察机关要求协助而言，监察协助是一种请求权，属于监察权的行使，是职责与权力；对于执行监察协助的部门而言，则是一种义务及责任，为履行这种义务和责任，必然要行使其所具有的相应权力，包括限制人身自由的权力，因而从此意义上讲，执行监察协助也是一种权力。虽然不同部门执行监察协助行使的权力不同，但总体而言，属于各自权力的延伸，可以认为执

① 参见余凌云：《警察权的“脱警察化”规律分析》，载《中外法学》2018年第2期。

② 中共中央纪律检查委员会法规室、中华人民共和国国家监察委员会法规室编写：《〈中华人民共和国监察法〉释义》，中国方正出版社2018年版，第63页。

行监察协助是一种延伸性执行权。

对于公安机关依法执行监察协助，则属一种带有鲜明监察特点的延伸性复合性警察权。第一，公安机关并非也无权行使监察权。在执行监察协助时，监察机关的职务违法犯罪调查权仍由监察机关行使，公安机关协助监察机关并未分享调查权，也未拆分监察程序和司法程序，更没有影响监察权的独立行使[①]。

第二，监察协助具有复合性特征。一方面，因为监察权是一种复合性的权力；另一方面，公安机关执行监察协助本质上属于警察权的行使，而警察权也是一种兼具治安行政和刑事司法性质的权力。

第三，公安机关执行监察协助，是带有鲜明监察特点的延伸性警察权。之所以称为“带有鲜明监察特色”，是因为监察机关调查案件，并非刑事侦查，亦非行政调查，监察调查权不能分割为侦查权和行政权，公安机关执行监察协助也难以截然区分为刑事侦查权和治安行政管理权。之所以称为“延伸性警察权”，按照公安机关与监察机关的权力配置与分工，公安机关有权管辖的案件包括绝大多数刑事案件和治安行政案件，监察机关管辖的是公职人员职务违法和职务犯罪案件，即监察案件，二者职能管辖的基本分工是清晰的。公安机关本应无权介入监察案件，仅因法律特别授权和监察机关要求协助，而使警察权延伸到监察案件中的部分措施。这种权力的延伸，既是一种公权力向另一种公权力的延伸，同时也是公权力向私权利的延伸，因而需要保持高度警觉，以完备的法律制度规范严密防范控制。

（二）监察协助的特点

监察协助既有协助制度的共性，又有自身鲜明的特征。监察协助的特点可归结为六个方面，即辅助性、被动性、复合性、义务性、执

---

① 参见秦前红、石泽华：《论监察权的独立行使及其外部衔接》，载《法治现代化研究》2017 年第 6 期。

行性和单向性。如果说辅助性、被动性属于协助制度的共有特点，复合性、义务性、执行性和单向性则更多体现了监察协助的独有特点。

1. 辅助性。“协助”，意为帮助、辅助。辅助性是所有协助制度的内在属性。监察协助作为“协助”的一种，辅助性是其题中应有之义。在监察协助中，监察机关履行职责的活动是主行为，被请求协助的公安机关等相关机关和单位的协助行为是从行为，主从行为关系明确，不可颠倒混淆。

2. 被动性。只有监察机关提出协助要求，才能按下监察协助“启动键”，说明监察协助具有被动性，启动权在监察机关而不是在公安机关或其他机关。无论是何事项，未经监察机关请求，公安机关不能主动提供协助。对于监察机关仅有权决定而需交由公安机关执行的通缉、技术调查和限制出境措施，公安机关仍须依据监察机关的决定方能执行，而不能自行采取相应措施。

3. 复合性。《监察法》的独特性、监察权（尤其是监察调查权）的复合性决定了监察协助的复合性。监察机关办理监察案件，立案时无须区分行政或刑事案件，监察调查措施也非行政措施、刑事措施，这对于监察机关依照《监察法》行使职权并无法律上的障碍。然而，对协助执行的机关却提出了法律适用与执行的难题。监察机关有权采取的调查措施，与包括公安机关在内的其他机关办理行政、刑事案件中有权采取的措施相比，大多名称一致、内容相同。除谈话、留置、技术调查概属监察机关独有的措施外①，其他措施如讯问、询问、搜查、扣押等，公安机关或其他机关在办理案件时亦依法有权适用，这些措施有的属于行政调查措施，有的属于刑事侦查措施，还有的是在行政案件和刑事案件中均可采取的措施。其他机关在采取相关措施时

---

① 之所以“概属”，是因为须对技术调查和留置作些解释。不少学者主张技术调查实际就是技术侦查。留置在《民法典》《海关法》等法律中有明确规定，系适用于财产或物品；针对人的留置，在《人民警察法》中规定了“对被盘问人的留置时间”，但该项措施实际为继续盘问。

分别受到行政强制法、刑事诉讼法等相关法律的规范。然而，由此导致的问题是，由于目前尚无监察协助相关程序立法对协助执行予以规范，在执行监察协助时，协助执行的机关（尤其是公安机关），除《监察法》的原则性规定外，仅能依据自身办理行政案件或刑事案件的相关法律和规定办理，如何对不同案件类型区分办理、如何适用不同的法律规范并不完全清晰，对执行监察协助的把握会存在一定的不确定性。

4. 义务性。监察协助较之其他协助类型，对协助机关的协助义务要求更高。从《监察法》《监察法实施条例》的规定来看，监察机关可以提出协助要求的条件非常宽泛，除少数措施外，大多并无明确规定或仅规定"根据工作需要"。但对执行协助机关而言，基本采取"应当予以协助"的表述，强制性义务特点突出。

5. 执行性。无论是监察机关仅负责决定，执行交由公安机关的措施，还是监察机关有权决定并自行执行，但根据工作需要请求其他机关协助的措施，公安机关等机关作为协助机关均仅具有执行权，而无对措施的决定权或参与决定权。协助机关同意与否，均不影响监察机关是否采取有关措施的决定。

6. 单向性。监察协助是其他机关或单位对监察机关的单向协助，而不是相互的。发起协助请求和提供协助都是单向的、不可逆的。对于公安机关和监察机关而言，只能由监察机关提出协助请求，而不能由公安机关向监察机关提请协助配合；提供协助只能是公安机关向监察机关提供，而不是监察机关向公安机关提供①。

（三）监察协助的分类

不同类别的监察协助，涉及不同的权力使用、执行程序及法律后果。这是研究确定监察协助分类的意义所在。

---

① 参见江国华、张硕：《监察过程中的公安协助配合机制》，载《法学研究》2019 年第 2 期。

1. 监察协助的分类前提

在详述监察协助的具体分类之前，一个前提问题需要先予以明确。《监察法》第 4 条第 3 款规定的总体协助要求与第四章、第五章中所具体规定的协助条文是何种关系，第 4 条规定是否“大于”其他协助条文“之和”？也就是说，除了各条所规定的具体措施的协助，第 4 条所规定内容仍暗含未明确的协助？答案应是肯定的，也存在对《监察法》未明确的措施予以协助的可能性。

执行监察协助虽属公权力的行使，但此种情形并不违背公法领域“法无许可即禁止”或“公共权力法定”原则。这是因为，对于监察机关而言，《监察法》已经明确其有权采取的措施，不存在没有法律授权问题。对于被请求协助的机关而言，其依据相关法律本有权力执行相关措施。比如搜查，公安机关对于具有管辖权的刑事案件，经过相应的批准程序，可以对有关人身、物品、场所进行搜查。只是对于监察案件，因监察机关的协助请求，而将相关措施执行权延伸至监察案件。如被请求机关本无相关权力，并不能因监察机关的请求协助而获得此项权力。因而，监察协助仍系遵循“法无规定即禁止”的原则。这也正是将监察协助作为延伸性权力的考虑之一。解决这一前提问题，才能够继续深入研究监察协助的分类。

2. 监察协助的具体分类

关于监察协助分类的标准，鉴于行政协助分类研究较为成熟，可以为监察协助分类研究提供借鉴。例如，以请求主体是否参与和法律效果归属为标准，可以分为共同行政协助行为和单独行政协助行为。共同行政协助行为由被请求主体和请求主体共同实施，法律效果根据被请求主体实施协助行为的名义而不同；单独行政协助行为由被请求主体独自实施协助行为，行为的法律效果归属于被请求主体[①]。又如，以产生行政协助行为的直接依据为标准，可以分为法定协助和任意协

---

① 参见唐震：《行政协助行为基本要素解析》，载《政治与法律》2013 年第 4 期。

助。法定协助以法律的明确规定为依据，被请求机关无法定理由不得拒绝。任意协助并非随意协助，而是行政机关既可以自行作出相应的行为，也可以请求协助①。还有以协助发生的背景为标准，分为一般协助与紧急协助；以是否会发生外部行政法律关系为标准，分为内部协助与外部协助②；以及以协助义务对协助机关强制程度为标准，分为羁束协助和裁量协助③等。还有些学者对警察的协助活动进行了分类研究，将警察协助分为一般职务协助和执法协助④。

监察协助按照不同的分类标准，也可分作不同的类别。如按照提供协助的部门不同，分为警察监察协助、审计监察协助、税务监察协助等；按照紧急程度的不同，分为一般监察协助和紧急监察协助；按照协助机关受协助义务约束程度的不同，分为裁量监察协助和羁束监察协助；等等。目前《监察法》所明确规定的调查措施中，只有“应当”协助，还没有“可以”协助的规定，似乎监察协助均属于羁束协助，但不排除未明确列出的措施中，存在“可以协助”的可能性⑤。按照监察协助的依据及确定程度的不同，又可分为确定的协助、酌定的协助和商定的协助三种，具体分类如下。

第一种确定的协助。此类协助有《监察法》的明确规定作为依据，当出现法定情形时，监察机关应向其他机关请求协助。接到协助请求的被请求机关无法定理由不得拒绝。具体包括技术调查、通缉、限制出境三种措施的协助执行，由监察机关决定、公安机关执行。

---

① 参见王麟：《行政协助论纲——兼评〈中华人民共和国行政程序法（试拟稿）〉的相关规定》，载《法商研究》2006 年第 1 期。

② 参见黄学贤、吴志红：《行政协助分类研究初探》，载《江苏社会科学》2009 年第 1 期。

③ 参见郑琳：《警察协助分类的再探讨》，载《江苏警官学院学报》2020 年第 2 期。

④ 我国台湾地区根据警察协助的性质，将警察协助分为一般职务协助与执行协助，分别由“行政程序法”第 19 条、“行政执行法”第 6 条调整。参见郑琳：《警察协助活动的分类改革与完善路径》，载《苏州大学学报（法学版）》2020 年第 1 期。

⑤ 实际上，除了《监察法》，其他法律规定中直接规定公安机关“可以协助”的条文，与“应当协助”的规定相比，也并不多。

第二种酌定的协助。此类协助产生的依据是《监察法》的明确规定，但是否提请协助，由监察机关自行确定。被请求机关接到协助请求时，无正当理由不得拒绝。具体包括搜查和留置两种措施的协助执行。这两种措施属于对人身、住所等强制程度较高的措施，监察机关进行搜查或采取留置措施，可以根据实际情况请求公安机关配合，也可以自行执行。监察机关提请公安配合的，公安应当依法予以协助。至于实际情况是否属于《监察法》规定的“工作需要”，则由监察机关酌定，没有监察机关的提请，公安机关不能主动介入。

第三种商定的协助。不同于前两种都有《监察法》的明确规定作为协助依据，商定的协助是基于其他法律法规规定的法定职权以及提请协助的监察机关和提供协助机关之间的协商一致。除搜查、留置和技术调查、通缉、限制出境之外，监察机关有权采取的其他 10 项调查措施，《监察法》虽然没有明确规定可以请求协助，但存在此种协助的实践需求，也已为一些规范性文件所确认。例如，北京市纪委监委、市委政法委联合出台的《关于纪检监察机关与政法机关在查办党员和公职人员涉嫌违纪违法犯罪案件中协作配合工作规则》明确规定，监察机关需要公安机关配合采取搜查、询问、调取、查封、扣押等调查措施的，执纪审查人员可出具工作证件及纪检监察机关相关文书，由公安机关相关部门予以配合[①]。就这些调查措施而言，协助执行并非《监察法》设定的强制性责任和义务，而是基于机关之间的协作，建立在协商基础上。监察机关自身执行遇有困难或障碍的，可以请求协助。当然，提供协助机关须依据其他法律法规规定的法定职权，并不能因监察机关的协助请求和双方协商获得新的权力。这里的协商可以是个案逐案协商，也可以通过建立联席会议机制、共同制定规范性文件等方式建立协商机制。

---

① 参见郭兴、段晓博：《精打“组合拳” 全面试用 12 项调查措施》，载中央纪委国家监委网，http://www.ccdi.gov.cn/toutiao/201712/t20171208_126403.html。

第二节 公安机关执行监察协助的内在逻辑

在监察协助中，公安机关较之其他机关和单位承担更多的协助责任。透过纷繁复杂的现象探究公安机关执行监察协助的内在逻辑发现，根本原因在于监察机关与公安机关之间的权力配置，在理论基础、现实需要两个维度上公安机关执行监察协助具有必然性。

一、公安机关执行监察协助的法理基础

对于监察机关为何需要公安机关提供协助配合，即公安机关执行监察协助这种制度设计背后的理论基础，学者从能力限制、权力专属、权能制约等不同角度和层面进行了探讨。分析公安机关执行监察协助权力的理论基础，既要看到公安机关执行监察协助的现实原因，更要从中探求深层的根本的内在逻辑联系，可从三个方面来阐释：

（一）政务连带理论

按照政务连带理论，国家机构间的关系本质上是一种政务连带关系。现代国家为实现其治理目的，设立不同的机关分别管辖不同事务，但各国家机关不能自行其是，需要相互协助，形成彼此依存的整体[①]。政务连带关系又可分为同求与分工两种[②]。公安机关执行监察协助正是由于公安机关与监察机关之间职能分立、机构分设的原因。两种政务连带关系在公安机关执行监察协助中都有体现。

1. 客观的政务连带关系。同求的政务连带关系，是客观的政务连

① 参见李震山：《警察行政法论——自由与秩序之折冲》，台北，元照出版有限公司2009年版，第63页。

② 参见江国华、张硕：《监察过程中的公安协助配合机制》，载《法学研究》2019年第2期。

带关系，基于国家机构的设置目的及其负有的共同使命产生，不以国家机构的意志为转移。在反腐败工作中，监察机关是主责机关，公安机关作为协助机关也负有法定义务，反腐败是二者共同目的和共同使命。比如，监察机关对在逃的被留置人员有权决定通缉，公安机关应当执行通缉。

2. 主观的政务连带关系。分工的政务连带关系，是主观的政务连带关系，国家机关为实现治理目标，可以根据工作任务和具体情形与其他国家机关合作，对于这种合作关系“伙伴”，有时国家机关可以根据需要作出一定选择。监察机关办理监察案件，可以请求有关机关或单位提供协助配合，仅《监察法实施条例》列举的机关和单位就有13种之多。在同一事项有多个部门均可提供协助时，监察机关可根据具体情况确定提请协助的部门。

（二）资源依赖理论

社会关系的存续需要不同组织共同发挥作用，而一个组织要有效达到组织预期目标，除自身资源外，还需要依靠由其他组织控制的资源，组织相互之间存在资源依赖关系[①]。资源依赖理论包含三个要素：

1. 优势资源。优势资源即每个组织均拥有无法替代的优势资源。此点与政务连带理论有异曲同工之处，不同的是政务连带理论重在职能分立、机构分设，强调的是不同机关间的职能或事权的不同。资源依赖理论重在资源控制、优势各异，强调的是不同组织掌握的优势资源的不同。对于公安机关执行监察协助，公安机关的优势资源在于办理行政案件和刑事案件中形成的专业性，包括专业的调查侦查能力、技术装备手段和办案人员力量；监察机关的优势资源在于监察权集中统一高效行使的权威性，包括党政合署办公的组织优势、反腐败的政治优势和专门调查的人力优势等。

---

① 参见李倩：《纪检监察机关办案协作模式研究》，石家庄铁道大学2016年硕士学位论文，第12－13页。

2. 协作动机。协作动机即组织为了自身运转需要或者提供公共服务，对其他部门控制资源的需求和依赖内在地产生了协作的动机。监察机关为了履行监察监督、调查、处置等职责，在运用自身优势资源的同时，也有依赖其他部门优势资源的需要，尤其是在监察调查中。比如，监察机关需要对被调查人采取技术调查措施，由于技术调查手段属公安机关的优势资源，则需要公安机关协助执行技术调查措施。

3. 共享途径。共享途径即基于优势资源的差异，一个组织通过与其他组织进行资源共享，满足自身对所需全部资源的依赖，从而实现组织目标或达到预期目的。共享途径是不同组织优势资源间的链接，是实现协助动机的具体方式。在公安机关执行监察协助中，共享优势资源的路径是监察机关办理案件时，提出协助请求，公安机关运用自身优势资源提供协助，对监察机关优势资源未及之处予以补充。

（三）权力配置理论

宪法赋予不同机关以不同的法定权力，通过分权和控权的制度设计，最终实现社会治理与保障人权的目的。监察机关履行职责需要公安机关等机关的协助，固然与监察机关人员、技术、信息方面资源的局限有关，但这些局限并非根本问题，毕竟以监察机关的地位与权威，要解决这些问题亦并非难事。其根本原因在于权力配置的支配和调整，现有资源配置的差异正是由权力配置决定的。

权力配置是国家将一定的社会管理事务划定到国家权力的范围内，并将其细化后分配到不同的国家机关，同一国家机关在其内部不同部门、不同层级之间再进行分配。权力配置涉及三个层面：其一，权力在国家和社会之间的分配，形成国家权力；其二，国家权力在横向维度进行配置，对国家权力按照功能在国家机关之间予以分配，立法、监察、行政、司法等不同功能的权力分别由若干不同的国家机关行使；其三，国家权力在纵向维度上进行配置，形成中央与地方或整体与组成部分之间的权力格局。通过权力配置，不同职能、不同层级的国家机关之间形成相应的组织结构关系和功能结构关系①。科学的权力配置是授权与控权的结合，在通过授权赋予不同机关法定权力的同时，还需要对权力主体进行控制和规范。

权力配置理论具体包含权力有限、权力分工和权力协调三个基本内涵：

1. 权力有限。权力配置在本质上是国家权力在不同层级、不同主体之间的分配，防范权力泛化甚至异化是权力配置理论的核心思想。权力配置的合理制度设计首先应通过权力的分解确保权力的有限性，既避免权力的过度集中而产生绝对的、异化的权力，也为实现权力的制约和监督创造条件、提供可能。无论是西方的权利分立，还是我国人民代表大会制度下的权力分工、制度模式不同，实质均是配置有限的权力②。在监察协助中，对监察机关和公安机关的授权均应体现有限权力的精神和要求。

2. 权力分工。现代社会分工日益精细，政府治理也日益精细化、专门化，进行权力配置应尊重不同权力的自身属性和运行规律，作为配置权力具体内容、权力大小的标准。不同于西方议会制国家的权利分立，我国实行决策权、执行权、监督权这一具有中国特色的权力三分法。权力三分法是权力分工，而不是权力分立，强调根据权力的不同功能属性进行权力配置，形成结构合理、配置科学、分工明确的权力格局③。监察机关与公安机关等机关之间具有不同的权力内容和权力属性，在各自权力的核心领域不受干涉，亦不可替代，履行职责时的协助成为可能和必要。

---

① 参见卢建军：《以权力关系的视角解析警察权——兼论适应国家治理现代化要求的警察权力关系》，载《中国人民公安大学学报（社会科学版）》2015 年第 4 期。

② 参见陈辉：《论监察委员会处置权的合理配置与规范运行》，载《社会主义研究》2019 年第 6 期。

③ 参见周叶中、胡爱斌：《中国特色的“权力分工协调”论》，载《南京社会科学》2018 年第 6 期。

3. 权力协调。权力分工与协调是对权力关系及其运行规律的深刻把握。为防止国家机关之间出现相互掣肘、严重内耗，权力协调要求互相配合、促进协调，汇聚成“治国理政的强大合力”①。一方面，权力协调固然承认权力的分工不同，但更注重使命共同、目标一致，不同于西方国家常见的议而难决、决而难行、行而难实等现象，权力协调力求议而能决、决而能行、行而有果，追求协调配合、形成合力的功能效应②。另一方面，权力协调并不排斥对权力的监督制约，仍坚持以监督制约来保障权力的正确运行。监察机关行使监察权，以及公安机关执行监察协助，是在权力有限、权力分工的基础上形成权力的协调运行，实现监察目的。在此过程中，需要注意权利和其他权力对监察权、警察权的监督制约，防止超越权力与权利、权力与权力的界限。由于通过重整既有国家权力而形成的监察权，一经产生即对国家权力结构带来重大影响，在建构新的权力配置模式以强化监察权的独立性与权威性的同时，要防止其在国家权力结构关系上挤压法治实现的负面效应③。

在权力配置过程中，为防止影响人身、财产等公民权利的强制权力“政出多门”，甚至成为普遍存在，国家将强制权相对集中，尤其是将具有最高强度的人身强制性权力集中于警察权，排除其他权力对高强制权的行使，由此形成了警察权的专属性。尽管权力通常均具有一定程度的强制性，但我国立法对警察权的授权，使警察权的强制性更为直接和深刻，尤其是我国法律将限制人身自由的强制措施执行权

---

① 《习近平：在庆祝全国人民代表大会成立60周年大会上的讲话》，载《人民日报》2014年9月6日，第2版。

② 参见周叶中、胡爱斌：《中国特色的“权力分工协调”论》，载《南京社会科学》2018年第6期。

③ 参见魏昌东：《中国特色国家监察权的法治化建构策略——基于对监察“二法一例”法治化建构的系统性观察》，载《政法论坛》2021年第6期。

几乎全部赋予公安机关[①]，且警察权可以使用武力，应用杀伤手段，警察权之外的其他国家机关职权均不具备这样的特殊强制手段。由于其他机关均不能行使专属于警察权的权力，在需要强制权保障职权实施时，可以请求警察权予以协助。

因而，运用权力配置理论分析公安机关执行监察协助，可以理解之所以没有为新设立的监察机关配备法警力量，并不是因为立法设计的疏漏或者保障制度的滞后，而是基于组织机构的设置应与权力配置相一致，监察机关所获授权具有不完整性、非对称性[②]，不能行使具有高度强制力的权力，监察权“力有未逮”之处，正是警察权等权力应予协助的空间。需要动用警察力量行使强制权时，监察机关可以向公安机关提请协助，通过权力之间的协助即分工协调实现其职能的有效履行。

二、公安机关执行监察协助的实践必然

回溯警察和警察权的历史发展轨迹，警察协助由来已久，公安机关执行监察协助具有历史必然性。公安机关执行监察协助的制度设计，不仅仅是为与《刑事诉讼法》等现行有关法律相衔接，是法律制度协调的结果；也是历史趋势、实践发展和国情特色的选择。

（一）警察权的发展

警察的产生与国家同步。恩格斯在《家庭、私有制和国家的起源》中曾经论述：“国家的本质特征，是和人民大众分离的公共权力……对于公民，这种公共权力起初只不过作为警察而存在，警察和

---

① 还包括按照《刑事诉讼法》规定行使侦查权的国家安全机关、军队保卫部门、海警和监狱等机关。

② 参见江国华：《国家监察与刑事司法的衔接机制研究》，载《当代法学》2019年第2期。

国家一样古老"[①]。"警察"一词最早并非专指特定的机关、组织或人员，先后曾有政策、国家、约束控制社会、维护公共秩序等多种含义[②]。时间推移，警察才逐渐成为"专制政体下全能且大权在握的人"[③]。现代意义上的"警察"一词，最早追溯到19世纪，第一个现代警察机关是1829年建立的伦敦大都市警察局，由时任英国内政大臣的罗伯特·皮尔爵士倡导建立[④]。基于各自的历史传统、民意基础、立法偏好等因素，不同国家中警察权的发展变化路径并不尽一致，随着政府组织机构分设、职能分工，一些原本属于警察事务的事项逐渐分解、转移给其他机关，大致经历了两次质的飞越[⑤]。

在中国，据考证，早在尧、舜时期，中央和地方已经设置行使一定程度警察权力的官职，出现了萌芽状态的警察[⑥]，但近代意义上的警察制度出现于清代。清末维新变法最活跃的省份之一湖南省在长沙市创办湖南保卫局，率先拉开中国近代警察的序幕，被视为我国近代警察的开端[⑦]。当时的警察权已有一定程度的分权，但职权还较为广泛，像保健防疫、道路清洁、检查度量衡、登记开业等都属于警察的职责范围[⑧]。

从警察权的起源和历史演进看，警察权在发展早期是国家一切权力的代表，几乎包含国家活动的全部内容；随着警察职能的不断剥离，警察权不断分化，朝向消极权力限缩，侧重维护社会公共秩序和

---

① ［德］恩格斯：《家庭、私有制和国家的起源》，中共中央马克思恩格斯列宁斯大林著作编译局译，人民出版社2018年版，第95页。

② 参见余凌云：《警察权的"脱警察化"规律分析》，载《中外法学》2018年第2期。

③ 参见李震山：《警察行政法论——自由与秩序之折冲》，台北，元照出版有限公司2009年版，第4页。

④ See Robert Longley, *The History of Modern Policing*, Thought Co. (July 13, 2020), https://www.thoughtco.com/the-history-of-modern-policing-974587.

⑤ 参见余凌云：《警察权的"脱警察化"规律分析》，载《中外法学》2018年第2期。

⑥ 参见卢建军：《警察职权的界定与配置》，北京大学出版社2017年版，第2页。

⑦ 参见卢建军：《警察职权的界定与配置》，北京大学出版社2017年版，第8页。

⑧ 参见韩延龙、苏亦工：《中国近代警察史》，社会科学文献出版社2000年版，第374-375页。

预防打击犯罪；自德国行政服务论兴起后，管理型政府向服务型政府转型，警察权的社会服务功能重新受到重视①，积极权力功能放大。有学者形象地将警察权从诞生、发展至今的过程描述为“沙漏型”发展变化②。随着警察职能的不断剥离，警察权不断分化，强制权力相对集中，不具有强制权的其他机关有时需要请求警察使用强制手段予以协助，警察协助随之产生。

（二）警察协助的演变

警察协助活动在警察诞生的初期即已存在。民国时期，像建筑、救济、经济、文化、卫生、交通等行政事务，均有赖警察协助，以警察为“最终的实力保障”③。如当时取缔建筑事项的主管机关虽然是工务局，但由于建筑事项与治安消防事项联系密切，警察也有义务协助取缔建筑的办理④。

在警察权的覆盖范围不断收缩的过程中，警察提供协助的领域随之逐渐扩大。警察协助正是在警察权的分化过程中，因某些警察事务的转移而必然产生的义务。其他机关，尤其是行政机关需要借助警察的暴力性、强制力，履行自身职责，从一定意义上讲，警察权是其他行政权力的担保⑤。

警察协助是世界各国的普遍现象。由于不同国家和地区政治制度不同，警察权的发展与演变路径不尽一致，警察协助的模式也不相同。有学者归结为“规则程序型”“执法结构完善型”“职责内

---

① 参见刘琳璘：《宪法学视野下警察权问题研究》，郑州大学2016年博士学位论文，第37页。

② 参见王大伟主编：《欧美警察科学原理——世界警务革命向何处去》，中国人民公安大学出版社2007年版，第33页。

③ 参见孟庆超：《中国警制近代化研究——以法文化为视角》，中国政法大学2004年博士学位论文，第3页。

④ 参见郑琳：《警察协助的产生与发展考》，载《公安学刊（浙江警察学院学报）》2019年第6期。

⑤ 余凌云：《警察权的“脱警察化”规律分析》，载《中外法学》2018年第2期。

生型”三种不同模式，“规则程序型”模式通过立法详细规定警察协助的规则程序；“执法结构完善型”模式一般不需要警察机关的专门协助；“职责内生型”模式通过立法在警察机关法定职责中明确警察协助①。

在监察协助中，由公安机关执行监察协助诸多事项正是警察权负有协助义务的典型体现。例如，在监察调查活动中，像技术调查、通缉、限制出境等措施，监察机关仅作出采取措施的决定，具体执行则要交给公安机关，而公安机关也负有提供协助配合的法定义务。这正是由于包括监察机关在内的其他国家机关均无权行使强制程度高的警察权，当监察机关为遇有一定情形需要警察权协助时，公安机关作为垄断大部分警察权的机关应承担协助配合的义务②。对此，也有学者建议，在监察机关设置监察警察，限缩公安机关协助监察机关的现有事项范围，保证监察机关自主执行特定的调查手段③。规范和限缩公安机关协助执行事项确有必要性和合理性，但为了赋予监察机关强制性权力，就在监察机关设置监察警察，是“脱警化”的回流，既与警察及警察权的历史演变趋势相背④，也有悖于监察权与警察权等权力之间相互制约、相互配合的权力配置制度设计的初衷。解决监察机关执行效能的问题，恰恰应通过完善监察协助机制，通过顺畅高效又严格依法进行的监察协助得以实现。

（三）警察权的实践特色

警察权在实践运行中表现出来的区别于其他权力的鲜明特点，也

---

① 参见郑琳：《我国警察协助模式的选取——一种比较法上的检讨与反思》，载《行政法学研究》2019年第6期。

② 参见江国华、张硕：《监察过程中的公安协助配合机制》，载《法学研究》2019年第2期。

③ 参见唐冬平：《公安协助配合监察事项范围之限缩》，载《法学》2019年第8期。

④ 参见郑琳：《我国警察协助模式的选取——一种比较法上的检讨与反思》，载《行政法学研究》2019年第6期。

说明了在监察协助中，公安机关承担更多协助义务的必然性，这同时也能够更好地保障协助执行的效率和效果。

1. 强制性。尽管近现代宪法为了“人民正当性”而有意淡化警察权的强制性①，但不可否认，警察拥有使用暴力解决社会问题的权力，“使用暴力是警察社会角色的核心”，“之所以设立警察，是以暴力可能是必要的这一信念为基础的”②。在高强制性的警察权中，警械武器的使用又是最高级别的暴力。高强制性是一把“双刃剑”：使用得当，能及时有效制止违法犯罪，保护人身权、财产权，快速修复被损害的秩序；一旦使用不当，当用不用或不当用而用，都会造成极大危害。因而对包括使用警械武器等警察权的运用条件、程序有严格的规范。

2. 权威性。权力作为一种即便遇有阻碍仍能实现自己意图的力量，天然具有一定的权威性。警察权较之其他权力，似乎拥有更高的权威性。这与警察权的强制性有一定关系，也与警察日常穿着制式服装、具有高辨识度，普遍接受过系统的教育训练、执法素质一般较好，以及公安机关惩处违法犯罪、服务人民群众、执法公信力较强等有关。

3. 服从性。警察要求服从命令、听从指挥、令行禁止，公安机关要具有铁一般的纪律作风，这都是警察权服从性的体现。无论命令是来自上级公安机关，还是同级人民政府，除超越法定职责范围的命令外，警察都要严格执行，即使个人认为命令有错误，也不得中止或者改变决定和命令的执行，以确保政令畅通、执行有力。

---

① 参见刘茂林：《警察权的现代功能与宪法构造难题》，载《法学评论》2017 年第 1 期。

② ［美］罗伯特·兰沃西、劳伦斯·特拉维斯：《什么是警察——美国的经验》，尤小文译，群众出版社 2004 年版，第 12 页。

第三节　公安机关执行监察协助的规范依据

公安机关执行监察协助有其法理基础与实践必然，在制度规范上亦已得到确认。党内法规、国家立法和规范性文件等不同层面的规范，既有对协助监察机关履行职责的规定，也有对公安机关向其他机关提供协助的规定，这些规定具有若干共同特征，从不同侧面印证公安机关执行监察协助的必要与必然，同时也显示出了实然规范与应然规范之间的空白与差距。

一、协助监察机关的制度规范

由于监察制度的国别和地域差异，不同国家和地区在协助监察机关的制度规范上存在较大差异。如在全球清廉指数排名中一直名列前茅的新加坡，其采取的是独立监察模式，根据《新加坡反贪污法》的规定，贪污调查局拥有广泛的特权，包括无证逮捕权、行为跟踪权、入户搜查权、银行账户调查权，以及《刑事诉讼法》赋予警方的特别调查权等[①]，对贪污行为几乎具有起诉、审判之外的所有追诉权[②]，不必借助执法机关的力量，就能够独立地对贪腐案件进行立案和侦查。我国台湾地区“监察法”和台湾地区监察机构“调查证使用规则”对协助台湾地区监察机构调查的情形和程序作了相对详细的规定。例如，我国台湾地区监察机构开展调查时遇有被调查人抗拒或有可能逃亡的，可以通知警察局提供协助；认为有必要时可以请求当地

① 参见秦前红主编：《监察法学教程》，法律出版社2019年版，第121－123页。

② 参见陈新民：《反腐镜鉴的新加坡法治主义——一个东方版本的法治国家》，法律出版社2009年版，第164页。转引自曹秋龙：《党内“两规”问题的宪法学研究》，华东政法大学2015年博士学位论文，第157页。

政府、法院或其他机关提供协助。我国台湾地区监察机构调查人员经调查委员批准后，持调查证请求协助[①]。

经对新中国成立以来与监察机关有关的立法和文件进行梳理，有关党内法规、国家立法和规范性文件分别从不同层面对协助监察机关履行职责予以规范。

（一）党内法规层面的依据

党内法规体系是中国特色社会主义法治体系自我完善形成的理论建构，自党的十八届四中全会后，已成为最能体现“中国特色”和“社会主义”的法治体系的组成部分，与国家法律体系功能分化、结构耦合、协同运行[②]。协助监察机关履行职责的相关规定是党内法规体系的重要内容。

中央纪委、原监察部曾就纪律检查机关和行政监察机关之间进行分工协作出台过两个文件[③]，随着1993年中央纪委和原监察部合署办公，实现了“一套工作机构、两个机构名称、履行党的纪律检查和行政监督两项职能”，此方面规范已失去实际意义和规范效力。

中央纪委还会同有关部门出台了系列加强配合协助的文件。如1989年，中央纪委会同公安部、最高人民法院、最高人民检察院制定出台了《关于纪律检查机关与法院、检察院、公安机关在查处案件过程中互相提供有关案件材料的通知》[④]，明确纪检机关和公检法机关之间的双向协作：一方面，按照案件管辖分工，纪检机关将违法犯罪案

① 参见台湾地区监察机构“调查证使用规则”［1948年7月发布、2001年12月修正，(90) 院台调壹字第900806068号］。

② 参见祝捷、宋静：《党内法规体系的结构耦合特征及其实践意义——基于系统论的思考》，载《理论与改革》2020年第1期。

③ 参见1988年《中央纪律检查委员会、监察部关于党的纪律检查机关和国家行政监察机关在案件查处工作中分工协作的暂行规定》（已失效）和1992年《中共中央纪律检查委员会、监察部关于党的纪律检查机关和国家行政监察机关在案件查处工作中分工协作的补充规定》（已失效）。

④ 现行有效，中纪发〔1989〕7号，1989年9月17日发布、实施。

件材料移送公安、检察等机关；另一方面，公安机关、检察院、法院配合纪律检查机关党纪处分并提供有关材料。通知要求互相交接案件有关材料时，必须办理正式手续；协助配合并不限于党员行政违法和犯罪的案件，公安机关、法院应及时向纪律检查机关通报共产党员严重违反共产主义道德、工作失职等情况，并提供有关材料。2003 年，中央纪委、原监察部会同审计署制定出台了《关于纪检监察机关和审计机关在查处案件中加强协作配合的通知》①，规定了纪检监察机关和审计机关在案件线索移送、协助查处监督、提出监察建议和审计建议三个方面的协作，这三个方面的协作都是双向的。

中央纪委在规范监督执纪执法工作的文件中也明确了有关机关对监察机关的协助配合。例如，1994 年《中国共产党纪律检查机关案件检查工作条例》② 对公安等执法部门、司法机关配合纪检机关提供有关证据材料提出明确要求。2019 年，中共中央办公厅印发了《中国共产党纪律检查机关监督执纪工作规则》，对 2017 年试行的工作规则进行了完善，并将其上升为中央党内法规。在对纪检监察机关内部工作机制作出规范的同时，工作规则对外部协助机制也作出明确规定，对于纪检监察机关遇有超出其职权范围或者其他紧急、特殊情况的，有关党组织、机关、单位、个人应依规依纪依法予以协助③。2019 年，《监察机关监督执法工作规定》制定出台，其中要求严格监督执法程序，落实监察机关与执法部门、司法机关的互相配合、互相制约④。

（二）法律法规规章层面的依据

最早对协助监察机关工作作出明确规定的立法是《监察部组织简

---

① 现行有效，中纪发〔2003〕19 号，2003 年 8 月 26 日发布、实施。

② 现行有效，中纪发〔1994〕4 号，1994 年 3 月 25 日发布，同年 5 月 1 日实施。

③ 参见中共中央纪律检查委员会法规室、中华人民共和国国家监察委员会法规室编写：《〈中国共产党纪律检查机关监督执纪工作规则〉释义》，中国方正出版社 2019 年版，第 68 页。

④ 此处援引内容来自公开新闻稿。参见《中共中央纪委国家监察委员会印发〈监察机关监督执法工作规定〉》，载中央纪委国家监委网，http：//www. ccdi. gov. cn/toutiao/201907/t20190715_197112. html。

则》（已失效），于1955年经国务院常务会议批准后实施。其中第9条明确规定了对于技术性、专门性问题的处理，监察部可以根据工作需要，邀请有关机关、团体具有专门知识、技术的人员提供协助。

1990年《行政监察条例》（已失效）对监察机关提请公安机关协助，以及进行查询、检查、调查时有关单位和个人的协助作出了规定。1997年《行政监察法》（已失效）明确规定公安、税务、审计等机关对监察机关提供协助，2010年修改后，不再列举提供协助的机关，而是采取原则规定的方式，扩大了协助主体的范围。2004年《行政监察法实施条例》（已失效）规定了监察机关请求其他机关协助的文书和要求，并且分别对提请协助的情形予以明确。其中公安机关提供协助的情形主要是向公安机关羁押的犯罪嫌疑人或罪犯调查取证、阻止出境，以及收集、审查、判断或者认定证据等。此外，原监察部规章《监察机关在调查处理政纪案件中相互协作配合的规定》对监察机关之间开展异地配合协作进行了规范。

《监察法》与《监察法实施条例》作为新监察制度的法律法规依据，在赋予监察机关“11+1+3”共15项监察措施权限①的同时，也对协助监察机关进行了较为详细的规定。《监察法》除总则原则规定的协助监察机关的义务外，还规定了搜查和留置等措施的协助，以及关联案件的管辖中对以监察机关为主调查案件的协助。《监察法实施条例》除了刑事司法协助中的“协助”以及个人的“协助”，涉及对监察机关的协助主要有16条，分为三种情况：一是针对监察机关之间或内部部门的协助，有6条规定；二是明确监察机关协助检察机关补充侦查，有1条规定；三是设定其他机关，尤其是公安机关对监察机关的协助义务，有9条规定，涉及谈话、人身保护、留置、查询冻结、搜查、查封扣押、带回通缉人员（留置）、追缴、责令退赔等

① 参见中共中央纪律检查委员会法规室、中华人民共和国国家监察委员会法规室编写：《〈中华人民共和国监察法〉释义》，中国方正出版社2018年版，第44页。

措施。

从《监察法》和《监察法实施条例》关于协助监察机关的规定看，尽管较之其他法律，像《文物保护法》第32条第1款公安机关协助文物行政部门保护文物现场、《传染病防治法》第39条第2款公安机关协助医疗机构采取强制隔离治疗措施、《体育法》（2016年修正）第49条第1款体育行政部门协助公安机关责令停止赌博活动等规定，有关公安机关执行监察协助的规定已经相对稍细，但对于协助范围、情形、程序等还缺乏可操作性的制度规定。

（三）规范性文件层面的依据

涉及监察机关与其他机关之间协助的公开规范性文件主要有16件。

最早在规范性文件层面确立公安机关协助配合行政监察机关工作机制的是《关于监察机关在查办案件中公安机关予以协助配合的问题的通知》，由原监察部和公安部于1989年联合发布。尽管在发布时间上略晚于中央纪委牵头制定的互相提供案件材料的通知，但明确了“5+1”种由公安机关协助配合的事项，包括对询问、讯问、限制出境、技术鉴定、专门工作手段5个事项的协助取证，以及监察机关遇有拒绝、阻碍执行职务时，公安机关及时查处的义务。之后，1992年《监察部关于执行〈中华人民共和国行政监察条例〉若干问题的解答》中规定的协助范围与1989年原监察部、公安部通知基本一致①，但在协助情形中增加了“其他需要公安机关协助的”作为兜底条款。

除公开的规范性文件外，还有些内部文件对协助监察机关工作提出了要求。如国家监委会同公安部、最高人民检察院、最高人民法院联合印发了《关于加强和完善监察执法与刑事司法衔接机制的意见（试行）》，进一步规范监察执法与刑事司法的衔接关系，促进监察机

① 与1989年监察部、公安部通知相比，该解答未规定“确需公安机关采取专门工作手段协助取证”的情形。

关与执法部门、司法机关的互相配合、互相制约，健全衔接顺畅、权威高效的工作机制[①]。国家监委会同公安部印发《关于纪检监察机关提请公安机关协助采取搜查、留置、通缉措施的规定（试行）》，对办理职务违法犯罪案件中采取通缉、留置、搜查措施时，纪检监察机关与公安机关的协作配合予以规范[②]。

从对监察机关提供协助的有关规范的发展变化看，协助事项从最初的技术性、专门性问题，到“必要”或者“办理案件中”之类的概括规定，再到既有概括性规定又有具体协助规定，呈现了从窄到宽，再从概括规定到“概括+列举”式规定的发展趋势。协助程序从无到有，尽管仍然较为原则，但已经体现了一定的法治意识和程序意识。协助主体范围不断扩大，监察机关先后同公安、审判、检察、人事、海关、审计、物价、工商、证监、计委、财政、国土资源、环境保护、工业信息化、发展改革、自然资源等十多个部门联合出台了系列协助、协作、配合的规范性文件。协助形式多种多样，各机关、单位可以通过同监察机关建立联合办案机制、协调小组、联席会议等形式开展协助配合。然而，这些法律规定及规范性文件多限于对协助范围予以原则规定，对于协助情形、程序、责任等基础问题，或规定极为简略，或未涉及，显示出制度规范对协助制度尤其是监察协助的回应仍然不足。

二、公安机关提供协助的制度规范

公安机关执行监察协助在《监察法》和《监察法实施条例》中

① 参见周根山：《国家监委与有关单位联合印发意见　加强和完善监察执法与刑事司法衔接机制》，载中央纪委国家监委网，https：//www. ccdi. gov. cn/toutiaon/202101/t20210117_98736. html。

② 参见郭兴：《中央纪委国家监委机关各单位以开展“不忘初心、牢记使命”主题教育为动力　进一步提高依规依纪依法履职水平》，载中央纪委国家监委网，https：//www. ccdi. gov. cn/toutiaon/201907/t20190720_95592. html。

先后有不同程度的规定，成为公安机关执行监察协助最直接的规范依据。现行法律法规中关于公安机关向其他机关提供协助的系列规定，凸显了公安机关提供协助活动的鲜明特征。

（一）公安机关执行监察协助的权力规范

关于公安机关执行监察协助的权力，法律法规层面主要是《监察法》和《监察法实施条例》的规定。归纳起来，分作三类 12 种情况：

在总体上的协助配合要求方面，明确监察机关在工作中需要协助的，公安机关应依法协助监察机关，如采取有关措施、共享相关信息、提供相关资料和专业技术支持等。

在明确规定的公安机关应当协助的情形方面，有 7 种具体情形，涉及监察机关采取技术调查措施、限制出境措施、留置措施、搜查措施、通缉措施需要协助的；对证人、鉴定人、被害人采取保护措施需要协助的；追缴、责令退赔违法财物需要协助的等，公安机关依法予以协助。

在暗含的公安机关应当协助的情形方面，有些规定未明确出现公安机关，但根据相关法律的规定，实际会涉及公安机关承担协助义务的有 4 种情形，包括监察机关与在押的犯罪嫌疑人、被告人或者看守所服刑人员谈话的；查封、扣押电子设备、存储介质的，查封、扣押危险品、违禁品的等，需要提供协助时，公安机关依法协助办理。此外，关联案件由监察机关为主调查时，有时也需要公安机关予以协助。

除法律法规的规定，还有一些规章和规范性文件的明确规定，也是公安机关执行监察协助的依据。如《公安机关办理刑事案件程序规定》在《监察法》实施后进行了修正，明确要求公安机关协助监察机关调查。《监察法》出台后，监察机关会同有关部门还陆续出台了一些内部文件，规范职务违法犯罪案件的办理以及监察机关与公安机关等有关机关之间的协助配合。

关于公安机关执行监察协助的规范具有鲜明的特点：一是适用范围广泛。既有总体要求，又有调查取证，还有强制性措施；既有对财产的强制，也有对人身自由的强制。二是协助条件较宽。《监察法》和《监察法实施条例》中对协助条件或情形大多采取了“根据工作需要”“需要协助”的表述，赋予了监察机关提请协助的较大自主权。三是协助程序偏向“需求侧”。《监察法》中除限制出境措施规定须经省级以上监察机关批准外，对于协助的启动和实施等环节基本没有明确的程序性规定，存在相当大的空白。《监察法实施条例》对提请协助的机关、所需法律文书进行了一定程度的细化明确，但由于监察法律法规的立法定位，主要从监察机关协助需求的角度进行规范，而协助机关的执行程序目前仍比较缺乏。四是协助要求高。《监察法》和《监察法实施条例》关于协助的条款一般直接规定“应当”配合、协助、“如实提供”等，还有的使用“交有关机关执行”“由公安机关依法执行”的表述，效力上亦等同于“应当”，设定了较高的协助的义务标准。

（二）公安机关提供协助的系列规范

经对新中国成立以来现行有效的法律法规进行梳理，自20世纪70年代以来，除协助监察机关外，涉及公安机关向其他机关、单位提供协助的法律和行政法规共有26件，其中法律16件、法规10件。此外，从部门规章中选取《公安机关实施保安服务管理条例办法》《药品类易制毒化学品管理办法》等4件具有代表性的规章进行分析。我国关于公安机关提供协助的法律规定具有以下特征：

1. 分布领域广泛。公安机关对外提供协助的范围十分广泛，涉及医药卫生、税收、文物保护、社会保障、气象、司法、情报密码、审计、海关、监察、军事、特种行业管理等诸多领域，其中涉及医药卫生领域协助的法律法规最多，为7件。如《传染病防治法》规定的公安机关协助医疗机构采取强制隔离治疗措施等。

2. 协助类型多样。其中，《引渡法》《刑法》所规定的协助属于司法制度中的协助，其他大多属于行政协助。至于《营业性演出管理条例》和《旅馆业治安管理办法》2件行政法规所规定的协助，即公安机关协助演出举办单位维持营业性演出现场秩序、协助旅馆对工作人员进行安全业务知识的培训等，不属国家机关之间的协助，实际既是公安机关对监督管理对象的指导监督，也是我国法律在广泛意义上使用“协助”一词的一个例证。

3. “部门”特色突出。目前尚没有统一的规范公安机关协助活动的法律法规，2012年《人民警察法》对此仍是空白，公安机关对外提供协助的法律规定体现在各部门主导的立法或“部门化立法”中①。这些规定主要是调整各个行政领域的专门性规范，体系上较为零散，内容上也较为原则、抽象。不过，公安机关的协助也并非完全由其他部门主导，比如在各部门均有相对较大自主权的部门规章中，对于公安机关提供协助内容作出规定的，既有其他部门规章，如《药品类易制毒化学品管理办法》是原卫生部规章，《放射事故管理规定》是原卫生部与公安部共同以部令形式发布的部门规章，而《公安机关实施保安服务管理条例办法》则是公安部规章②。

4. 协助要求模糊。明确“应当”协助的有17件，“可以”协助的有6件，没有明确规定强制程度的有7件。这既凸显了公安机关协助的“义务性”特征，也说明了对协助执行的要求模糊不清。究竟需采取何种方式、在何种范围内开展协助，在实践中考验公安机关及其执法人员的能力和智慧。

5. 协助程序缺乏。仅有6件对请求公安机关协助的情形进行了原则规定，即《精神卫生法》《重大动物疫情应急条例》《突发公共卫

① 参见王利明：《立法应当去部门化》，载《当代贵州》2015年第21期。

② 《公安机关实施保安服务管理条例办法》中规定了县级公安机关协助进行自行招用保安员单位备案管理和协助落实工伤保险待遇。

生事件应急条例》《传染病防治法》《海关法》《刑法》，绝大多数法律法规没有规定协助的情形。对于协助执行的具体程序，则均未作出明确规定。对于协助请求的主体，大多数法律规定由需要协助的部门直接向公安机关提请协助，仅有3件规定由当地人民政府通知公安机关予以协助，即《国内交通卫生检疫条例》规定由当地县级以上人民政府组织公安部门对卫生部门予以协助，《文物保护法》《古生物化石保护条例》规定文物行政部门、自然资源主管部门可以报请当地人民政府通知公安机关协助保护现场。

一些境外立法对警察提供协助的相关规定具有借鉴意义，像德国等国家对警察提供协助的事项、情形、程序等进行了相对全面的规范。我国关于公安机关提供协助的法律和法规规定总体上比较粗疏且零散，尚缺乏统一的专门规范。通过以上分析，在明确公安机关执行协助的实然规范的同时，也有助于发现公安机关执行协助，尤其是执行监察协助制度有待完善之处。

三、公安机关执行监察协助的应然规范体系

监察协助规范的核心是对权力进行限制和约束，从而实现对权利的保护与保障。对于公安机关执行监察协助实然规范的不足，需要明确规范的内容构成和主要方式，通过进一步完善相关规定，建立起公安机关执行监察协助的应然规范体系。

（一）公安机关执行监察协助规范的内容构成

公安机关执行监察协助的具体规范由实体规范与程序规范、外部规范与内部规范构成。

1. 实体规范与程序规范。法治制约权力的核心，不仅仅在于从实体上对授权的制约，更在于从程序上限制恣意或专断，要求理性行使权力①。实体规范主要是监察协助中的监察权和警察权的权力配置、

① 参见应松年主编：《行政程序法立法研究》，中国法制出版社2001年版，第12页。

两机关之间的关系以及协助范围等。程序规范是对监察协助具体执行的全过程设计，主要包括提出协助请求、审查请求材料、执行协助措施、反馈执行情况、事中事后救济等环节。如在协助范围方面，包括哪些事项公安机关应当或可以提供协助，有权使用哪些权力；在调查措施的决定与批准方面，包括决定、批准机关的级别，决定人、批准人，批准决定程序；在适用情形方面，包括要求公安机关提供协助，应符合哪些情形，什么情形公安机关可以拒绝；在提请协助和执行协助方面，包括需经何机关批准，何人批准，协助请求要素、执行方式等，这些问题应予以详细限定，具体可在不同层面的规定中予以体现。

2. 内部规范与外部规范。公安机关执行监察协助的内部规范包括对公安机关执行监察协助的权力主体的资格限定、执法能力素质的要求，内部执法程序管理以及内部监督等。外部规范可以分为事前预防、事中控制、事后救济的规范，也可从监察协助的决定、执行、监督等权力运行的过程和权力功能的分工进行规范。内部规范具有效率高、执行力强的优势，执行中发现问题可以及时修正，影响和波动小，但内部规范往往不向社会公开，知晓程度不高，不易取得社会的广泛支持和信任，需要与外部规范相结合。

（二）公安机关执行监察协助的规范方式

公安机关执行监察协助的规范方式主要有根本规范、基本规范和配套规范三种。

1. 根本规范。2018 年《宪法》规定了监察机关的性质、宪法定位，从组织法意义上对监察机关予以规范，同时规定了监察机关与其他机关之间的关系，为确定监察机关与审判机关、检察机关及公安机关等执法部门之间的关系提供了宪法依据。这些规定是公安机关执行监察协助的根本规范。

2. 基本规范。《监察法》、《人民警察法》及相关法律法规应当为公安机关执行监察协助提供总体上的基本框架。目前基本规范还较为原则，操作性不强，公安机关执行监察协助还缺乏明确有力的规范依据。《人民警察法》修订过程中，2016 年公安部公开征求意见的《人民警察法（修订草案稿)》对公安机关提供协助行为虽作了基本规定，但尚未成为正式条文，修订后的《人民警察法》将来出台时是否能体现此内容，还存在不确定性。《监察法》作为规范监察机关与监察权、集组织法与行为法于一体的综合性法律，对监察机关的设置、职责权限、运行程序、法律责任等进行了全面规范，确立了监察制度的基本框架，标志着我国集中统一、权威高效的中国特色国家监察体制的建立，但由于《监察法》立足规范监察机关的调查活动，对监察机关请求协助和公安机关执行协助均无具体的规范。《监察法实施条例》对于监察协助作了稍详细的规定，但主要是从监察机关提出协助请求的协助“需求侧”角度，明确了可以提出协助请求的情形、适用的法律文书、请求协助的机关或单位，而对于公安机关如何执行监察协助这一协助“供给侧”的规范仍然缺失，且供给、需求两侧各自相应的法律责任亦未涉及。《监察法》、《人民警察法》及相关法律法规作为监察协助的基本规范，尚有较大细化完善的制度空间。

3. 配套规范。公安机关执行监察协助的规范体系还需要相关法律法规提供配套支持。如关于执法办案主体的《监察官法》、关于执法办案程序的《刑事诉讼法》、关于法律责任方面的《国家赔偿法》《行政诉讼法》，以及关于执行协助具体程序与要求的规章或联合制定的规范性文件等。2020 年修正的《公安机关办理刑事案件程序规定》仅原则体现了公安机关与监察机关互涉案件的协助配合，对于公安机关如何执行监察协助亦无相应规定。配套规范涉及一系列法律法规规章及规范性文件的制定与修订，可谓系统工程。建立起相应的配套规范，公安机关执行监察协助更能发挥制度效用。

本章小结

监察协助随着国家监察体制改革的推进和《监察法》的出台，作为一种新协助类型应运而生。监察协助自身的概念与外延、性质与特点，与其他协助类型均有不同，使其有独立存在的意义与价值。作为一种带有鲜明监察特点的延伸性、复合性警察权，公安机关执行监察协助的必然性具有法理基础、实践必然两个维度上的内在逻辑，且已得到党内法规、法律法规及规范性文件等不同层面的规范确认。但目前的制度规范对实践需求的回应仍然不足，需完善各层面规范，建立公安机关执行监察协助的应然规范体系。

第二章

公安机关执行监察协助的权力主体

公安机关执行监察协助的制度构建，首先需要从权力制约与权利保障两个价值维度对监察协助的权力主体予以规范。监察协助主体之间的权力配置和关系网络，在一定程度上决定监察协助的实践运行，同时又在具体运行过程中得以体现和巩固。

第一节　面向监察协助权力主体的规范价值

为保证监察职能与监察协助目的有效实现，对作为权力主体的监察机关和公安机关予以应有的限制与约束，既是权力制约功能价值的必然要求，又是权利保障价值追求的重要内容。

一、公安机关执行监察协助中的权力制约

权力必受制约，是公安机关执行监察协助面临的首要法律问题。公安机关执行监察协助，是公安机关运用公权力，按照监察机关提出的要求，协助其依法履职的活动，因而不可避免地带有“监察＋警

察”的独有特色。对如此强大的公权力，加强权力制约具有理论必然性和现实必要性。

（一）监察协助权力制约的现实必要

对公安机关执行监察协助进行权力制约的目的之一，是避免协助过程中警察权的滥用和非警务活动的发生。运用警察权保障其他国家机关职责任务的实现，与警察权的滥用之间，始终存在巨大的张力。

如何把握警察权行使的“度”，一直是个难以解决的问题。2016年12月公安部就《人民警察法（修订草案稿）》通过官网向社会公开征求意见，其中第15条新增了外部警务协助即公安机关对其他国家机关提供协助的内容①。该条本为回应现实中对非警务活动的焦虑和质疑，规范公安机关提供协助活动的范围和基本程序，却引起了不少争议。有的人担心如果明确在法律中规定外部警务协助，将会给公安机关带来更多的非警务活动。对于属于其他机关法定职责范畴，尚不构成违反治安管理行为或犯罪的一般行政违法行为，公安机关无权执法或“协助执法”，外部警务协助的规定将会导致其他行政机关无限度地行使执法协助请求权，对公安机关正常工作秩序造成冲击。这种意见代表了对警察权被动滥用的忧虑。这恰恰说明明确权力边界、规范协助活动的必要性，而一味回避是无法解决问题的。除此条尚未正式成为法律条文的内容外，法律中尚无统一规定来规范公安机关提供协助的问题，而是由各部门法律规范分散规定。正是由于法律规范的缺位，实践中，公安机关提供协助更多地采取部门间领导出面沟通的方式，未建立有效的“规则程序型”的协助方式②。

公安机关执行监察协助中，既有法律明确规定“应当”协助的情

---

① 参见《公安部关于〈中华人民共和国人民警察法〉（修订草案稿）公开征求意见的公告》，载公安部网2016年12月1日，https://www.mps.gov.cn/n2254536/n4904355/c5561673/content.html。

② 参见郑琳：《我国警察协助模式的选取——一种比较法上的检讨与反思》，载《行政法学研究》2019年第6期。

况，也有规定“可以”协助的情况，还有法律中并无明确规定，但实践中一直存在协助活动的情况，不仅协助情形不明确，协助范围不清晰，而且可以使用哪些权力、依据何种程序开展协助，实践中做法不尽一致，因地因时甚至因案而异的情况并不鲜见，迫切需要对监察机关和公安机关的权力予以规范，防止任意协助滥用监察权与警察权。

（二）监察协助权力制约的理论必然

公安机关执行监察协助的权力来源、属性及其运行，决定了监察机关和公安机关行使权力应受制约规范。

1. 公安机关执行监察协助的权力来源决定其应受制约。自资产阶级革命以来，“社会契约论”“主权在民”思想深入人心，权力应受制约在法治社会已成为共识。由于权力自身的特性，为防止由人民让渡部分权利而形成的公权力脱离人民甚至危害人民，对权力进行制约成为必要。在实行人民民主的社会主义国家，一切权力属于人民，但采用全民直接民主的方式并不现实，而代议制的实行一定程度上分离了权力行使者与所有者，制约权力的行使以确保体现人民的意志也十分必要。由此，以体现人民意志的法律来设置权力的运行模式①，作为权力所有者的人民可以通过法律实施对权力的运行进行评价，也可以用来校正失范的权力。

对于公安机关执行监察协助，监察机关行使的监察权和公安机关行使的警察权均来自人民。一切权力属于人民为我国《宪法》所明确确认。监察机关由各级人民代表大会产生，并对它负责，受它监督。公安机关的性质、任务和特点决定其必须依靠人民的支持，保持同人民的密切联系，倾听人民的意见和建议，接受人民的监督，维护人民的利益，全心全意为人民服务。公安机关和监察机关在监察协助中必然应受制约，根本上是权力来源的要求，形式上也已为宪法和相关立法予以确认。

---

① 参见文华：《我国警察权力的法律规制研究》，武汉大学2010年博士学位论文，第9-10页。

2. 公安机关执行监察协助的权力属性决定其应受制约。权力普遍具有的相对性、支配性、权威性，要求必须对权力进行制约。相对性意味着权力不得越界，没有绝对的、普遍的权力；支配性是以权力主体的意志控制、影响他人并强制他人服从的能力；权威性则体现在权力运作的规则性与公开性①。权力本身的特性导致其自然带有侵略性和扩张性，如果不对权力进行分权制衡，必然会使部门之间权力出现互相侵犯与掠夺②。

监察权作为独立于现行立法权、行政权和司法权之外的复合性权力，其中监察调查权更是融党纪调查、政纪调查与犯罪调查“三体合一”的权力，具有覆盖面广、介入私权利程度深、对人身财产权利强制度高等特点。警察权与其他权力相比，其支配性、强制性和暴力性表现得更加突出。警察“在所有的维护和平的各种策略背后的底线仍是动用其法律处罚手段，最终动用法律强制力”③，警察权是国家暴力最经常、最集中的表现④。当监察机关请求公安机关协助执行，用警察权来保障监察权的实施时，尤其需要防止权力的恣意和任性。

3. 公安机关执行监察协助的权力运行要求其应受制约。拥有权力的人可能都倾向于滥用权力，为了防止滥用权力，必须以权力约束权力⑤。即使是在制度上消灭了暴政的民主政体，如果缺乏有效的监督制约来限制权力，独裁、专制还会有伺机卷土重来的可能性⑥。

监督制约作为权力正确运行的根本保证，是国家治理体系和治理能力现代化的基础性工程。公权力如果失去有效的监督制约，就可能

---

① 参见卓泽渊：《法治国家论》，法律出版社2008年版，第120－122页。

② 参见［美］汉密尔顿等：《联邦党人文集》，程逢如等译，商务印书馆1980年版，第245－256页。

③ ［英］罗伯特·雷纳：《警察与政治》，易继苍、朱俊瑞译，知识产权出版社2008年版，第7页。

④ 参见郝赤勇：《警察权力论》，载《公安研究》2005年第9期。

⑤ 参见［法］孟德斯鸠：《论法的精神（上卷）》，许明龙译，商务印书馆2007年版，第168页。

⑥ 参见张文显：《法哲学范畴研究》（修订版），中国政法大学出版社2001年版，第201页。

或任性妄为，或滥用徇私，或消极懈怠，导致国家治理体系运转失灵，因而必须压缩权力行使的任性空间，将公权力置于严密的监督制约之下[①]。在当前反贪腐的高压态势之下，新成立的监察机关十分注重自我监督、自清门户，彰显对内部违纪违法的“零容忍”，坚决防止“灯下黑”，做党和人民的忠诚卫士[②]的坚决态度。由于监察机关自身既拥有厚重的权力，又可要求包括公安机关在内的相关单位提供广泛的协助，且在案件调查阶段不存在类似侦查监督的监督程序，其权力运行具有一定的封闭性。公安机关在协助监察机关时可以使用强制手段甚至使用武力，如果任意执行协助活动将存在很大风险。因而对监察机关与公安机关权力的行使以及协助活动不能仅凭自我监督、道德约束来制约，必须构建完备的法律制度，强化程序控制和监督制约。尤其是在当前尚未能有效发挥权利监督权力的效能和权力机关的监督权威时，更需要通过权力对权力的制约来防止权力滥用[③]。

二、公安机关执行监察协助中的权利保障

权利作为权力的来源和边界，对权力也构成制约。相比权力制约权力的强制性和权威性特点，权利制约权力具有监督主体更多、监督成本更小、监督动力更足等显著优势[④]。公民行使《宪法》赋予的监督权具有法理的正当性和实践的有效性，行使基本权利所汇聚产生的能量，有时也能够有效平衡、消解过于强大的权力对宪法法律栅栏的冲撞[⑤]。在权利保障和权力制约的意义上，国家监察制度改革的根本

---

① 参见钟纪言：《以有力有效监督促进国家治理》，载《中国纪检监察报》2020 年 5 月 14 日，第 7 版。

② 参见新华社：《中共中央办公厅印发〈中国共产党纪律检查机关监督执纪工作规则〉》，载中国政府网，http：//www. gov. cn/zhengce/2019 －01/06/content_5355392. html。

③ 参见秦前红：《监察体制改革的逻辑与方法》，载《环球法律评论》2017 年第 2 期。

④ 参见卢建军：《以权力关系的视角解析警察权——兼论适应国家治理现代化要求的警察权力关系》，载《中国人民公安大学学报（社会科学版）》2015 年第 4 期。

⑤ 参见童之伟：《对监察委员会自身的监督制约何以强化》，载《法学评论》2017 年第 1 期。

目的是控制国家权力，从而保护个人的权利[①]。权利应予保障，也是公安机关执行监察协助的重要价值追求。公安机关执行监察协助，服从服务于监察制度的目的，但公安机关执行监察协助的行为，必然会对被调查人及相关人员的权利构成不同程度的限制，甚至会影响宪法规定的公民基本权利。

在我国法律体系中，对于刑事案件和行政案件等，《刑事诉讼法》《人民警察法》《行政强制法》《行政处罚法》《治安管理处罚法》等法律对适用强制性措施规定了较为严格的限制，比如适用对象、决定和批准程序、期限、执行主体、执行程序等，既有实体条件的规范，也有程序环节的规范，为保护个人免受公权力非法侵犯提供了制度屏障。在监察案件办理中，《监察法》《监察法实施条例》对监察机关行使权力的规定相对较为原则，对监察协助包括公安机关执行监察协助几未涉及，对被调查人的权利保障的立法回应亦显不足，需要在立法和执法实践中进一步强化权利保障，发挥权利对权力的制约规范功能。

（一）保障人权是中国特色社会主义法治体系的内在要求

尊重保障人权是现代民主政治最基本的价值观念、文本表达和制度要求[②]。人权保障作为现代宪法的灵魂，应成为统治者的义务而不是恩惠[③]。“尊重和保障人权”首次写入中国共产党的正式文件，是在1997年9月中国共产党第十五次全国代表大会报告中。2004年《宪法修正案（四）》实现人权保障入宪，将“国家尊重和保障人权”作为单独一款予以明确规定，这是尊重和保障人权要求首次写入宪法法律。此后，这一内容在党内法规和诸多法律中得以体现。例如，2012年中国共产党第十八次全国代表大会修改《中国共产党

---

① 参见秦前红、叶海波等：《国家监察制度改革研究》，法律出版社2018年版，第21页。

② 参见秦前红：《监察改革中的法治工程》，译林出版社2020年版，第469页。

③ 参见周永坤：《权力结构模式与宪政》，载《中国法学》2005年第6期。

章程》，将“尊重和保障人权”明确写入党章总纲部分。《刑事诉讼法》将“尊重和保障人权”作为刑事诉讼法的任务之一，《人民警察法》将“保护公民的合法权益”作为立法目的之一，《反恐怖主义法》《治安管理处罚法》《反间谍法》《国家安全法》《国家情报法》等法律均将“尊重和保障人权”作为基本原则。《监察法》起草过程中，有学者建议将“规范反腐败机构及其工作人员行使职权行为，防止其滥用职权，保护被监察人员人权和其他合法权益”列入立法目的，虽最终未获直接采纳，但《监察法》建立的制度规范也间接体现了这一目的①。保障人权已经成为党内法规和国家法律体系的共同目标。

（二）保障被调查人的合法权利是保障人权的重要内容

在监察调查过程中，被调查人的权利应当得到保障，未经人民法院判决不得认定其有罪、剥夺其应有的合法权利。根据《中国共产党纪律检查机关监督执纪工作规则》的规定，对审查调查期间的被审查调查人要以同志相称，还要安排其学习党章党规党纪以及法律法规。在一些公开的案件通报中，对于正在被纪委监委调查、尚未经人民法院判决有罪的，或者未作出开除党籍处理的被调查人，也仍称作同志。虽然《监察法》未明确使用保障人权的表述，但对保障被调查人的合法权益作出了一些具体规定。例如，《监察法》第 5 条关于在适用法律上一律平等、保障当事人的合法权益，第 60 条关于被调查人及其近亲属的申诉权，以及第 67 条关于给予国家赔偿等规定，亦已一定程度上体现出保障人权的精神。

不可否认，被调查人作为中国共产党党员或公职人员，因其身份，较之普通公民对党组织和社会确实负有更多责任和义务。对于中国共产党党组织和党员之间是否属于一种特别权力关系、是否可运用

---

① 参见姜明安：《论监察法的立法目的与基本原则》，载《行政法学研究》2018 年第 4 期。

特别权力关系理论规范这种关系，从而限制甚至剥夺被调查的党员的部分权利，学界仍存在不同认识。当事人虽知晓理应遵守有关纪律规矩，但也往往不明所以。

特别权力关系理论源于德国，德国学者保罗·拉班德（Paul Laband）于1876年在《德意志帝国之国法》中首次建立了“特别权力关系理论”的雏形，德国公法学家奥托·迈耶（Otto Mayer）对特别权力关系理论进行了系统的阐述，形成了相对完备的特别权力关系理论[①]。20世纪二三十年代特别权力关系理论传入我国，当时一些行政法学著作中已有对特别权力关系理论的介绍和阐述[②]。在特别权力关系中，权力主体出于特定目标或原因，对其管理的相对人具有概括的命令强制权力，而相对人则负有更多服从义务。特别权力关系最早源于公务员、教育相关人员、军人等法律关系中[③]。其特点在于，权力主体拥有“特别权力”，相对人负有“特别义务”，处于更为附属的地位；权力主体在缺少法律依据时可以自行设定相对人的权利义务，无须征得其同意；纠纷解决更多采取内部方式，司法审查的适用有限[④]。

对于我国应当如何对待特别权力关系及其理论，虽然学界未达成共识，但特别权力关系本身是一种客观存在。我国立法中尽管未出现“特别权力关系”的表述，但一些法律规定已在一定程度上反映出特别权力关系理论的影响，如《公务员法》《行政诉讼法》中关于公务员对内部行政行为不可诉的规定，《国家赔偿法》中关于行政追偿的

---

① 参见江国华：《正当性、权限与边界——特别权力关系理论与党内法规之证成》，载《法律科学（西北政法大学学报）》2019年第1期。

② 例如，商务印书馆1927年出版的白鹏飞编的《行政法总论》、1937年出版的范扬的《行政法总论》等。参见黄学贤：《特别权力关系理论研究与实践发展——兼谈特别权力关系理论在我国的未来方位》，载《苏州大学学报（哲学社会科学版）》2019年第5期。

③ 参见刘雪梅：《特别权力关系理论与中国行政法》，中国政法大学2002年硕士学位论文，第5-9页。

④ 参见江国华：《正当性、权限与边界——特别权力关系理论与党内法规之证成》，载《法律科学（西北政法大学学报）》2019年第1期。

规定等[①]。应运用辩证法来审视特别权力关系，既要正视其有助于稳定内部关系、提高组织管理效率的积极意义，又要防止其成为“权力主体对抗法治主义的理论屏障”[②] 的可能性。可行而务实的方式是面对特别权力关系存在的现实，要求特别权力关系的管理在实现国家利益和个人利益、行政效率的维持与个人权利的保护之间求取“最佳平衡点”[③]。特别权力关系的管理应遵循必要性原则，除为实现组织的特别目的且有法律明确规定，方可对基本权利作出限制外，原则上相对人仍享有基本权利，应受到与其他公民同等的保障[④]。

加入中国共产党成为党员，意味着必须多尽一份义务，主动放弃一部分普通公民享有的权利和自由[⑤]，然而，这种权利和自由的缩减并非无限的。监察案件中的被调查人作为国家工作人员，虽负有更多的责任和义务，但对于公民普遍享有的宪法权利和诉讼权利，仍应予平等保护，在法律面前人人平等和未经法院判决不得认定为有罪原则的前提下，对监察机关涉及强制措施的法律规定不应放宽[⑥]。国外有关立法及相关研究亦可提供有益借鉴，如 2004 年 9 月，在北京举行的第 17 届国际刑法学大会通过了《关于刑事诉讼原则在纪律程序中的适用》的决议，阐述了在纪律程序中适用刑事诉讼基本原则的重要

---

① 参见黄学贤：《特别权力关系理论研究与实践发展——兼谈特别权力关系理论在我国的未来方位》，载《苏州大学学报（哲学社会科学版）》2019 年第 5 期。

② 在特别权力关系理论的遮挡下，特别权力关系领域成了“无法之自由空间”和“法治国家之漏洞”。参见莫于川：《试论条理法在调整特别权力关系中的作用——以公立高校管理行为争议解决机制为例》，载《河南财经政法大学学报》2014 年第 3 期。

③ 参见蔡震荣：《行政法理论与基本人权之保障》，台北，五南图书出版公司 1999 年版，第 261 页。转引自孙首灿：《论特别权力关系在中国之体现及破除》，载《云南行政学院学报》2016 年第 1 期。

④ 参见孙首灿：《论特别权力关系在中国之体现及破除》，载《云南行政学院学报》2016 年第 1 期。

⑤ 参见王岐山：《坚持党的领导　依规管党治党为全面推进依法治国提供根本保证》，载中央纪委监察部网，http：//www. ccdi. gov. cn/gcsy/201411/t20141104_29984. html。

⑥ 参见秦前红、叶海波等：《国家监察制度改革研究》，法律出版社 2018 年版，第 198 页。

性，明确提出了在纪律程序中，被告人必须享有受到公正并且快速审理的重要权利等要求[①]。英美法系国家和大陆法系国家职务犯罪的侦查，与其他类型的犯罪侦查在司法人权保障制度上并无实质区别[②]。只有在国家处于危急状态时，某些保障人权的义务才能予以克减[③]。因此，被调查人的公民基本权利受《宪法》保障，不应因其党员和公职身份而受到减损。在监察协助中，对于被调查人的基本权利，公安机关和监察机关均应依法予以保障。

第二节　公安机关执行监察协助的权力配置

权力配置按照不同的标准，可以分为不同的模式。例如，根据权力的分散程度，可以分为集权模式与分权模式，集权模式重在权力的运行速度，追求效率，分权模式重在权力的运行程序，追求正义[④]；根据权力的分配向度，可以分为横向模式与纵向模式，横向模式表现为权力的功能性配置，纵向模式则表现为权力的结构性分配[⑤]。也有学者提出根据政治实践活动历史的时空演变发展，分为空间配置上的横向模式与纵向模式，时间配置上的终身制模式和任期制模式[⑥]。在

① 参见陈光中主编：《21世纪域外刑事诉讼立法最新发展》，中国政法大学出版社2004年版，第86页。

② 参见龙宗智：《监察与司法协调衔接的法规范分析》，载《政治与法律》2018年第1期。

③ 参见张建伟：《法律正当程序视野下的新监察制度》，载《环球法律评论》2017年第2期。

④ 参见周佑勇：《监察委员会权力配置的模式选择与边界》，载《政治与法律》2017年第11期。

⑤ 参见童之伟、殷啸虎主编：《宪法学》（第2版），上海人民出版社、北京大学出版社2010年版，第101页。

⑥ 参见张杰：《中国民主建设中的政治权力配置方式》，中共中央党校2006年博士学位论文，第113页。

特定时空条件下、既定政治体制框架内，从纵向与横向模式研究权力配置更具有实际意义。公安机关执行监察协助的权力配置，主要体现在监察机关与公安机关在横向上的权力配置，以及公安机关内部在纵向上的权力配置。科学合理的权力配置，才能实现权力功能适当、权力格局有序、权力权利均衡的目标。

一、公安机关执行监察协助的权力配置目标

监察体制改革是对国家权力重新配置、调整的重大政治法律改革，目的是通过重新配置相关权力，厘清权力主体之间的关系，形成有序的权力新格局。

（一）权力功能适当

1. 权力配置的价值取向。权力功能适当强调国家权力行使的“正确”和“高效”，这一直是我国国家权力配置的重要取向[①]。现代国家治理的特质是理性，即设置目标的合理界定、实现方式的合理选择。从权力功能适当的角度，权力配置承认权力的必要分工、相对平衡，但不拘泥于权力相互掣肘、彼此削弱，其着眼点在于国家共同体的存续，国家权力行使的高效能和理性化[②]。权力配置既有消极意义上的限权、控权，又有积极意义上的赋权，从而将不同性质、不同功能的权力分别配置给不同机关，建构并运行国家权力体系，保障国家权力的正确性和高效性。

2. 权力配置的功能标准。以功能最适合作为科学的权力配置标准，有助于防止权力配置的盲目性、任意性。权力功能适当标准要求从两个方面实现合理配置：一方面，为了实现国家决定的“尽可能正确”，作出决定应由在组织功能、组成方式、内部结构与决定程序等

---

① 参见张翔：《国家权力配置的功能适当原则——以德国法为中心》，载《比较法研究》2018 年第 3 期。

② 参见张翔：《我国国家权力配置原则的功能主义解释》，载《中外法学》2018 年第 2 期。

各方面最为适合的机关来承担[①]，即在权力配置之初，确定国家权力交由何机关行使时，应当由具有与权力最相匹配功能的机关来行使，这种具有匹配功能的机关也应具备相应的结构模式。另一方面，权力配置一旦确定，被授权的机关应优化自身功能，在组织结构、资源优势、程序设计等方面不断完善，确立和巩固自身所具有的功能最适合机关的地位。

3. 监察机关与公安机关的功能优势。按照权力功能适当的要求，无论是一项新创设的权力，还是既有权力的调整，在确定权力的配置归属时，首先应衡量何种机关的功能与权力最相匹配，能够最充分实现权力功能。监察机关作为监察工作的专责机关，负有监督、调查、处置等法定职责，其中，监督是首要职责，调查是一项经常性工作[②]，监察机关的功能结构并不仅仅围绕调查活动设置。公安机关在行政机关中具有最庞大的组织系统，拥有人数最多的公务员，警种部门分工细、专业化程度较高，“无所不在、随时在场和持续不间断”的特点[③]在公安机关体现得尤为明显。这使公安机关在案件调查中往往具有其他机关不可比拟的显著优势。由此，《监察法》之所以未赋予监察机关部分执行权，正是从监察机关和公安机关的各自功能上考虑的。比如，关于限制出境措施的执行，公安机关边境派出所的设置、出入境垂直管理的体制，都是监察机关所不具备也难以复制的。

（二）权力格局有序

1. 我国权力格局的开放包容。我国国家权力体系并非按照立法、行政、司法进行严格划分，而是根据国家任务的变化、不同阶段的需

---

① 参见［德］康拉德·黑塞：《联邦德国宪法纲要》，李辉译，商务印书馆2007年版，第139－140页。转引自沈寿文：《政府横向权力配置新论——从结构功能主义角度的分析》，载《政法论丛》2011年第1期。

② 参见中共中央纪律检查委员会法规室、中华人民共和国国家监察委员会法规室编写：《〈中华人民共和国监察法〉释义》，中国方正出版社2018年版，第88－91页。

③ 参见门中敬：《我国政府架构下的权力配置模式及其定型化》，载《中国法学》2021年第6期。

要，增加、缩减或调整相应的权力及国家机构，从而对国家权力的基本结构进行不同程度的调整。从此意义上讲，国家机构体系及其权力类型是开放性的，国家可以根据现实需要创设新的或调整既有的国家机构和权力类型①。此种多元包容的权力体制，可以在立法权、司法权和行政权之外通过宪法修改调整或设立新的国家权力，从而实现体制改革目的，顺应时代发展需要②。

2. 监察权对既有权力格局的改变。为建立集中统一、权威高效的反腐败体制，建立反腐败专职国家机构，产生了国家监察机关这一新的国家机构类型，与此同时出现了监察权这一新的权力类型。不同于国家权力体系中对其他权力配置的微调，监察权的出现改变了我国“一府两院”的国家机构体系框架，形成了新的“一府一委两院”权力格局。

由于监察机关建立在对既有不同国家机关职能的深度整合基础上，监察机关的权力主要由原行政监察机关和原属于人民检察院查处贪污贿赂、失职渎职以及预防职务犯罪等部门的有关权力转化构成，新的监察权对既有检察权、侦查权等权力都带来了不同程度的影响，改变了既有权力格局。为形成新的权力格局的有序状态，需要调和监察权与其他既有权力之间的张力。监察权限（第四章）用占《监察法》总数约四分之一的条文，来规范作为“一项经常性工作”的调查职责，而不是作为“首要职责”的监督职责，一方面是为了赋权，通过法律明确赋予监察机关权限，破解反腐败工作的法治困境；另一方面是出于限权，监察措施对被调查人的人身、财产权利构成相当程度的限制，甚至可以剥夺人身自由长达6个月，必须对权力的行使进行规范。

---

① 参见陈明辉：《论我国国家机构的权力分工：概念、方式及结构》，载《法商研究》2020年第2期。

② 参见刘茂林：《国家监察体制改革与中国宪法体制发展》，载《苏州大学学报（法学版）》2017年第4期。

由公安机关执行部分监察措施，一定意义上为形成有序的权力格局提供了制度保障。一方面，防止警察权的消极行使，影响监察权的运行效果，要通过刚性约束保证新的监察制度实现其设定目标；另一方面，由于警察权本身已大量承载从其他类型权力所转嫁过来的矛盾，成为维系社会秩序的“兜底”机制，若再放纵其他权力的专断[①]，会对警察权的正当行使造成冲击。尤其是要防止监察权的不当扩张，出现更值得警惕的“监警一体化”、协助任意化的风险[②]。这不仅影响权力格局的秩序，还会打破权力与权利的均衡。

（三）权力权利均衡

1. 权力与权利的对立统一。权力与权利是对立统一的矛盾体。一方面，权力与权利具有内在的统一性。权利是权力的来源和基础，权力存在的价值和目的是保障权利。另一方面，权力与权利之间始终存在冲突的张力，权力限制权利甚至否定权利的情况屡见不鲜。

权力追求秩序和效率，权利要求公平和正义。秩序和效率、公平和正义之间并非总能一致。从监察机关的权力配置看，一方面，监察权修复秩序、追求效率的倾向与社会公众朴素的普遍正义感一致，有助于实现普遍正义；另一方面，监察权的行使必然影响被调查人的权利，追求普遍正义的同时不应牺牲被调查人的个别正义[③]。为了达成权力与权利的均衡，需要从权力和权利两个方面规范权力。

2. 权利为权力设定边界。个人基本权利的空间同时也是国家权力的界限，此界限是客观存在的，并不取决于个人是否确实行使了自由

① 参见刘茂林：《警察权的现代功能与宪法构造难题》，载《法学评论》2017 年第 1 期。

② 参见江国华、张硕：《监察过程中的公安协助配合机制》，载《法学研究》2019 年第 2 期。

③ 参见周佑勇：《监察委员会权力配置的模式选择与边界》，载《政治与法律》2017 年第 11 期。

或提出了相关请求[①]。公权与私权之间的界限，不是靠行政法来确定，而是靠私法来确定。“私权”所在，“公权”所止[②]。这就要求国家机关的设置、权力的配置必须进行基本权利的考量。在此意义上，不同于国家机构正向的积极规范，基本权利规范成为国家权力配置反向的消极规范，基本权利起到了消极的边界作用[③]。

监察权与警察权作为公权力，均具有较强的干预性，在其配置和运行中限制公民权利是不可避免的，是保障权利“必付的成本”。一味追求办案效率，忽视对权利的尊重固不可取，但如若单纯强调权利保障，也会影响反腐败职能的发挥。需要在配置监察权与警察权时综合考量，妥善处理权力与权利的关系，实现权力效果与权利保障之间的平衡。

二、公安机关执行监察协助的权力横向配置

权力横向配置是权力在国家机构体系，尤其是中央国家机构体系内相对定型化的分配格局[④]。公安机关执行监察协助的权力横向配置，是在国家权力体系中的监察权配置、政府权力体系中的警察权配置之下，对监察协助中的监察权与警察权进行配置，需要处理好警察权与监察权的范围大小、程度强弱和关系均衡等问题，坚持法治精神、通过科学理性论证，实现权力配置的正当化、规范化和法治化[⑤]。监察权配置的“统”与“分”、警察权配置的“强”与“弱”是公安机关

① 参见陈征：《国家从事经济活动的宪法界限——以私营企业家的基本权利为视角》，载《中国法学》2011 年第 1 期。

② 参见高文英：《和谐社会警察权配置的利益考量——尊重和协助保护私权的视角》，载《中国人民公安大学学报（社会科学版）》2011 年第 3 期。

③ 参见张翔、赖伟能：《基本权利作为国家权力配置的消极规范——以监察制度改革试点中的留置措施为例》，载《法律科学（西北政法大学学报）》2017 年第 6 期。

④ 参见童之伟：《法权与宪政》，山东人民出版社 2001 年版，第 644 页。

⑤ 参见卢建军：《以权力关系的视角解析警察权——兼论适应国家治理现代化要求的警察权力关系》，载《中国人民公安大学学报（社会科学版）》2015 年第 4 期。

执行监察协助权力横向配置的两个基本表现形态。

（一）监察权配置的“统”与“分”

构建集中统一、权威高效的中国特色国家监察体制是监察法治的重要目标。为保证监察机关反腐败专责职能的有效发挥，需要对其权力的配置和运行进行科学合理的制度安排。

1. 监察权的“统”。2018 年《宪法》的修正和国家监察体制改革，整合了以往分散的反腐败资源，创设了统一的反腐败权力，重新塑造了国家权力格局，确定了在人民代表大会领导之下的“一府一委两院”权力体系。新的监察权配置具有典型的集权特征，集中了原由不同的权力主体分散行使的职务犯罪侦查、预防犯罪职能及行政监察职能，并通过与党的纪检部门合署办公，实现了国家权力与政党权力的进一步集中[①]。监察机关获得反腐败所需要的相应权力，才能够有效地承载反腐败的职责，实现《监察法》立法目的和监察体制改革初衷。

2. 监察权的“分”。权力配置模式固然有集权模式与分权模式之分，但在现代法治实践中，并未单纯采取某一模式，而是融合集权与分权，同时有所侧重[②]。监察机关的权力配置也不例外。监察机关的权力集中易导致其“位高权重”，在追求反腐败工作的效率时，也要强化对监察机关自身的监督制约。在监察权的配置中，《宪法》和《监察法》注重有“统”有“分”，在赋予监察机关高效统一的反腐败权力的同时，又明确监察机关与其他机关之间的互相配合、互相制约关系，如赋予公安机关执行部分监察措施的权力，赋予检察机关排除非法证据、作出不起诉决定等权力，通过权力的分立、相互制衡，对监察权作出适当的限制或约束，以确保权力之间相互协调、有序衔

---

① 参见陈辉：《论监察委员会处置权的合理配置与规范运行》，载《社会主义研究》2019 年第 6 期。

② 参见周佑勇：《监察委员会权力配置的模式选择与边界》，载《政治与法律》2017 年第 11 期。

接，避免权力的冲突或者失衡。这或许正是《宪法》和《监察法》对于监察机关的授权“既不完整也不对称”[①] 的立法深意所在。

（二）警察权配置的“强”与“弱”

警察权虽然具有高强制性、强权威性等特点，但在执行监察协助时，应始终保持谦抑性，总体上呈现监察权“强”、警察权“弱”的状态，但两权的强弱程度又因具体协助执行类型而有所分别。

1. 总体上的权力对比。在国家权力格局中，不同权力之间互相影响甚至存在一定程度的交叉重合，是无法完全避免的，但任何权力都不能拥有超越其他权力之上的优越地位，也不允许剥夺其他权力为履行宪法赋予任务所必不可少的权力，由此维护各个权力主体的“核心领域”[②]。监察机关作为反腐败的专责机关，在监察这一核心领域自然应享有更强更集中的权力。公安机关作为协助机关，警察权不能侵入监察权的核心领域。

警察权作为国家基本权力的必要保障和最后手段，在其他国家权力能够实现其治理目的时，不应动用警察权[③]。公安机关执行监察协助，应始终坚持使用警察权的谦抑性，警察权与监察权相比，监察权为主，警察权为辅；监察权是目的，警察权是手段。这种权力对比的要求体现在：第一，监察协助的启动权在监察机关，公安机关无权在监察机关提出协助请求之前实施有关活动。第二，公安机关执行协助的事项、范围、对象、期限，应当按照监察机关的要求，不得超出范围或期限执行监察协助。在执行监察协助中发现新的情况，可能需要

---

① “不完整”是监察机关并不具备打击腐败所需的全部权力，而只是必要权力；“不对称”是《宪法》和《监察法》虽赋予监察机关调查职务违法犯罪的权力，但又未配置全部手段。参见江国华、张硕：《监察过程中的公安协助配合机制》，载《法学研究》2019 年第 2 期。

② 张翔：《国家权力配置的功能适当原则——以德国法为中心》，载《比较法研究》2018 年第 3 期。

③ 参见卢建军：《以权力关系的视角解析警察权——兼论适应国家治理现代化要求的警察权力关系》，载《中国人民公安大学学报（社会科学版）》2015 年第 4 期。

采取有关调查措施的，应告知监察机关，不得自己径行采取措施。第三，公安机关协助监察机关行使权力而不是代行其权力，监察机关有权并且有能力自行执行的措施，公安机关不得主动介入。

2. 两种具体协助执行类型。在整体国家权力体系中，权力运行的闭合链条包括决策、执行、监督等环节①。从监察权在国家权力体系中的定位看，监察权属于监督权②；而从监察协助中监察权与警察权的关系定位看，在决策、执行、监督层面上，监察权又基本属于决策权，警察权属于执行权。根据不同的协助执行类型，警察权的协助又有着相对的“强”与“弱”。

第一种协助执行类型，即典型的“监察机关决策－公安机关执行”类型。立法在权力配置上，将决定权授予监察机关，执行权授予公安机关。对于部分调查措施，监察机关只有决定权，公安机关在执行中具有相对较强的协助权，体现在执行的必然性与自主性等方面。此种模式中，公安机关执行监察协助本身，既是对监察机关履行职责的协助，也属于公安机关承担的《监察法》规定的法定职责。如监察机关发现被调查人在逃，使得无法对其执行留置措施时，有权作出通缉的决定，决定权在监察机关。至于具体的执行，包括发布通缉令、将在逃人员追捕归案均由公安机关执行。限制出境与之相似，监察机关认为被调查人有出逃境外的可能性，有权作出限制其出境的决定，《监察法》虽使用了监察机关“采取限制出境措施”的表述，但其实同关于通缉的规定一样，也是由监察机关决定，由公安机关依法执行。

第二种协助执行类型，即“监察机关决策并执行－公安机关协助执行”类型。立法将决定权和执行权都配置于监察机关，公安机关仅作为协助执行机关。公安机关是否需要提供协助取决于监察机关是否

---

① 参见周叶中、胡爱斌：《中国特色的“权力分工协调”论》，载《南京社会科学》2018年第6期。

② 参见秦前红：《监察体制改革的逻辑与方法》，载《环球法律评论》2017年第2期。

需要并提出要求。公安机关在执行中具有相对较弱的协助执行权，是否需要执行存在或然性，自主性的空间也较小。例如，监察机关进行搜查和采取留置措施时，既可以完全由监察机关工作人员完成，也可以提请公安机关配合，至于是否需要公安机关协助，由监察机关“根据工作需要”确定。这里的配合，存在两种情形：第一种是主要由监察机关工作人员执行，公安机关工作人员主要负责保障监察人员安全，或承担辅助作用；第二种是监察机关决定采取措施后，主要由公安机关工作人员执行，监察机关指导、带领或监督公安机关工作人员执行。这里的第二种情形与前述第一种协助类型中监察机关决定、公安机关执行仍有不同，因第一种类型中的执行权完全赋予公安机关，监察机关仅负责决定，而不能自行执行。

三、公安机关执行监察协助的权力纵向配置

权力的纵向配置，是在不同层级的政府或部门之间配置不同的治理权力[①]。国家权力纵向配置模式与一个国家的政治制度、经济社会发展状况、地理环境、民族问题和历史传统等因素密切相关。公安机关执行监察协助的权力纵向配置，是在公安机关上下级之间、同级人民政府与公安机关之间的权力配置，其中主要是公安机关上下级之间的权力纵向配置。公安机关的领导体制、中央与地方公安事权划分对执行监察协助有着深刻影响，对科学规范的权力纵向配置具有重要作用。

（一）执行监察协助中的纵向领导管理

公安机关“统一领导、分级管理，条块结合、以块为主”的领导管理体制，是公安机关纵向权力配置模式的集中体现。领导管理体制科学完善与否，直接关系到包括执行监察协助在内的公安机关职能作

① 参见苏力：《当代中国的中央与地方分权——重读毛泽东〈论十大关系〉第五节》，载《中国社会科学》2004 年第 2 期。

用的发挥和公安工作的成效。

1. 公安机关的领导管理体制。公安机关的领导管理体制是各级公安机关的组织领导权属关系及建立的各项组织领导和管理制度，包括外部对公安机关和公安工作的领导管理关系和公安机关系统的领导管理关系。早在1949年10月，第一次全国公安会议提出，各级公安部门应接受同级政府党组领导，同时在方针、政策、业务上又接受上级公安部门领导[①]。2006年《公安机关组织管理条例》通过立法确认了公安机关的双重领导管理关系，明确地方各级人民政府公安机关在接受本级人民政府领导的同时，还须接受上级公安机关的领导，并且以本级人民政府领导为主[②]，从法规层面对公安机关领导体制予以制度化和规范化。

在公安机关办理行政和刑事案件中，上下级公安机关之间的领导指挥关系主要体现在以下方面：(1) 刑事案件的管辖、指定管辖，以及管辖争议解决。(2) 进行刑事复议复核程序，涉及取保候审、对取保候审被保证人罚款、对刑事案件不予立案决定等。(3) 指定居所监视居住、超出管辖范围的通缉的决定。(4) 办理治安案件公安机关负责人的回避、延长治安案件办理期限的批准。(5) 延长拘留审查期限的批准。(6) 上级公安机关对下级公安机关执法办案监督协调指导，有权予以撤销、变更或纠正。

2. 执行监察协助事项领导管理关系的类型。公安机关执行监察协助，涉及上下级领导指挥或曰权力纵向配置的事项主要有三种类型：

第一，上级公安机关事前批准类。比如，采取技术侦查措施、限制出境措施分别需要设区的市级以上、省级以上公安机关负责人批准。

---

① 参见赵炜：《公安机关体制改革论纲》，载《中国人民公安大学学报（社会科学版）》2014年第6期。

② 参见柯良栋、李民真主编：《〈公安机关组织管理条例〉释义》，群众出版社2007年版，第21－28页。

第二，同级人民政府事前批准类。大多数公安业务需要上级部门批准时，往往是经上级公安机关批准，这与公安业务的专业性有关，但也有些情况须报同级政府批准。比如，发生严重危害社会治安秩序的突发事件，公安机关要实行现场管制，需要经上级公安机关和同级人民政府批准。经过双重批准后，才有权实行强行驱散，强行带离拒不服从的人员直至立即拘留。这是因为有些措施既具有一定的专业性、时效性，应按照“条”的要求贯彻，又具有一定的地方特点，事关地区性公共安全与秩序，也应在“块”的统筹下具体组织实施。

第三，上级公安机关事后监督类。公安机关执行监察协助，同样适用公安机关办案责任制度、执法过错责任追究制度等内部执法监督制度。上级公安机关对下级公安机关进行监督、协调和指导，对于下级公安机关执行监察协助违反法律规定或存在其他错误，监察机关通报上级公安机关的，或者上级公安机关在工作中自行发现的，既可以直接变更或撤销，也可以要求下级公安机关及时纠正。下级公安机关必须执行上级公安机关的决定，而不得自行其是、有令不行、有禁不止。

3. 执行监察协助领导管理的途径。执行监察协助事项，通过不同途径体现出上级对下级的领导指挥关系。

第一，法定请示报告程序。根据《人民警察法》、《刑事诉讼法》、《治安管理处罚法》以及办理行政案件、刑事案件有关程序规定，对于须经公安机关负责人批准或上级公安机关批准的，必须依照有关规定报经批准，并在法律文书中记载和体现。

第二，党内重大事项及时请示报告制度。重大事项及时请示报告制度是我党的一项重要政治纪律、组织纪律、工作纪律。对于超出一级党组织自身职权范围，或者虽在自身职权范围内但关乎全局、影响广泛的重大事项，要依照《中国共产党重大事项请示报告条例》和有关规定及时请示报告。由于公安机关实行双重领导体制，根据事项性质和内容向负有主要领导职责的上级党组织请示报告的同时，还应抄送另一个上级党组织。如果涉及跨系统的重大事项，除了公安机关还涉及其他部门，在请示报告时应向共同上级党组织联合请示报告。

第三，有关协调机制。对一些重要事项，尤其是跨部门事项成立协调小组、联席会议、领导小组等协调机制，似乎是许多领域推进工作的“法宝”。如《监察法》《监察法实施条例》明确规定建立集中统一、高效顺畅的反腐败国际追逃追赃防逃工作协调机制，由国家监委负责组织协调。此外，请政法委或政府负责同志出面协调沟通，已成为公安机关协助的一种“常态”①，这也是在监察协助中存在的现象。

第四，现场的领导指挥。在执行监察协助时，一般由事前确定的负责人领导指挥。不同部门警种的公安民警共同执行监察协助的，由共同上级指定的负责人进行领导指挥。如果遇到突发事件或紧急情况，无明确的现场负责人，根据《人民警察警衔条例》的相关规定，执行中应听从行政职务高的民警指挥，一时也难以区别行政职务高低的，则应听从警衔高的民警指挥。

（二）执行监察协助中的公安事权划分

大多数情形下，公安机关执行监察协助是应监察机关请求，并不需要上级公安机关指派或特别授权。但执行监察协助也并非完全由监察机关决定，仍受到公安机关事权划分的一定影响。

1. 中央与地方公安事权的划分。在不同国家中，中央政府进行纵向权力配置的方式并不相同。例如，在英国、美国、德国等国家，中央与地方的事权划分由法律明确规定，央地关系法治化程度较高；在法国、日本等国家，中央与地方的事权划分通过行政渠道实现，地方

① 参见郑琳：《我国警察协助模式的选取——一种比较法上的检讨与反思》，载《行政法学研究》2019 年第 6 期。

事权大小主要取决于中央政府的行政授权和信任程度[1]。通常来讲，单一制国家中，中央与地方权力的纵向配置，中央往往处于绝对的主导地位，并且对权力配置的实际效果起决定作用。

我国宪法对中央和地方政府职责范围作出了原则规定，但并未对央地事权加以明确划分，地方各级人民代表大会和地方各级人民政府组织法也未对各级政府的事权作出明确规定，除外交、国防等明显专属中央的事权外，央地事权并无明显区别。“职责同构”成为中国纵向机构设置和事权配置的总特点[2]。《中共中央关于全面推进依法治国若干重大问题的决定》提出，“推进各级政府事权规范化、法律化，完善不同层级政府特别是中央和地方政府事权法律制度”。部分领域对央地事权划分进行了探索，如国务院从财政事权角度对央地事权进行过划分，将社会治安、市政交通等信息较为复杂、受益范围地域性强且与当地居民密切相关的基本公共服务确定为地方财政事权[3]。

我国宪法对央地权力划分关系的规定是警察权在央地之间纵向配置的宪法基础，也是其合法性与正当性的宪法保障[4]。警察权的纵向配置在《宪法》中虽无直接规定，但在国务院和地方各级人民政府的职权中有所体现。公安机关作为政府部门的重要组成部分，公安机关中央与地方事权的划分与当前中央与地方国家机构职权划分如出一辙，是中央与地方事权划分现状及问题的一个缩影，上下级公安机关职能配置上基本雷同，相互职责分工不明确，处于根据上级意愿与实

---

① 参见任广浩：《当代中国国家权力纵向配置问题研究》，河北师范大学2009年博士学位论文，第41页。

② 参见谭羚雁、郎悦：《公安机关职责同构问题研究》，载《山东警察学院学报》2020年第6期。

③ 参见《国务院关于推进中央与地方财政事权和支出责任划分改革的指导意见》（国发〔2016〕49号）。

④ 参见刘茂林：《全面深化公安改革背景下警察权配置问题思考》，载《中国法律评论》2018年第3期。

际需要随时调整、不断试错之中[①]。除“组织开展国际警务合作与交流”和“组织实施对党和国家领导人以及重要外宾的安全警卫工作”明确划为公安部职责[②]外，公安部与地方各级公安机关的职责基本一致，所不同的主要是权限层级和地域范围上。在多数情况下，上下级公安机关之间并没有权力的截然分界。公安部2016年《人民警察法（修订草案稿）》曾就中央公安事权、地方公安事权以及中央和地方共同公安事权作出初步划分[③]，但事权划分问题分歧较大，难以达成共识。从《刑事诉讼法》以及公安机关办理行政案件和刑事案件相关程序规定看，已有一些对纵向分权的规定。比如，对案件级别管辖的规定，即属于纵向分权，但同时又规定上级公安机关“认为有必要的”或者根据情况，有权提级管辖、指定管辖。在纵向事权划分上，上级公安机关有较大自主权，往往能够决定下级公安机关的权力大小。

2. 境外警察权事权的划分。世界各地经济发展水平不一，社会稳定形势千差万别，对于中央和地方警察事权划分也因地因情而异，不可能完全相同，但仍有一些共性特征可循，可以为研究我国警察权的事权划分提供借鉴。

许多国家和地区列为中央警察事权的事项主要有：（1）保卫国家安全、反间谍、反恐怖。如德国制定《联邦宪法保卫法》，设立联邦宪法保卫局，负责维护国家安全、反间谍、反恐怖。《美国国土安全法》规定国土安全部的首要职责是防范美国境内的恐怖袭击，减控恐怖袭击造成的损失。（2）政要保卫。如法国设立要人保卫局，美国设立联邦秘勤局负责政要保卫，奥地利公共安全总署国家警察司承担要

① 参见余凌云：《警察权划分对条块体制的影响》，载《中国法律评论》2018年第3期。

② 参见柯良栋、李民真主编：《〈公安机关组织管理条例〉释义》，群众出版社2007年版，第36－38页。

③ 参见《公安部关于〈中华人民共和国人民警察法〉（修订草案稿）公开征求意见的公告》，载公安部网2016年12月1日，https：//www. mps. gov. cn/n2254536/n4904355/c5561673/content. html。

人保卫工作。（3）边防出入境管理。德国制定《联邦边防保卫法》，设立联邦边防保卫局，负责边境保卫及出入境管理。（4）严重或跨区域刑事犯罪侦查。如英国通过《1996 年警察法》设立了国家刑事犯罪重案署，负责预防、调查全国和跨区域的严重犯罪。美国和德国将严重和跨区域刑事犯罪侦查划分为中央事权，俄罗斯将严重刑事犯罪侦查划分为中央事权。

作为地方警察事权的事项主要有：（1）治安行政管理。除法国、奥地利、意大利等国家将颁发有关执照和许可证等行政管理作为中央事权外，许多国家和地区将治安行政管理划分为地方事权。（2）道路交通安全管理。如日本建立了都、道、府、县地方各级警察组织，均下设交通部，负责维护交通秩序、处理交通事故。英国《2002 年警察改革法》规定，地方警察局长有权招录交通监管员，协助当地警察管理道路交通安全。（3）社会治安防控。维护一地社会治安必须要依靠当地警察力量，在实行国家警察垂直管理体制的法国、意大利，也允许地方政府设置市政（市镇）警察，协助国家警察维持当地治安。

3. 公安事权划分对执行监察协助的影响。公安机关执行监察协助，涉及较多措施的运用，且不同措施之间差异大，无法统一归为中央事权或地方事权，或者地方哪一级别的事权，可针对具体协助事项做具体分析。

中央和地方事权划分一般可采取“事务性质”、“重要程度”和“影响范围”等标准①，但对监察协助事项难以确定统一的性质，无法以此为标准确定属于公安部或地方公安机关事权，按照“重要程度”或“影响范围”标准划分，较为现实。比如，一般的技术调查措施，市级公安机关即可完成；而需要在全国范围内发布通缉令的，影响范围覆盖全国，应由公安部执行。

公安机关上下大致相同的事权划分方式对于执行监察协助活动，

① 参见余凌云：《警察权的央地划分》，载《法学评论》2019 年第 4 期。

具有明显的优势：一方面，保障执行监察协助的效率。由于事权上下对应，公安机关的机构设置上大多也上下对口，从上到下贯穿到底，有利于保证政令畅通，形成高效的指挥、执行、反馈链条。另一方面，有助于执行监察协助的“去地方化”。由于公安机关对同级政府的行政隶属关系，人、财、物由政府支配，执法公正性可能会受地方利益的干扰。加强上级公安机关的条线领导与业务指导，能够在保护地方公安机关积极性的同时，防止地方保护主义，维护法制统一，及时纠偏纠错，更有效地贯彻执行法律。这对于监察机关不受地方干涉和影响，有效开展反腐败工作是很有裨益的。

不可否认，这种事权划分方式也存在一些弊端。由于中央和地方公安事权划分并不明确，中央和地方公安机关之间工作越位、缺位、错位等问题也时有发生。比如，有的上级公安机关凭借权力层级上的优势向下越权，设定考核指标不科学不合理，对具体工作要求过多过细；有的下级公安机关疲于应付，有时存在“上有政策、下有对策”问题，甚至消极作为、推诿责任。因而，公安机关执行监察协助，与做好其他公安工作同样需要中央和地方公安机关事权的法定化、制度化，从制度上保证各级公安机关各司其职、各负其责、各尽所能。

第三节　监察协助权力主体的关系网络

权力主体间的法律关系由权力配置决定，是权力配置的现实表达。为保障监察权的运行和实施，《监察法》就监察机关与其他国家机关之间关系作了两方面设定：一方面，监察机关办理职务违法和职务犯罪案件时，与公安机关等执法机关、司法机关互相配合，互相制约。另一方面，监察机关在工作中需要协助提出请求的，包括公安机关在内的有关机关和单位应当依法提供协助。有学者将其分别概括为

“配合制约条款”和“协助条款”[①]。鉴于分工实属暗含且应有的关系，而协助也体现的是分工、配合与制约的关系，公安机关与监察机关之间实际构成了分工负责、互相配合、互相制约的关系网络。

一、公安机关与监察机关的分工负责关系

权力分工是权力配置的起点，最直观地体现不同权力主体的宪法法律定位的独特性以及权力的有限性，公安机关与监察机关首先是分工负责关系。

（一）分工负责的法规范依据

在监察体制改革过程中，学者曾对监察机关是否应适用宪法规定的“分工负责、互相配合、互相制约”进行了讨论，有不同观点[②]。有学者认为，宪法规定的侦查、检察、审判三权的分工、配合、制约，针对的是刑事诉讼活动，主要是出于对侦查权的控制，核心在于制约；如将监察机关纳入其中，在性质、功能上不符合宪法规范的要求[③]。也有学者认为，改革后的监察机关具备职务犯罪刑事侦查职能，应当加入“分工负责、互相配合、互相制约”机制[④]。争论的焦点实质在于监察机关是否行使侦查权。

《宪法》修改时，并未在第140条中增加监察机关，第127条第2款与第140条规定的不同机关之间的关系，采取了有所区别的表述。《监察法》出台后亦重申强调了《宪法》第127条第2款规定。《宪法》作此安排，其用意可能有三方面：一是回避监察机关在刑事诉讼中的地位，肯定监察机关适用的是《监察法》而非《刑事诉讼法》。

---

① 参见唐冬平：《公安协助配合监察事项范围之限缩》，载《法学》2019年第8期。

② 参见秦前红、叶海波等：《国家监察制度改革研究》，法律出版社2018年版，第210－211页。

③ 参见韩大元：《论国家监察体制改革中的若干宪法问题》，载《法学评论》2017年第3期。

④ 参见秦前红、叶海波等：《国家监察制度改革研究》，法律出版社2018年版，第211页。

二是《宪法》规定重点并非在于不同机关或部门彼此之间的关系，而是为突出监察机关在相互关系中作为一方，公检法机关及有关部门作为另一方，强调两方之间的关系①。三是体现以监察机关为主体构建反腐败体系的制度安排②。

但是，《宪法》第127条未明确监察机关与其他国家机关的分工负责关系，并不意味着对分工负责的否定。分工是配合与制约的基础和前提，没有分工，配合和制约就会成为无本之木、无源之水。宪法及相关法明确规定国家机关性质定位及职责权力即是对分工负责的体现，包括形式上的分工和实质上的分工，形式上的分工体现在组织形态层面，不同国家机关间相互独立、互不隶属；实质上的分工，体现在权力性质层面，不同国家机关行使不同的权力，各有其分工。其中，组织结构上的分立是分工负责的最直观表现；权力性质的区别则是分工负责的深层次原因。

（二）分工负责的基础

监察机关和公安机关分工负责的基础在于各自的宪法法律地位及行使权力性质不同，亦即宪法法律对二者的不同权力配置。

关于监察机关的宪法法律定位，根据2018年《宪法修正案》和《监察法》的规定，各级监察委员会是行使国家监察权的专责机关，与国家行政机关、审判机关、检察机关等相并列，形成“一府一委两院”的政权结构。监察权的属性问题虽有分歧，但对监察权具有独立性和独特性的认识则较为一致。

关于公安机关的宪法法律定位，则需从宪法法律中推断。《宪法》条文中先后6处出现“公安”（含3处“公安机关”），但未直接规定公安机关的性质定位，而是体现在《宪法》规定的国务院和地方人民

---

① 参见钱宁峰：《监察机关与执法部门之间关系的宪法定位及其具体化》，载《学海》2019年第3期。

② 参见朱福惠：《论检察机关对监察机关职务犯罪调查的制约》，载《法学评论》2018年第3期。

政府的职责以及公检法机关之间的关系中。《人民警察法》作为规范人民警察工作和队伍建设的基本法律，亦未直接规定公安机关法律定位，而是通过规定人民警察的任务、职权、义务等予以间接体现。2007年施行的《公安机关组织管理条例》在公安机关的政治地位、属性特点等方面的规定，一定程度上体现了公安机关的权力性质特点。综合来看，公安机关作为政府组成部门，属于行政机关，但不同于其他行政机关的是，其权力不限于行政权，兼具治安行政权和刑事司法权。

（三）分工负责的表现

监察机关与公安机关的分工负责，主要体现在：一是由不同的宪法法律定位决定的不同职责任务。监察机关负责监察公职人员、调查职务违法犯罪，公安机关负责预防、制止和惩治违法犯罪活动。二是办理案件的管辖分工与移送。按照《监察法》及有关规定，监察机关和公安机关在工作中发现属于对方管辖的案件或线索，应及时移送其处理。三是部分监察措施决定权和执行权的分离。《监察法》赋予了监察机关广泛而强有力的调查权，但大权在握并不意味着大权独揽。立法并非将所有的权力完全配置给监察机关，部分措施的执行权交由公安机关行使，总体上看，关于分工的法规范较为明确和健全。

分工负责是防范独断专行的权力的前提。第一，由于权力具有天然的扩张动力和膨胀趋势，为防止权力的恣意行使或滥用，设定制度上的制约，尤其是实质性制约不可或缺，而不能仅仅依靠权力主体的自律和觉悟。第二，由于监察权的行使符合反腐败斗争的需要，具有政治支持、民意基础和法律保障，独立行使不存在障碍①，但也要防止监察权影响甚至侵犯其他权力的正常运行。第三，作出如此权力分

① 参见陈辉：《论监察委员会处置权的合理配置与规范运行》，载《社会主义研究》2019年第6期。

工安排也是与现行法律衔接的要求，如根据《刑事诉讼法》《出境入境管理法》等法律规定，监察机关未被授予自行执行通缉、技术侦查、限制出境等措施的权力，该权力仍由公安机关执行，从而保持既有权力秩序和权力格局的相对稳定。

二、公安机关与监察机关的互相配合关系

互相配合是权力配置的内在要求。按照目前的监察协助相关规定，互相配合是公安机关和监察机关之间关系的重点，尤其是在公安机关对监察机关的配合方面。

（一）互相配合的法规范依据

《监察法》第 4 条第 2 款和第 3 款关于监察机关和其他机关之间配合制约和协助的概括性规定中，均未明确提及公安机关，但学界和实务部门普遍认为这两个条款中的“执法部门”“有关机关”包括公安机关。如有学者认为，“执法部门”虽不限于公安机关但其实多指公安机关[①]。有关解释认为，执法部门包括公安、安全及行政执法部门；有关机关和单位包括公安、司法行政、审计等机关以及金融监督管理等机构[②]。这两款原则性规定连同《监察法》《监察法实施条例》中关于公安机关协助执行监察措施的具体规定一起，构成公安机关与监察机关配合关系的规范依据。

（二）公安机关与监察机关互相配合的表现

从文义上讲，“互相配合”自然要求配合是相互的、双向的，而不是单向的配合，一方单纯提供配合、另一方单纯接受配合的关系并不是互相配合关系。然而，就公安机关与监察机关之间的关系而言，“互相配合”似乎更多是文本性、宣示性的，实际主要是公安机关向

---

① 参见姜明安：《论监察法的立法目的与基本原则》，载《行政法学研究》2018 年第 4 期。

② 参见中共中央纪律检查委员会法规室、中华人民共和国国家监察委员会法规室编写：《〈中华人民共和国监察法〉释义》，中国方正出版社 2018 年版，第 65、67 页。

监察机关单方面提供的配合。个中原因亦并不费解：《监察法》是以监察机关为主体的法律，是围绕监察职责的履行、监察权的运行而设计构建的。在这一场域中，公安机关确实更多配合监察机关，而并无太多监察机关配合公安机关的空间。当然，也并不排除在公安机关主办的案件中涉及由监察机关提供配合协助的可能性。

公安机关对监察机关的配合，具体表现在两个层面：一方面，最广泛意义上的配合，公安机关对监察机关的执法办案活动负有普通意义的配合义务。如当监察机关调查公安机关工作人员时，被调查人所在的公安机关也负有配合义务，但这种情况下的公安机关同其他任何被调查人所在单位一样，并不涉及警察权的行使。另一方面，是典型意义上的配合，通过公安机关行使警察权配合监察机关履行法定职责，即监察协助。《监察法》中并未严格区分“协助”与“配合”的表述，如第 24 条和第 43 条规定中均使用了监察机关“可以根据工作需要提请公安机关配合。公安机关应当依法予以协助”的表述。公安机关依法提供协助，即是配合监察机关的最直接的具体方式。

三、公安机关与监察机关的互相制约关系

宪法设定不同权力的分工，属于权力之间的静态制约，而有关机关之间的“互相配合”“互相制约”关系，则是对权力运行活动的动态制约①。

（一）互相制约与互相配合

在分工负责、互相配合、互相制约关系中，互相制约是核心和目的②。对权力进行有效制约是监察体制改革的根本目标，也是依法治

① 参见陈辉、汪进元：《论“监、检、审”三机关间的分工、配合与制约关系》，载《南京社会科学》2018 年第 5 期。

② 参见刘熊擎天：《论监察机关与公、检、法之间的规范关系——从〈监察法〉第 4 条切入》，载《湖北警官学院学报》2019 年第 2 期。

国的核心要义和现代政治文明的必然要求[①]。由于成熟的社会体系的培育需要较长的过程，权利监督权力目前仍然比较薄弱，发挥权力对权力的监督制约作用以达到权力之间的制衡尤为重要。当然，权力制衡所允许的干预程度也有限制，由于不同权力各自拥有其“核心领域”，核心领域的权力不可侵犯也不可让渡，因而权力的干预不得侵入其他权力的核心领域，不得破坏权力均衡，否则无异于“有制无衡”[②]。

互相配合与互相制约相互依存、不可偏废。仅强调互相配合，忽视互相制约，容易导致一权独大，其他权力萎缩，也就难以真正发挥配合的功能；而一味强调互相制约，也会造成权力的过度内耗，影响权力运行的实际效能。鉴于监察机关的宪法法律地位及其配置的权力，如何贯彻权力制约原则，防止出现配合有余、制约不足、权力失衡的现象，对于实现监察机关与包括公安机关在内的其他机关之间分工负责、互相配合、互相制约的关系，尤为重要。这正是有关机关执行监察协助时既要配合又要有必要制约的意义所在。

（二）互相制约的表现

在监察法律关系中，监察机关对公安机关的制约主要是监察机关依法监察公安机关工作人员、要求公安机关提供协助以及对协助活动进行监督等，公安机关对监察机关的制约则集中体现在对监察机关履行职责的协助配合过程之中。

虽然立法对部分监察措施作了决定权和执行权分离的制度设计，但仅凭监察机关享有决定权而公安机关负有执行权，并无法当然保障互相制约的效果实现。从监察机关同检法机关的关系看，“互相配合、互相制约”在多处制度设计中得以体现，如检察机关审查起诉时可以

---

① 参见秦前红、叶海波等：《国家监察制度改革研究》，法律出版社2018年版，第232－233页。

② 参见秦前红、叶海波等：《国家监察制度改革研究》，法律出版社2018年版，第145页。

退回监察机关补充调查，必要时可以自行补充侦查；符合法定情形的，依法作出不起诉决定。尽管检察机关作出不起诉决定需报上一级检察机关同意，且往往需要征求监察机关意见①，但仍然有权对监察机关移送的案件以不起诉的方式予以终结。《监察法》要求监察机关对证据的收集、固定、审查和运用，要掌握与刑事审判一致的标准，一定程度上体现了审判机关的制约。然而，就监察机关与执法机关，尤其是公安机关的关系而言，从现有的法律规定，以及当前监察机关与公安机关的办案实践看，二者的关系则主要体现在公安对监察机关的配合，以及监察机关对公安机关的制约，亦即配合和制约是单向度的，而非双向的“互相”配合、制约。

（三）互相制约的问题与出路

正如有学者所指出，《监察法》第 4 条第 1 款、第 2 款规定全文照搬《宪法》第 127 条内容，仅强化了其他机关对监察机关的配合，但未明确如何“互相制约”问题②。此种与宪法“规范表述趋同化”的立法现象，被认为是“立法者的不作为”③。

立法确定的互相制约关系，作为一项原则或目标，尚属一种理想状态。如何消弭应然与实然之间的距离，将法律规定的理想状态转化为实践中的实然状态乃至已然状态，仍需要制度设计的进一步完善与实践推动。协助可以成为制约的载体，但并非仅仅作出权力分工，规定协助义务，就一定会构成制约。根据《监察法》的协助配合规定，监察机关完全掌握协助是否属于工作需要的主动权，被要求协助的机关基本“失语”，无力制约。毕竟，权力分工只是前

① 在《监察法》制定过程中，曾经在草案稿中要求检察机关作出不起诉决定“应当征求监察机关意见”，虽最终删去，但在实践中检察机关作出不起诉决定前，往往还会主动地与监察机关开展工作层面的沟通，征求移送案件的监察机关或者上一级监察机关的意见。

② 参见陈辉、汪进元：《论“监、检、审”三机关间的分工、配合与制约关系》，载《南京社会科学》2018 年第 5 期。

③ 参见李样举、韩大元：《论宪法之下国家立法具体化功能的实现》，载《厦门大学学报（哲学社会科学版）》2013 年第 3 期。

提和基础，分权之后能够真正各行其权，才能构成制约。如在程序设置上仅仅将决定权和执行权分离，执行机关只有被动执行权，监察和公安决定执行和协助执行本身，并不能必然达成互相制约的结果。

协助执行作为权力配置的方式之一，理论上能够发挥制约作用，但如其真正成为一种制约方式，需以协助机关有独立意志为前提。然而，根据《监察法》的有关规定，立法并没有赋予公安机关提出异议的权力，而只有“应当协助”“应当配合”的要求，这种义务不仅是单向的，而且是刚性的。对于如何理解和把握这种刚性和单向的义务，从而将立法规定转化为执法实践，不可避免会面临一系列问题。比如，监察机关要求公安机关执行或协助的具体案件，公安机关有无不执行或不协助的权力，或对执行协助的对象、内容、方式提出不同意见的权力？如果公安机关认为不符合《监察法》或其他相关法律规定，是否有权并且有途径、渠道提出、反映？对于操作层面诸多无法回避的问题，立法并未回应，难以从《监察法》《监察法实施条例》的规定中找到答案。毫无疑问，权力的权威应予维护，但任何一种权力都不应怀有“傲慢与偏见”，有权即应有制约、有救济。监察体制改革所确立的监察制度是在借鉴中国历史监察制度的基础上，从新的起点探索现代权力制约的新形式①，如何将这种新探索的权力制约形式落到实处，见到实效，还需要细化的立法设计与程序构建。至少在决定权与执行权上，赋予执行机关对是否执行的审查权、如何执行的自主权以及不同意见的异议权，才可形成实质上的制约。

① 参见中共中央纪律检查委员会法规室、中华人民共和国国家监察委员会法规室编写：《〈中华人民共和国监察法〉释义》，中国方正出版社2018年版，第34－35页。

本章小结

对公安机关执行监察协助的权力主体进行限制与约束，具有权力制约和权利保障两个维度的规范价值。承载和体现执行监察协助价值的权力配置，以实现权力功能适当、权力格局有序、权力权利均衡为目标，在公安机关与监察机关之间进行横向权力分配、公安机关之间进行纵向权力分配，分别呈现不同的模式，并决定了公安机关与监察机关之间分工负责、互相配合、互相制约的关系网络。

第三章

公安机关执行监察协助的运行路径

从权力的运行规律看，国家治理能否实现良法善治，往往在于行权与控权的博弈，在权力配置符合正当性与合理性的基础上，需要对权力运行路径进行规范，以使权利保障和正义实现的价值追求得以实现。公安机关执行监察协助应将职权法定、权利保障、协助适度、正当程序、权力监督等基本原则贯穿于权力运行的始终。在确定案件管辖的前提之后，监察协助的启动、监察协助请求的审核与执行相互衔接、环环相扣，构建起监察协助具体运行程序的基本框架。

第一节　执行监察协助的基本原则

近年来，关于警察权原则的研究成果可谓丰硕。如有学者认为，警察权的构建应包括合法原则、合理原则、比例原则等九项原则①。有学者认为，警察权的配置和控制原则包括四项，即及时高效原则、

① 参见聂福茂、余凌云主编：《警察行政法学》，中国人民公安大学出版社2005年版，第32－43页。

依法控制原则、相应性原则、司法控制原则[1]。也有学者认为，警察权力配置应遵循五项原则，即国家立法授权原则、保障人权原则、权力制衡原则、结构与功能比例原则、与社会经济水平和文明程度相均衡原则[2]。有学者认为，规范我国警察权力的原则构成联系紧密的整体，法治原则、正当程序原则、适度原则和权责一致原则四项原则分别从事前、事中和事后规范警察权力的运行[3]。还有观点主张，警察权配置与运行有十大原则，包括警务公共原则、警务效益原则、警务比例原则、警务信赖保护原则等[4]。

随着国家监察体制改革的推进，关于监察权，尤其是监察调查权的规范原则也有诸多研究成果。例如，在总体原则方面，有学者认为，《监察法》确立了与我国监察体制相适应的七项原则，包括党的领导原则、集中统一与权威高效原则、依法独立行使监察权原则等[5]。有学者认为，《监察法》规定了九项基本原则，包括依法独立行使监察权原则，权责对等、从严监督原则，依法协助原则等[6]。在监察调查方面，有学者认为，监察调查活动的原则有刑事案件分工负责、互相配合、互相制约原则，被调查人有权获得辩护原则，未经法院依法判决不得认定有罪原则，调查活动依法接受法律监督原则等四项原则[7]。也有学者提出，监察调查应当确立罪刑法定原则、程序法治原

---

① 参见陈卫东、石献智：《警察权的配置原则及其控制——基于治安行政管理和刑事诉讼的视角》，载《山东公安专科学校学报》2003 年第 5 期。

② 参见李健和：《论我国警察权力配置的原则与优化路径——警察权力专题研究之三》，载《中国人民公安大学学报（社会科学版）》2007 年第 6 期。

③ 参见文华：《我国警察权力的法律规制研究》，武汉大学 2010 年博士学位论文，第 52 页。

④ 参见张强：《法治视野下的警察权》，吉林大学 2005 年博士学位论文，第 97－114 页。

⑤ 参见秦前红主编：《监察法学教程》，法律出版社 2019 年版，第 71－90 页。

⑥ 参见姜明安：《论监察法的立法目的与基本原则》，载《行政法学研究》2018 年第 4 期。

⑦ 参见秦前红、石泽华：《目的、原则与规则：监察委员会调查活动法律规制体系初构》，载《求是学刊》2017 年第 5 期。

则、权利保障原则、证据裁判原则和公正调查原则等五项原则[①]。

上述关于警察权和监察权的法律原则各有侧重，均具科学性与合理性，在公安机关执行监察协助中，也必然受到这些原则的调整。为突出公安机关执行监察协助的特点，择其要点论述以下五项原则：职权法定原则是从权力配置的角度，为执行监察协助设定权力边界；权利保障原则、协助适度原则和正当程序原则是从权力运行的过程控制角度，规范执行监察协助的合法合理运行，权力监督原则是从权力效力的结果评价角度，评估执行监察协助活动的法律效果和责任。

一、职权法定原则

公安机关执行监察协助须遵循的首要原则是职权法定原则。我国《宪法》中有6处提及“公安”，《监察法》《监察法实施条例》《刑事诉讼法》《人民警察法》等法律法规规定了公安机关的职权。宪法和法律法规的这些规定是公安机关执行监察协助的基本遵循。

职权法定原则对公安机关执行监察协助的要求体现在三方面：

其一，公安机关执行监察协助的权力分工法定。在公安机关执行监察协助中，无论是监察权还是警察权的职责范围，均源自法律的明确授权。不同于私权利的“法无禁止即许可”，监察权和警察权作为公权力，按照公共职权法定原则，实行“法无许可即禁止”，权力的来源与分工应有法律的明确规定。这是依法规范公安机关执行监察协助的基础。正如有学者指出，警察权的行权基础即在于法律[②]。现行《人民警察法》虽未直接规定监察协助或其他协助的内容，但第6条

① 参见卞建林：《监察机关办案程序初探》，载《法律科学（西北政法大学学报）》2017年第6期。

② 日本近代著名警察学者松井茂指出，“专制时代，限制人民之自由毫无涯际。立宪时代，始尊重人格，明定法令，国家与臣民之间特定不可互相侵犯之界限。民主主义之国家，则不依法律不得制限人民自由，故警权之基础，须求之于法律”。参见［日］松井茂：《警察学纲要》，吴石译，中国政法大学出版社2005年版，第29页。

关于公安机关人民警察职责的兜底条款，结合《监察法》关于监察机关职权及根据工作需要请求公安机关依法协助的规定，亦可成为公安机关执行监察协助的法律依据。对公安机关和监察机关在执行协助中的权力分工，仍需进一步完善，明确权力与权利、权力与权力之间的界限，保障分工明确、各行其权。

其二，公安机关执行监察协助的权力运行法定。公安机关执行监察协助涉及警察权和监察权两种权力的衔接，对于运行的范围、条件、程序等在目前的《监察法》《人民警察法》等相关规范中均无详细规定，具有可操作性的法律法规依据缺位。要实现公安机关执行监察协助的全过程在法治轨道上运行，从监察机关提出协助请求到公安机关接收和审查协助请求并执行协助措施，都需要系统完整的法律规范。

其三，公安机关执行监察协助的权力责任法定。按照权责一致原则，公安机关执行监察协助在行使权力的同时应负有相应的责任，责任范围、责任形式、追责途径等均需法律予以明确规定。权力责任法定是权力分工法定、运行法定的保障与后盾。不具有或超越法定权限、违反法定程序的行为不但不具有法律效力，还应承担相应的法律责任，否则缺失责任约束的权力规范将会是苍白无力、虚张声势的。科学的法定责任是执行监察协助权力依法运行的有效保证，也是对监察对象及有关人员合法权利的有力保护。

二、权利保障原则

人权保障是法治的基本要求，也是法治的根本目的。保障人权既是国家机关必须履行的义务，也是国家机关履行职能的准则[①]。在保障人权方面，《监察法》所确立的监察制度包括监察调查程序，较之监察体制改革之前，已取得长足进步，在学界和社会赢得较广泛的支持。虽然学界对于监察制度的人权保障、司法制衡标准低于刑事诉讼

① 参见秦前红主编：《监察法学教程》，法律出版社2019年版，第80页。

制度，有不少批评意见，但在国家层面和社会层面，执政的政治实体和社会民众都表露出空前一致的积极认可，表现出对于改革措施“瑕不掩瑜”的高度包容和大度理解①。

尽管有社会的高度包容理解，但人权保障的缺失状态远非“瑕不掩瑜”，需要引起警惕，防止因人权保障不力导致“不矜细行，终累大德”。对权利的价值追求有助于限制权力的任性，为了监察制度的可持续发展，监察案件中的人权保障不可忽视。将“尊重和保护人权”写入《监察法》，并在监察制度，尤其是监察调查程序中配置最低限度的人权保障措施，是维系监察制度正当性、保证监察调查质量的必要举措，既可以与《刑事诉讼法》相协调，也不影响查处职务违法犯罪的实践需求②。《监察法》第5条、第60条、第67条分别规定了“当事人的合法权益”“被调查人合法权益”“公民、法人和其他组织的合法权益”等体现人权保障精神的内容，尚需进一步细化落实。公安机关执行监察协助，除通过协助监察机关惩治腐败工作实现保护广大公众的人权这一根本目的之外，在执行过程中，尤其需要注意保障被调查人的合法权利。

（一）保障被调查人的公民基本权利

人身自由权是宪法赋予的基本权利。公民的人身自由不受非法侵犯，禁止非法拘禁、搜查和逮捕是宪法的明确要求。公安机关执行监察协助过程中，涉及限制、剥夺人身自由的措施有留置、搜查、通缉和限制出境。在执行这些措施时，应符合法定的条件和程序，不得扩大适用的对象、范围和时间，一旦不需要继续采取相关措施的，应及时解除。

公民的合法私有财产不受侵犯亦是宪法的明确规定。监察调查中

① 参见詹建红、崔玮：《职务犯罪案件监察分流机制探究——现状、问题及前瞻》，载《中国法律评论》2019年第6期。

② 参见龙宗智：《监察与司法协调衔接的法规范分析》，载《政治与法律》2018年第1期。

涉及财产权的措施主要包括查询、冻结、调取、查封、扣押等措施。此外，搜查可以针对涉嫌职务犯罪的被调查人以及其他人身、物品、场所，也涉及财产权。公安机关执行监察协助过程中，除查询、冻结由有关金融机构协助外，调取、查封、扣押在执行时，要按照《监察法》和有关规定的对象、范围、程序执行，不得随意扩大调查范围、变更调查对象和事项。

同人身自由权、财产权一样，人格尊严不受侵犯也是宪法保护的基本权利。《民法典》专编规定了人格权，被称为民法典编纂的最大亮点之一[①]。公民享有包括生命权、身体权、健康权、姓名权、名称权、肖像权、名誉权、荣誉权、隐私权等广泛的人格权。公安机关执行监察协助涉及人格权的措施主要有讯问、询问、搜查、留置等措施。《监察法》有关收集证据、搜查女性身体，以及保障被留置人员的饮食、休息和安全等内容，体现了对人格权的尊重和保障，公安机关执行监察协助时亦应严格遵守。

（二）保障被调查人的程序对抗性权利

在惩治犯罪和保障人权之间实现动态的平衡，需要赋予被调查人相应的防御权，即程序上的“对抗性权利”。除《监察法》明确规定的申请回避权、申诉权、申请复审复核权之外，还应保障被调查人充分行使申辩权和异议权。

申辩权和异议权，其实质是让裁决者在裁决前听取相关各方意见，这既是作出正确裁决的技术要求，也是保障当事人权利的重要制度[②]。其基础法理是诉讼中的“相对制度”，“相对制度”被法哲学家朗·富勒称为“裁判的哲学”。相对制度要求任何主张或意见都不具有“话语霸权”，无论如何正当有理，也应允许不同意见存在，从而

---

① 参见董柳：《民法典草案最大亮点：人格权独立成编》，载《羊城晚报》2020年5月19日，A4版。

② 参见龙宗智：《司法的逻辑》，载《中国法律评论》2018年第4期。

形成意见的“相对性”或“对应性”，有效抵御人们借熟知事物对并未完全清楚的事物轻率下结论的倾向①。申辩权和异议权正是相对制度的体现。例如，被调查人在接受询问、讯问过程中，在按照监察机关要求如实陈述违法犯罪行为的同时，也有权进行申辩，陈述无罪、罪轻的理由；拒绝回答与案件无关问题的权利；对于认为监察机关办案未依照法定程序，有异议权，比如，搜查女性被调查人时未由女性工作人员进行或未出示执法证件，则被调查人有权拒绝等。

（三）保障被调查人的获得律师辩护权

辩护律师介入监察程序的问题颇受学界关注，学者大多主张应当保障被调查人的获得律师辩护权。如有学者认为，《监察法》未对被调查人的获得律师辩护权作出规定是监察立法的一大缺憾，如监察机关办理职务犯罪案件不适用《刑事诉讼法》，在监察调查阶段辩护律师无权介入，《监察法》修改时应回应或解决这一问题，明确赋予被调查人此项权利②。也有学者认为，在监察调查期间律师是否可以介入的问题，目前《监察法》虽然没有明确规定，但也没有明确禁止，建议进一步明确律师可以介入的时间节点，即被调查人第一次被监察机关讯问或至迟在被采取留置措施之后③。还有学者认为，现在连司法机关介入监察程序都尚未得到立法确认，探讨律师介入监察调查程序的制度与机制建构为时尚早④。

被调查人的获得律师辩护权问题直接关系到程序公正和人权保障。《监察法》未明确规定被调查人的律师辩护权，这种暧昧不明的

① 参见［美］哈罗德·伯曼：《美国法律讲话》，陈若恒译，三联书店1988年版，第24、32页。转引自龙宗智：《司法的逻辑》，载《中国法律评论》2018年第4期。

② 参见龙宗智：《监察与司法协调衔接的法规范分析》，载《政治与法律》2018年第1期。

③ 参见陈光中、兰哲：《监察制度改革的重大成就与完善期待》，载《行政法学研究》2018年第4期。

④ 参见詹建红、崔玮：《职务犯罪案件监察分流机制探究——现状、问题及前瞻》，载《中国法律评论》2019年第6期。

回避态度会影响被调查人获得法律帮助的合法权利，有必要在修改《监察法》时体现。主要有以下四方面理由：

1. 从人权保障看，由于被调查人一般并不具备相应的法律知识，尤其在被留置后，处于与外界隔绝、孤立无援的状态，容易发生非法取证等现象，赋予被调查人获得律师辩护权，确保其具备必要的防御能力，是保障人权的基本要求和程序公正的重要体现①。我国宪法关于辩护权的规定虽表述为“被告人有权获得辩护”，但此处“被告人”并不仅限于公安机关、检察机关等办理刑事案件中的“被告人”，任何受到刑事追诉的人都应享有获得辩护的权利，不应因“被调查人”的称谓而剥夺其可享有的律师辩护权。监察机关调查案件虽不适用《刑事诉讼法》的规定，但“根据宪法制定”的《监察法》仍应根据宪法为被调查人获得律师辩护权提供保障。

2. 从法治进步和协调统一看，根据《刑事诉讼法》的规定，所有涉嫌犯罪的嫌疑人在侦查阶段均可获得律师辩护，没有例外。在国家监察体制改革之前，一般贪污贿赂案件中，律师可以直接持律师执业证书、律师事务所证明和委托书会见在押犯罪嫌疑人；即使是特别重大的贿赂犯罪案件，经侦查机关批准后也可以会见。国家监察体制改革后，“集中统一、权威高效的中国特色国家监察体制”反而排除了获得律师辩护权。对此有关部门曾以收集证据的困难、惩治腐败的效率为由做解释说明②，但学界对此存在颇多质疑。如有学者提出，公安、检察机关办理刑事案件同样也有收集证据的困难，但刑事司法改革一直在扩大辩护权的适用范围，《监察法》排除获得律师辩护权是逆流而动③。与危害国家安全、恐怖活动、故意杀人等严重侵犯人

---

① 参见陈光中、邵俊：《我国监察体制改革若干问题思考》，载《中国法学》2017 年第 4 期。

② 参见李建国：《关于〈中华人民共和国监察法〉（草案）的说明》，载新华网，http://www.xinhuanet.com/politics/2018lh/2018-03/14/c_1122532994.htm。

③ 参见陈瑞华：《论监察委员会的调查权》，载《中国人民大学学报》2018 年第 4 期。

身权利的犯罪相比，无法认为贪污贿赂和渎职犯罪当然恶性更大、调查取证更难，因此在监察调查阶段剥夺获得律师辩护权，缺乏正当性和协调性①。

3. 从风险防控看，《监察法》对调查措施虽有相应的程序规范，且明确规定了非法证据排除，但由于缺少直接制约，难以完全避免产生冤案错案的风险②。经过数月的监察调查，被调查人仍无法获得律师帮助，易影响调查的公信力甚至法院裁决的社会接受度③，给监察机关办理案件带来不必要的质疑。

4. 从境外经验看，公民在被限制人身自由以后，有权聘请律师提供法律帮助，这是人权保障的通例。例如，《联合国保护所有遭受任何形式拘留或监禁的人的原则》将被拘留人有权依法由律师协助辩护作为一项原则，我国香港特别行政区《廉政公署（被扣留者的处理）令》第4条明确规定了廉政公署调查过程中的律师参与。赋予被调查人享有获得律师辩护权，符合保障人权的需要，也顺应国际发展趋势。

因此，反腐败案件的特殊性，不应成为忽略程序法治和人权保障的理由。赋予被调查人获得律师辩护权，以保障被调查人的基本防御能力，“坚持程序公正底线，保持国家行为的逻辑一致性”④，不仅仅是对被调查人人权的保障，也是监察案件质量经得起历史考验的保障。

三、协助适度原则

由于现实的丰富和快速发展远超立法者的预期，无论法律如何具

---

① 参见陈光中：《关于我国监察体制改革的几点看法》，载《环球法律评论》2017年第2期；龙宗智：《监察与司法协调衔接的法规范分析》，载《政治与法律》2018年第1期。

② 参见陈光中、兰哲：《监察制度改革的重大成就与完善期待》，载《行政法学研究》2018年第4期。

③ 参见张建伟：《法律正当程序视野下的新监察制度》，载《环球法律评论》2017年第2期。

④ 参见龙宗智：《司法的逻辑》，载《中国法律评论》2018年第4期。

有前瞻性，也无法实现法律与实践一一对应，因而为适应现实的纷繁复杂，必须给权力的行使留下“度”的裁量空间。警察权的行使尤其如此①。以警察权协助监察权执行监察协助，需遵循协助适度原则，在权力与权利之间、权力的有效性与有限性之间实现基本平衡。

（一）适度原则的起源与含义

适度即程度适当，适度原则是比例原则的中国本土化。中国文化更倾向于使用程度的大体描述，而不是数字的精准刻画，以适度原则来代替比例原则更符合中国习惯。

比例原则在行政法中的地位，可以比拟诚信原则在民法中的“帝王条款”地位②，是约束行政权力最为有效的原则之一。比例原则起源于19世纪的德国警察法，19世纪初《德国警察法手册》提出，警察的权力仅能在必要时行使。由于德国联邦宪法法院的引用，比例原则由警察法领域扩大到立法、司法以及其他行政领域，成为德国公法领域的“帝王条款”，且之后对世界其他许多国家或地区也产生了广泛影响③。一般认为，比例原则包含三个子原则，即妥当性原则、必要性原则、均衡性原则。妥当性原则又称合目的性原则，要求行使公权力时所运用的措施应能实现权力目的。必要性原则又称最小侵害原则，要求在具有多种可达成目的的方式时，应当选择对公民权利侵犯最小的方式。均衡性原则要求为达成目的所保护的利益应当至少不小于行使权力所损害的利益④。

---

① 正如有学者指出，“法治国之法律，对于权力之应用，予以明文规定其条件。惟对警察权之行使，则在某一范围内，留有自由酌量之余地”。参见［日］松井茂：《警察学纲要》，吴石译，中国政法大学出版社2005年版，第28页。

② 参见陈新民：《德国公法学基础理论》，山东人民出版社2001年版，第562页。

③ 参见文华：《我国警察权力的法律规制研究》，武汉大学2010年博士学位论文，第73页。

④ 参见吴庚：《行政法之理论与实用》，台北，三民书局股份有限公司2015年版，第521页。

（二）适度原则对执行监察协助的要求

我国现有法规范中虽未直接使用“适度原则”的表述，但适度原则的精神在《行政处罚法》《行政强制法》《治安管理处罚法》等多部法律中已有所体现。正在修改的《人民警察法》也引入了适度原则，借鉴吸收了比例原则的合理内核①。《人民警察使用警械和武器条例》第4条对人民警察使用警械和武器遵守适度原则作出了规定，要求以制止违法犯罪行为、尽量减少人员伤亡和财产损失为原则。包括监察权、警察权在内的公权力是一把“双刃剑”，在保障权利的同时，稍有不慎也可能对权利造成损害。以警察权协助监察权遵循协助适度原则，从目的、手段、结果等方面规范权力的适用，对实现权力与权力的平衡、权力与权利的平衡非常重要。

公安机关执行监察协助，尤其需要把握好权力的适度：一是要把握权力介入的适度性。警察权介入的程序和限度以保证监察机关有效履行职责为限，而不是取代其履行职责。警察权在监察协助中作为一种辅助性的权力，必须保持必要的谦抑性。二是要把握权力行使的适度性。在存在自由裁量权的情形下，采取的协助措施应当与已经或者可能造成的危害的性质、程度和范围相适应；并尽可能把对被调查人及相关人员与单位的合法权益造成的损害降低到最小限度。例如，关于武力的使用，不符合使用警械、武器的法定情形的，不得使用；能够使用较低武力程度实现协助目的的，不应使用更高等级的武力。

四、正当程序原则

正当程序又称为正当法律程序②，起始于“自然正义”概念，最

---

① 《人民警察法（修订草案稿）》第8条规定了权力行使适度原则。参见《公安部关于〈中华人民共和国人民警察法〉（修订草案稿）公开征求意见的公告》，载公安部网2016年12月1日，https：//www. mps. gov. cn/n2254536/n4904355/c5561673/content. html。

② 《联合国反腐败公约》使用的是正当程序，如第32条规定。

初主要有两个规则，即任何人不得做自己案件的法官，以及在受到公权力不利行为的影响时，拥有知情权和申辩权。对于正当程序的界定，英国法学家丹宁勋爵曾作出过著名的论断，其认为正当程序是“法律为保持日常司法工作的纯洁性而认可的各种方法”①。正当程序的适用范围在早期主要是刑事处罚领域，后来适用范围扩大到行政行为和其他各种公权力行为②。

（一）正当程序的价值

任何权力都有膨胀的趋势，而正当程序作为对权利的最低限度的保障，构成对权力的根本性制约③，被称作“权利和救济的最为警觉的守护神”④。程序的公正和合理是自由的内在本质⑤，为最大限度地实现文明社会值得保护的所有权利，唯一方法就在于谨慎地权衡各种可能的选择之后所精雕细刻出的程序⑥。

在现代法治实践中，正当程序的控权功能日益凸显，作为权力制衡的必要机制、民主政治的重要保障、法律价值的现实载体⑦，为世界法治国家所重视，一定意义上讲，正当程序构成了人治与法治之间的最大区别⑧，正当程序缺失的法治仅有“法制”之名而无“法治”之实。正当程序既是实体法律的技术辅助手段，更具有独立的自身价值⑨，其价值在于程序本身而不是实体法律是否符合正义的要求，影

---

① 参见［英］丹宁勋爵：《法律的正当程序》，李克强等译，群众出版社1984年版，第1页。

② 参见姜明安：《正当法律程序：扼制腐败的屏障》，载《中国法学》2008年第3期。

③ 参见谢维雁：《论美国宪政下的正当法律程序》，载《社会科学研究》2003年第5期。

④ 参见张建伟：《法律正当程序视野下的新监察制度》，载《环球法律评论》2017年第2期。

⑤ 参见陈瑞华：《刑事审判原理论》，北京大学出版社1997年版，第56页。

⑥ 参见［美］卡尔·J. 弗里德里希：《超验正义：宪政的宗教之维》，周勇、王丽芝译，生活·读书·新知三联书店1997年版，第107页。

⑦ 参见吴传毅：《论正当法律程序的作用及其原则》，载《行政论坛》2008年第3期。

⑧ 参见葛洪义主编：《法理学》，中国政法大学出版社1999年版，第104页。

⑨ 参见季卫东：《法律秩序的建构》，中国政法大学出版社1999年版，第14页。

响甚至决定实体法律能否实现正义。因而，正当程序不是权力的附庸，而是制约专横权力的屏障[①]。

（二）正当程序对执行监察协助的要求

监察机关反腐败工作具有政治正当性与合理性，亦具有广泛的民意基础。但是，公权力的行使目的和内容的正当性，不足以证明其运行过程本身的正当性，更不能成为运行过程不正当行为的托词与借口。权力目的和内容的正当性应通过权力运行过程本身的正当性来实现，目的或结果的正确性并不是评价权力的唯一标准。监察制度要实现维护普遍正义与个别正义、保障人民权利和个体权利的价值追求，必须要求监察机关权力行使要符合正当程序，将正当程序原则的要求在监察案件办理中予以适用和体现。

正如有学者所指出，监察法治化的发展，一定程度上取决于能否突破法律的正当程序困境[②]。具有正当性和合理性的监察制度设计有助于为国家监察体制改革前反腐案件办理中面临的正当程序困境提供转机。一方面，可以借鉴有关国家和地区的立法经验；另一方面，与《刑事诉讼法》及刑事程序有关规定有效衔接，办理监察案件借鉴刑事案件较为成熟的规定，甚或实现“弯道超车”，在程序法治和人权保障上取得新的成就。当然，由于中国的特殊国情以及反贪腐案件的特殊性，为办理监察案件制定单独的“特别程序”[③]有其必要性，但特别程序也应当符合基本的正义标准和人权标准[④]。对监察协助的运行路径进行程序设计，通过程序控制实现行权与控权之间的平衡，成为监察协助乃至完善监察制度的一个关键环节。监察协助的程序控制

---

① 参见蒋秋明：《程序正义与法治》，载《学海》1998 年第 6 期。

② 参见张建伟：《法律正当程序视野下的新监察制度》，载《环球法律评论》2017 年第 2 期。

③ 参见吴建雄：《国家监察体制改革的法治逻辑与法治理念》，载《中南大学学报（社会科学版）》2017 年第 4 期。

④ 参见张建伟：《法律正当程序视野下的新监察制度》，载《环球法律评论》2017 年第 2 期。

要求在权力配置的基础上，通过规范监察权、警察权协助执行权的运行，为权力的运行设置法治轨道，使其遵循既定的方向目标与路径，受到必要的限制和制约，从而保障权力运行顺畅有序，实现权力的目的。

五、权力监督原则

缺乏监督的权力必然导致腐败。对于防止权力的滥用，监督的作用与重要性无可替代。对监察机关如何监督才能防止权力的膨胀与滥用这一问题，有学者建议，通过人大的监督、外部监督机制、公民权利的救济机制、其他国家机关的制衡以及规则程序的框约五种方式监督制约监察权①。有学者提出，通过自我监督、媒体监督与社会监督、人大监督、党的监督以及国家赔偿五个方面相应的制度设计，明确对监察机关的监督机制②。还有学者建议，通过国家机关间互相配合互相制约框架内的制约、公民权利的制约，以及在人大、政协内增设常设机构进行对口监督，对直接掌握和运用国家强制力的监察机关进行监督制约③。

有权必有责，用权受监督。监督是系统工程，是国家治理的关键环节和必要条件，需要综合施治④。由于监察权和警察权的特殊性，接受来自内部和外部的双重监督、发挥不同监督的优势，包括发挥监察协助对监察权的制约作用，并加强对监察协助本身的监督制约，十分必要。

---

① 参见秦前红：《监察体制改革的逻辑与方法》，载《环球法律评论》2017 年第 2 期。

② 参见马怀德：《再论国家监察立法的主要问题》，载《行政法学研究》2018 年第 1 期。

③ 参见童之伟：《对监察委员会自身的监督制约何以强化》，载《法学评论》2017 年第 1 期。

④ 参见钟纪言：《提高国家治理能力必须强化对权力运行的制约和监督——读〈中外监督制度比较〉》，载《中国纪检监察报》2019 年 11 月 7 日，第 6 版。

（一）党内监督

党内监督在党和国家各种监督形式中是最根本的、第一位的[①]。中国共产党章程明确要求，不断完善党内监督体系，强化全面从严治党主体责任和监督责任。党的十九大提出，要增强监督合力，贯通党内监督同国家机关监督、民主监督等监督形式。我国超过95%的县处级领导干部、80%的公务员都是中国共产党党员，党内监督和国家监察具有高度的内在一致性[②]。监察机关和公安机关作为党统一领导下的国家机关，必然要接受党的监督。

（二）权力机关监督

宪法对人民代表大会及其常委会监督监察机关和行政机关问题作了原则规定，《监察法》明确规定监察机关接受人民代表大会及其常委会监督，同时规定了四种具体监督方式。但当前的人大监督工作还较为薄弱，要改善人大监督不力的现状，需用好宪法赋予人大的监督权[③]，不断发展全过程人民民主，发挥各级人大对监察机关、行政机关等国家机关的正确监督、有效监督、依法监督作用，加强对法律法规实施情况的监督，完善人大监督制度[④]，通过不同监督方式在实践中的有效开展，强化对包括监察协助在内的监察工作与公安工作的监督。

（三）司法机关监督

法院监督主要是两个方面：一方面，体现在对被调查人追究刑事

---

① 参见习近平：《论坚持全面深化改革》，中央文献出版社2018年版，第295页。

② 参见中共中央纪律检查委员会法规室、中华人民共和国国家监察委员会法规室编写：《〈中国共产党纪律检查机关监督执纪工作规则〉释义》，中国方正出版社2019年版，第34页。

③ 参见秦前红：《我国监察机关的宪法定位：以国家机关相互间的关系为中心》，载《中外法学》2018年第3期。

④ 参见刘亮：《习近平在中央人大工作会议上发表重要讲话　强调坚持和完善人民代表大会制度　不断发展全过程人民民主》，载央视新闻网，https://news.cctv.com/2021/10/14/ARTIf1ZP8bz7psTNAF1QxwMm211014.shtml。

责任的案件，法院在审判过程中对监察机关及协助机关进行的监督与纠正，包括对证据和事实的审查、对定罪与量刑的裁判等。另一方面，人民法院可通过被调查人提起的国家赔偿等程序，对监察机关以及公安机关等协助机关进行监督。

检察机关作为国家的法律监督机关，诉讼监督是其一项重要职能，包括刑事诉讼监督、民事诉讼监督和行政诉讼监督①。但《监察法》仅规定监察机关应当接受同级人大及其常委会的监督，未规定检察机关的法律监督。对监察机关调查活动和公安机关执行监察协助的活动是否合法，检察机关能否实施法律监督，是《监察法》和《刑事诉讼法》两法衔接的难点之一。由于监察机关的调查活动是一种封闭的单轨调查过程②，适用《监察法》而非《刑事诉讼法》，检察机关在监察机关调查阶段的法律监督失去合法性依据，无法开展类似对公安机关等侦查机关的监督，这种“调查”的名义阻却了检察机关监督的可能性③。在监察案件移送审查起诉之后，检察机关可以通过要求补充调查、自行补充侦查或者排除非法证据等处理方式，对监察机关的调查和公安机关协助活动进行监督。

关于对公安机关执行协助的检察监督，有学者认为，根据检察机关法律监督的宪法定位，以及对刑事诉讼活动监督的职责，检察机关有权对公安机关协助监察机关执行的侦查活动是否合法实行监督④。但问题是，公安机关执行监察协助并不等同于办理自己管辖的刑事案件，检察机关既然无权在监察案件调查阶段对监察机关的调查活动进行诉讼监督，似乎也无权对监察机关要求公安机关协助以及公安机关

---

① 参见朱孝清：《国家监察体制改革后检察制度的巩固与发展》，载《法学研究》2018 年第 4 期。

② 参见陈瑞华：《论监察委员会的调查权》，载《中国人民大学学报》2018 年第 4 期。

③ 参见张建伟：《法律正当程序视野下的新监察制度》，载《环球法律评论》2017 年第 2 期。

④ 参见徐汉明、李少波：《〈监察法〉与〈刑事诉讼法〉实施衔接路径探究》，载《法学杂志》2019 年第 5 期。

提供协助的行为进行监督。不过，为规范监察协助中警察权的行使，公安机关应对检察监督持开放的态度。虽然检察机关不能将公安机关执行监察协助活动作为侦查活动整体上进行侦查监督，但并不意味着公安机关的协助执行活动完全不受检察机关的监督，检察机关仍可依据有关规定对公安机关的具体执行活动进行监督。如公安机关在协助执行过程中使用武器造成人员伤亡的，检察机关有权根据《人民警察使用警械和武器条例》的规定，对公安机关使用武器是否合法、是否适度进行监督。

（四）监察机关监督

监督是监察机关三大法定职责中的首要职责。《监察法》和《监察机关监督执法工作规定》等有关规定，强化了监察机关的监督和制约，将公权力关进制度的笼子、配上法治的缰绳。信任不能代替监督，监督是为了支撑信任。监察机关对公安机关工作人员依法履职、廉洁从政等情况以及执行监察协助活动进行监督的同时，还应建立严格的内部监督制约制度，加强自我监督，如设立专门机构，对监察机关工作人员进行内部监督；分设不同权限的部门，负责案件调查、案件审理的部门和日常监督的部门职能分立、相互制约；建立完备的监督制度，如回避制度、脱密制度、离职从业限制制度、执法公开制度以及过问案件和说情干预的报告和登记制度等①。

（五）公安机关内部监督

据调研了解，在基层民警看来，各种监督方式中以公安机关法制、督察等部门实施的内部监督最为直接和有效。《人民警察法》第六章“执法监督”专门规定了公安机关上级监督、督察监督等内部监督，《公安机关督察条例》和公安部先后制定的《公安机关内部执法监督工作规定》《公安机关人民警察执法过错责任追究规定》《公安

① 参见中共中央纪律检查委员会法规室、中华人民共和国国家监察委员会法规室编写：《〈中华人民共和国监察法〉释义》，中国方正出版社2018年版，第177、244－245页。

机关执法质量考核评议规定》《公安机关督察条例实施办法》《公安机关信访工作规定》等部门规章，以及《公安机关内部人员干预、插手案件办理的记录、通报和责任追究规定》等规范性文件，构建了公安机关内部监督制度体系。在近年的机构改革中，公安机关整合督察、审计、信访的监督力量，成立新的督察审计部门，进一步增强了监督合力。公安机关的内部监督主要有督察审计部门的督察监督、法制部门的法制监督、警种部门的条线监督以及上级对下级的层级监督等。

第二节　监察协助的管辖

科学合理的管辖是保证公安机关执行监察协助高效、有序运行的前提与基础。无论是监察机关提出协助请求，还是公安机关接收协助请求，管辖权的确定都是首先需要解决的问题。监察机关是否应向公安机关提出协助请求，应向何级、何地公安机关提出，分别涉及职能管辖、级别管辖、地域管辖三个层面，也涉及实践中常出现的关联案件的管辖问题。

一、监察协助的职能管辖

职能管辖确定具有不同职能的机关之间对办案的权限与分工。监察协助中的职能管辖涉及监察案件本身的职能管辖、监察协助事项的职能管辖两个层面。对于职能管辖存在交叉的情形，将在关联案件的管辖问题中专门论述。

1. 监察案件本身的职能管辖。根据《监察法》第 11 条第 2 项的规定，监察机关负责调查七类职务违法和职务犯罪，这明确了监察机关对职务违法犯罪案件的职能管辖。

《刑事诉讼法》规定了公安机关对刑事案件的职能管辖，2018 年修正时调整了检察机关的职能管辖。综合《刑事诉讼法》《监察法》《监狱法》等法律规定，对刑事案件行使管辖权的机关有公安机关、检察机关、监察机关、人民法院、国家安全机关、海警部门、军队保卫部门、监狱等。这些规定对监察机关、检察机关、公安机关等办理刑事案件的机构进行了职能划分。在刑法规定的 469 个罪名中，公安机关管辖的罪名共计 374 个①，监察机关管辖 88 个罪名②，其中有 35 个罪名是与公安机关共同管辖的。

2. 监察协助事项的职能管辖。监察机关对属于自己管辖的案件，在调查过程中需要协助的，向哪个机关或单位提出协助要求，则属于监察协助事项的职能管辖问题。负有协助义务的主体包括公安机关在内的多个机关或单位。对属于公安机关职权范围的，监察机关可依法请求公安机关予以协助。

以监察机关要求协助查询、调取有关信息为例。比如，查询、登记不动产，由不动产登记机构办理③；查询通话记录，则向电信部门提出；查询公民人口信息，向公安机关提出。对于多个部门都有权存储、查询或获取的有关信息，监察机关如何查询调取？有学者认为，如果公安机关提供协助更为经济高效，即使是其他部门主管的事项，监察机关也可以请求公安机关予以协助。例如，对于被调查人的通话

---

① 参见孙茂利主编：《公安机关刑事执法程序一本通》(2020 年版)，中国人民公安大学出版社 2020 年版，第 554－590 页。

② 2018 年 4 月，中央纪委国家监委制定出台了《国家监察委员会管辖规定 (试行)》，该规定进一步明确了 6 类监察对象的具体范围，列明了监委管辖的 88 个罪名。参见《监察法一周年 · 看制度建设推动执法贯通、有效衔接司法》，载中央纪委国家监委网，https：//www. ccdi. gov. cn/toutiaon/201903/t20190319_94916. html。但对于监察机关管辖的罪名也有 101 个罪名的提法。参见刘一霖、程威：《反腐败法规制度体系不断完善　推进纪检监察工作规范化法治化正规化》，载中央纪委国家监委网，https：//www. ccdi. gov. cn/yaowenn/202201/t20220119_165439. html。

③ 《国家监察委员会办公厅、自然资源部办公厅关于不动产登记机构协助监察机关在涉案财物处理中办理不动产登记工作的通知》(国监办发〔2019〕3 号) 对此有明确要求。

记录信息，要求公安机关直接从电信部门查询后提供，比监察机关自行同工业信息化部门协商后再持有关手续去电信部门申请查询，要方便快捷得多①。然而，从监察协助的规范执行以及实际协助效果考虑，监察机关需要协助的事项虽有多个部门有权掌握或获取相关信息，但仍以向主管部门提出协助请求为宜。这是因为按照“谁主管，谁负责”的原则，主管部门提供的本部门掌握的情况信息更为权威准确，有关信息能实时更新，且可以有关联信息，比如不动产的所有权信息以及抵押信息等。虽然有的信息在部门之间可以共享，但受制于数据共享的方式、频次和范围，并未完全实现全部数据信息实时共享。此外，有关信息是否涉及国家秘密、商业秘密及个人隐私，主管部门掌握得更为准确，可以在向监察机关提供信息时一并告知。至于监察机关向有的主管部门请求协助程序比较复杂的问题，可通过优化或简化有关协助程序解决。

二、监察协助的级别管辖

级别管辖确定不同层级的机关之间对办案的权限与分工。《监察法》虽规定“按照管理权限”办理监察案件，但并未确定级别管辖本身，这使上级提管、下级送管、指定管辖等，失去判断依据和衡量标尺②。对于监察协助而言，监察机关在按照其管理权限办理的案件，向公安机关提出协助请求时，还涉及向哪一级别的公安机关提出问题。虽然《公安机关办理刑事案件程序规定》确定了公安机关侦查刑事案件的级别管辖，然而，执行监察协助不同于公安机关直接办理的刑事案件，监察机关应当向哪一级公安机关提出协助要求？

有学者认为，监察机关有权向任意监察机关或者执法部门要求协

① 参见江国华、张硕：《监察过程中的公安协助配合机制》，载《法学研究》2019 年第 2 期。

② 参见龙宗智：《监察与司法协调衔接的法规范分析》，载《政治与法律》2018 年第 1 期。

助配合，这是国家机关间协作义务的要求[①]。也有学者认为，宜确立同级管辖原则，监察机关应向同级公安机关请求协助配合[②]。还有学者在研究行政协助时提出，在多个公安机关均可予以协助配合时，可以由能够直接提供协助并且行政级别最低的公安机关执行[③]。

基于执行权限、沟通成本、联系途径、反馈结果等因素的综合考虑，同级管辖原则更为适宜。监察机关请求协助的，应向其同级公安机关提出。如果请求协助事项属于上级公安机关职权的，办理案件的监察机关可通过上级监察机关提出。如果请求协助事项应由下级公安机关执行的，可以通过下级监察机关提出。《监察法实施条例》出台后，对监察机关采取留置、搜查、通缉措施请求公安机关协助的，也规定了同级协助的方式。

三、监察协助的地域管辖

地域管辖确定不同地域的机关之间对办案的权限与分工。据有关解释，监察机关实行级别管辖与地域管辖相结合的管辖原则[④]。《监察法》中并无明确涉及地域管辖的内容，《监察法实施条例》明确按照管理权限与属地管辖相结合的原则确定管辖，但监察案件的地域管辖，与《刑事诉讼法》规定的犯罪地管辖为主、居住地管辖为辅的地域管辖原则并不完全相同。

监察案件地域管辖的特殊性，主要在于以行为人单位所在地作为犯罪地确定管辖，还在于“身份”属性突出。监察案件的管辖基于被

---

① 参见钱宁峰：《监察机关与执法部门之间关系的宪法定位及其具体化》，载《学海》2019 年第 3 期。

② 参见江国华、张硕：《监察过程中的公安协助配合机制》，载《法学研究》2019 年第 2 期。

③ 参见雷蓉：《公安警察行政协助制度研究》，山西大学 2010 年硕士学位论文，第 37 页。

④ 参见中共中央纪律检查委员会法规室、中华人民共和国国家监察委员会法规室编写：《〈中华人民共和国监察法〉释义》，中国方正出版社 2018 年版，第 116 页。

调查人的公职身份，而其身份只有依托工作单位才有意义，职务犯罪也往往是利用被调查人在工作单位的职务之便或者由此形成的影响力。行为人主体身份与单位密切相关，依据干部管理权限确定管辖，不仅与行为人单位所在地有关，也与单位级别、行为人自身级别有关。例如，有的行为人工作单位在地方，但干部管理权限在中央主管部门，一般是由驻在中央主管部门的监察机关管辖。

如此，监察案件的地域管辖与《刑事诉讼法》《公安机关办理刑事案件程序规定》确立的公安机关的地域管辖，就可能出现管辖上的错位，除前述监察机关与协助公安机关不同级问题外，还可能出现其他的问题，即办理监察案件的监察机关，要求公安机关提供协助时，也会存在应由异地公安机关提供协助的可能性。原则上，公安机关协助监察机关执行监察措施，以行为地或行为人居住地公安机关承担为宜。办案的监察机关与违法犯罪地公安机关在同一地方，监察机关请求本地公安机关予以协助即可。如果监察机关请求执行通缉、采取限制出境措施或出于办理案件的特殊需要，需要其他地方公安机关执行协助的，办案的监察机关可以通过上级监察机关向其同级公安机关请求协助，或者通过被请求公安机关所在地的同级监察机关提出协助请求。

四、监察协助关联案件的管辖

关联案件是较为宽泛的概念，关联案件的管辖问题实际属于职能管辖中的特殊情况，即职能管辖相互有交叉重叠的情形。据学者解释，关联案件是两个以上办案机关均有管辖权的案件，造成管辖权交叉的原因包括一人犯数罪、共同犯罪，以及多个行为人实施具有关联关系的犯罪等①。这是一种较为宽泛意义上的关联案件，不少学者也

---

① 参见龙宗智：《监察与司法协调衔接的法规范分析》，载《政治与法律》2018 年第 1 期。

是从此意义上进行探讨。不过，在实践中，实务部门为规范和解决管辖中的问题对宽泛意义上的关联案件作了区分：不同职能机关都有权管辖的罪名，称为共管罪名；因一人犯数罪、共同犯罪等相互关联，应由不同的职能部门分别管辖的案件，一般称为互涉案件，如《办理军队和地方互涉刑事案件规定》对军队和地方互涉刑事案件的办理予以规范①；虽相互关联但由同一职能部门中不同级别或不同地方的机关分别管辖的案件，称为关联案件，亦即狭义的关联案件。

（一）狭义的关联案件的管辖

狭义的关联案件由同一职能部门中不同级别或不同地方的机关分别管辖，可在系统内部进行协商，一般采取的是主罪管辖原则，存在争议的，往往也可通过共同的上级机关指定管辖来解决，并不像共管罪名、互涉案件一样复杂。如公职人员涉嫌多项职务犯罪行为，不同监察机关均有权管辖的，可以通过协商或指定管辖由管辖主罪的监察机关一并办理。

（二）共管罪名

2018 年 4 月，《国家监察委员会管辖规定（试行）》出台，该规定确定了 88 种由监察机关立案管辖的职务犯罪。2020 年 9 月，在《监察法》和修改后的《刑事诉讼法》的基础上，公安部印发了新的刑事案件管辖分工规定，明确公安机关各警种立案管辖刑事案件的 374 种罪名。以上规定分别对监察机关与公安机关的职能管辖作了基本划分。但由于实践中的情况复杂，人员、行为相互交叉、交织的情形常见，职能管辖交叉不可避免，监察协助的执行也涉及这些问题。

根据监察机关和公安机关关于各自管辖罪名的规定，其中有 35

---

① 最高人民法院、最高人民检察院、公安部、国家安全部、司法部、解放军原总政治部印发了《〈办理军队和地方互涉刑事案件规定〉的通知》（政保〔2009〕1 号）。此外，最高人民检察院 2018 年 11 月 24 日发布的《关于人民检察院立案侦查司法工作人员相关职务犯罪案件若干问题的规定》中也明确了互涉案件的处理和办案程序等。

个罪名，是监察机关和公安机关共同管辖的罪名，即“共管罪名”。这是因为对于一些罪名，如行贿罪、职务侵占罪、滥用职权罪、玩忽职守罪、重大责任事故罪等，其犯罪主体既可能是公职人员，也可能是非公职人员，因此，公安机关和监察机关对于这些罪名都有权管辖。对共管罪名的处理原则是根据犯罪主体身份确定的。若行为人具有公职身份，则案件由监察机关调查；若行为人不具有公职身份，则案件属于公安机关立案侦查的案件。

（三）互涉案件

对于行为人既涉嫌职务违法犯罪，又涉嫌其他违法犯罪，分别应由监察机关和公安机关管辖的案件，实务部门将其称为互涉案件，这是学者关注和探讨较多的“关联案件”类型。此类案件的管辖权确定问题涉及《监察法》关于监察优先管辖的规定应如何理解和执行，学界对此仍存在争议，实践中做法也不一致。

学界对监察优先管辖原则主要有肯定说与否定说两种不同观点。肯定说赞同实行监察为主原则。如有观点认为，监察机关调查处理职务违法犯罪案件，本身就是党和国家自我监督的具体方式之一，监察优先管辖原则具体体现了中国共产党加强对反腐败斗争的统一领导①。有学者认为，监察优先管辖原则在《监察法》中首次确立，创新性地解决了反腐败案件的管辖难题②。还有学者认为，“监察优先”的职能管辖原则，否定了刑事诉讼中的主罪管辖原则，免除了界定“主罪”的困难③，彰显了监察调查工作的重要性和国家“重拳反腐”的

---

① 参见中共中央纪律检查委员会法规室、中华人民共和国国家监察委员会法规室编写：《〈中华人民共和国监察法〉释义》，中国方正出版社2018年版，第172－173页。

② 参见徐汉明、李少波：《〈监察法〉与〈刑事诉讼法〉实施衔接路径探究》，载《法学杂志》2019年第5期。

③ 参见林艺芳：《监察机关与公安机关配合衔接机制研究》，载《湘潭大学学报（哲学社会科学版）》2018年第5期。

决心[①]。

否定说建议应坚持主罪为主原则。如有学者认为，主罪管辖原则有利于案件的高效办理，更为合理科学，若按照监察优先管辖原则由监察机关调查属公安机关管辖的严重刑事犯罪，则缺乏必要的技术支撑和人员力量[②]。还有学者提出，监察优先管辖原则在程度上不符合刑法维护的法益，难以达到制度设计的预期目标[③]。也有学者提出，监察优先管辖原则不符合监察机关的职能，照此执行将影响办案质效[④]。

上述观点从不同角度进行论证，各有合理性。虽然《监察法》的规定固然是为了突出重拳反腐的坚决态度，但“监察为主”的要求也并未否定主罪管辖的一般管辖原则，相反，其仍承继了主罪管辖原则的要求。问题的关键在于对《监察法》第 34 条规定的精准理解，为此，有“严重”“一般”“为主”三个关键点值得关注：

1. 对“严重”与“一般”的理解。结合《监察法》关于监察机关职权和监察为主管辖的规定，监察机关的职权是负责调查职务违法犯罪，但并未限于严重职务违法犯罪，而监察为主管辖时则限定为被调查人涉嫌“严重”职务违法犯罪，从立法意图分析，应是有意区分。因而，可以认为，《监察法》对“严重”职务违法犯罪与其他违法犯罪，已经有意地突出了职务犯罪作为主罪的特点，限定了监察优先的适用情形。监察机关办理“严重”职务违法犯罪案件时，发现被调查人还涉嫌其他违法犯罪，但其他违法犯罪罪行较轻、案情较为简单，由监察机关并案调查更为适宜的，可由监察机关并案调查；如果

---

① 参见江国华：《国家监察与刑事司法的衔接机制研究》，载《当代法学》2019 年第 2 期。

② 参见陈光中、兰哲：《监察制度改革的重大成就与完善期待》，载《行政法学研究》2018 年第 4 期。

③ 参见秦前红、石泽华：《论监察权的独立行使及其外部衔接》，载《法治现代化研究》2017 年第 6 期。

④ 参见王秀梅、黄玲林：《监察法与刑事诉讼法衔接若干问题研究》，载《法学论坛》2019 年第 2 期。

其他违法犯罪案件也是“严重”违法犯罪，则应综合考虑职务违法犯罪与其他违法犯罪的办案资源、承办能力及案件办理效果等因素，确定管辖机关，可以由监察机关与其他机关分别调查。

2. 对“监察机关为主”的理解。《监察法》规定的互涉案件“一般应当由监察机关为主调查”，但此处规定的互涉案件并不等同于监察机关直接管辖、调查的全部互涉案件。对于公安机关和监察机关的互涉案件，实践中有两种处理方式：

（1）对大多互涉案件，实行分别调查和侦查。被调查人涉嫌的职务犯罪，由监察机关立案；涉嫌的其他犯罪，依法应由公安机关管辖的，由公安机关立案侦查。监察机关或公安机关发现属于对方管辖的案件及线索，应及时移送。实践中大多案件采取此种方式。在按照职能管辖分别调查、侦查时，监察机关或公安机关在必要情况下可为互涉案件的其他机关提供协助，包括收集、调取证据材料等。

比如，某地镇政府原民政助理和村党支部原书记，利用职务上的便利，伪造村民医疗救助申请材料，骗取大病医疗救助资金，并据为己有。经会商，县公安局对涉嫌诈骗罪立案侦查，县监察委员会对涉嫌贪污罪立案调查。分别立案侦查、调查后，县公安局和县监察委员会先后移送县人民检察院审查起诉。县人民检察院一并审查后，向县人民法院提起公诉。县人民法院认定二名被告人犯贪污罪和诈骗罪，判处有期徒刑和罚金。

对于监察机关和公安机关分别调查、侦查的互涉案件，监察机关为主调查，更多是从监察机关发挥好组织协调作用而言。由监察机关对职务犯罪进行调查，公安机关对其他犯罪进行侦查，分别调查、侦查终结后，监察机关可以在全案调查、侦查终结前，同公安机关就移送起诉进行协商①，以及协调调查和侦查措施的使用、相关工作进度

---

① 参见钟纪晟：《被审查对象既涉嫌职务犯罪又涉嫌其他刑事犯罪，监委和公安机关分别立案调查、侦查的案件，怎样移送起诉？如何做到同步起诉？》，载《中国纪检监察报》2019 年 9 月 25 日，第 8 版。

等。《监察法实施条例》出台后，对于以监察机关为主调查，分别由监察机关和其他机关依职权立案的互涉案件，作了进一步明确，并就监察机关在互涉案件办理中的组织协调职责作出了回应。

（2）对少数互涉案件，实行并案调查。除一般情况由监察机关和公安机关分别调查、侦查外，有些案件并案调查有利于及时收集证据、查明事实的，可由监察机关对互涉案件一并立案调查。在此种情况中，监察机关体现了更强的主导性。对于原由公安机关管辖的案件，监察机关决定并案调查的，公安机关应监察机关要求，及时提供必要的协助。为避免监察机关权力的无限扩张，影响既有的案件管辖分工格局，对于监察机关决定并案调查的，应采取较为严格的审批程序，并与涉及的有关机关进行沟通协商。充分的沟通协商也使后续的协助配合更为顺畅。

3. 其他规范性文件的规定。上述论证是基于对《监察法》的理解和实践办案情况的了解，对互涉案件管辖所作的分析。此外，以下两点亦可作为印证和支持。

（1）出于工作延续性和有效性考虑，符合实践的做法会得以保留。在国家监察体制改革之前，《最高人民法院、最高人民检察院、公安部、国家安全部、司法部、全国人大常委会法制工作委员会关于实施刑事诉讼法若干问题的规定》第 1 条对公安机关和检察机关互涉案件的管辖作出了规定，明确了主罪管辖原则，即管辖主罪的办案机关为主侦查，管辖其他罪名的办案机关予以配合。主罪和次罪的区分标准包括罪名、法定刑、犯罪情节等①。这一规定遵循了司法办案规律，符合司法办案实践，具有合理性。

（2）一些新出台的规定在互涉案件管辖上作了进一步明确规定，体现出相关部门对互涉案件可以按照主罪管辖处理的态度。例如，在

① 参见陈光中、兰哲：《监察制度改革的重大成就与完善期待》，载《行政法学研究》2018 年第 4 期。

监察体制改革之后，根据最高人民检察院2018年11月24日发布的《关于人民检察院立案侦查司法工作人员相关职务犯罪案件若干问题的规定》，检察机关立案侦查时，发现职务犯罪线索，应同监察机关沟通，协商确定监察机关为主调查或者二机关分别侦查、调查两种方式中更合适的方式。也有学者认为此种处理是采取“更为适宜＋协商一致”管辖原则[①]。可见，上述处理方法并未一律机械适用监察为主的原则。又如，2019年12月30日发布实施的《人民检察院刑事诉讼规则》不仅对检察机关和监察机关互涉案件采取了和上述规定同样的处理方式，并且对在审查起诉阶段发现监察机关和公安机关互涉案件的，检察机关对移送起诉的处理也是同样立场。再如，2020年新修正的《公安机关办理刑事案件程序规定》对互涉案件的表述基本比照《监察法》的规定，但要求办案的公安机关与同级监察机关及时协商，实际已为主罪管辖留下了制度空间。以上三个文件虽并非监察机关出台，但根据规章、司法解释及规范性文件的制定惯例，均会在制定过程中征求监察机关及相关机关意见，一般会在相关部门间达成一致后发布。

从以上分析可见，“监察为主”并未排除其他机关对相关案件的管辖。对于监察机关与公安机关都有管辖权的案件，如属共管罪名，按照行为人是否具有公职人员身份确定管辖；如涉关联案件，则按照分别管辖为主、并案管辖为辅的原则掌握。当然，为避免不必要的误解与分歧，应在今后的监察法解释或有关法规、规范性文件的规定中，对《监察法》第34条原则性规定的“严重”“一般”“为主”等关键词进行解释；对属于“一般”的情形以及原则规定之外的例外情形做出相应的解释规定；明确哪些情形由监察机关为主办理，哪些情形可以由其他机关办理，监察机关为主的作用如何体现和发挥等内容。

综上，对于需要协助的监察调查事项，监察机关提出协助请求

---

① 参见徐汉明、李少波：《〈监察法〉与〈刑事诉讼法〉实施衔接路径探究》，载《法学杂志》2019年第5期。

时，首先，要考虑是否为共管罪名或互涉案件，以确定案件的管辖权；其次，要确定公安机关是否为协助事项的主管部门，以确定协助事项的管辖权；最后，确应公安机关提供协助的，监察机关应按照同级同地原则向公安机关提出协助请求，以达到最优协助效果。

第三节　监察协助程序的启动

自新的监察制度实施以来，中央纪委国家监委先后出台了若干规范监察机关办案以及监察法与刑事司法“法法衔接”的程序性文件，但现有规定尚未系统规定哪些事项可以纳入协助范围，如何对协助活动进行程序控制等内容。关于监察协助的启动，即监察机关如何提出协助请求，包括监察机关提请协助的事项范围、适用情形、请求形式等方面尚待完善。

一、监察协助的事项范围

监察协助的事项范围是监察协助制度的基础，科学划定监察协助事项范围是完善监察协助机制的前提。《监察法》明确规定的事项有2类：一类是监察机关决定、交由公安机关执行的限制出境、通缉、技术调查措施；另一类是监察机关可以根据工作需要提请公安机关配合的搜查、留置措施。对于讯问、询问、查封、扣押等其他10项调查措施，是否可以或应当协助则未涉及。《监察法实施条例》对谈话、人身保护、留置、查询、冻结等措施进一步规定了有关机关或单位的协助内容。

对于哪些事项应纳入协助范围，目前尚无定论。有学者认为，公安机关向监察机关的协助事项有10种，分为3类：（1）案件移送类事项，包括公安机关向监察机关移送案件和接收监察机关移送的案件2

种；(2) 协助取证类事项，包括协助查询、调阅信息，协助搜查，协助进行专门性问题鉴定，协助技术调查，协助查封扣押5种；(3) 协助限制人身自由类事项，包括协助留置、协助追逃、协助防逃3种[①]。也有学者主张，公安机关配合协助事项分为确定的协助和酌定的协助两类，前者包括问题线索移送、通缉、技术调查、限制出境的协助和调查协助，后者包括留置和搜查的协助[②]。

根据监察协助中确定的监察协助、酌定的监察协助和商定的监察协助三个类别，各自具体事项又可分为：

第一，确定的监察协助事项包括技术调查、通缉、限制出境三项。确定的监察协助事项有《监察法》的明确规定作为依据，并且监察机关采取这些措施，必须请求公安机关协助执行，不得自行执行。

第二，酌定的监察协助事项包括搜查和留置两项。酌定的监察协助事项也有《监察法》的明确规定作为依据，但《监察法》已授予监察机关完整的调查决定权和执行权，监察机关根据工作需要既可以请求公安机关协助执行，也可以自行执行。监察机关行使这两项调查权的需否协助的立法设定是“可以”，监察机关有权斟酌、统筹考虑。

第三，商定的监察协助事项在《监察法》中没有明确依据，但依据其他法律法规，公安机关有权采取相关措施。监察机关在进行调查时，是否有权请求公安机关协助，公安机关是否应当协助以及如何协助，需要根据具体情形，由监察机关与公安机关进行协商沟通。商定的监察协助事项范围较宽，目前尚无定论，按照公安机关提供协助涉及对象的不同，大致可分为涉及人员、信息、财物等三类协助。

1. 涉及人员的协助。主要情形有：

(1) 制止妨害公务行为。根据《治安管理处罚法》及《刑法》

---

① 参见江国华、张硕：《监察过程中的公安协助配合机制》，载《法学研究》2019年第2期。

② 参见唐冬平：《公安协助配合监察事项范围之限缩》，载《法学》2019年第8期。

的规定，阻碍监察机关工作人员依法执行职务的，构成妨害公务的违反治安管理行为；使用暴力、威胁方法阻碍的，涉嫌构成妨碍公务罪。查处妨害公务行为和妨碍公务罪，属于公安机关的法定职责。需要注意的是，提供协助时，原则上应当按照规定着制式警服，表明身份。如因故未着制式警服，遇有被调查对象抗拒、无关人员围观、阻碍等情形的，应当出示证件，表明人民警察身份，以免发生误会造成不必要的冲突对抗。

（2）境外追捕逃犯。根据《监察法》的规定，监察机关办理重大贪污贿赂等职务犯罪案件，已掌握比较确凿的证据之后，发现被调查人潜逃国（境）外，可以通过开展境外追逃合作，将逃匿的被调查人追捕归案。若监察机关需要公安机关协助，其应提出请求，此时公安机关可以协助执行境外追逃工作。

（3）为谈话、询问、讯问、辨认提供便利。监察机关需要对调查的监察对象进行谈话、询问、讯问时，公安机关并不能代替监察机关实施，但如果监察对象在监察机关办理案件之前已经被公安机关采取刑事强制措施，并且由公安机关羁押的，监察机关在需要进行谈话、询问、讯问、辨认时，公安机关应当提供必要的协助。提供协助的具体方式既可以是当监察机关需要到公安机关管理的监管场所进行谈话、询问、讯问、辨认时，公安机关提供必要的场所和便利，并保障调查人员的安全；还可以是监察机关与公安机关协商变更强制措施，暂时解除公安机关采取的强制措施，由监察机关实施留置。

（4）采取保护措施。根据《刑事诉讼法》及《监察法实施条例》的有关规定，对于被害人、鉴定人、证人因作证，本人或者近亲属人身安全存在危险，监察机关在对其采取保护措施时，可以请求公安机关提供协助。公安机关可以协助采取必要的保护措施，如制作禁止令，禁止特定人员在一定期限内接触被保护的人员；派员守护被保护的人员，如在其住处附近进行巡逻等。

2. 涉及信息的协助。监察机关需要查询、调取公安机关在工作中收集、掌握的信息的，可要求公安机关提供协助。由于公安机关社会管理事多面广，掌握大量信息，如人口、户籍、车辆、出入境等管理信息。公安机关在查询、调取信息过程中，要把握基本原则，如依法查询、调取，按照监察机关要求的范围查询、调取，保护国家秘密、商业秘密和个人隐私，涉及秘密和隐私的信息，应作标注和提示等。

3. 涉及财物的协助。原则上，公安机关对监察机关采取查封、扣押、冻结措施所提供的协助主要是维护秩序和妨害公务行为的处理，并不直接涉及具体措施的协助。较为特殊的是冻结措施。由于对同一款项不能重复冻结，如果监察机关拟冻结的款项已经被公安机关办理其他刑事案件时先行冻结，监察机关需轮候冻结，监察机关可以与公安机关协商，公安机关冻结到期后不办理继续冻结手续，或者未到期限提前解除冻结，而由监察机关进行冻结。此外，对于追缴执行的协助，监察机关对违法取得财物决定追缴或退赔的，可以要求公安提供协助，主要是查找人员、现场秩序的维护等。

此外，有学者将案件或线索移送亦纳入公安协助监察机关的事项范围①。的确，监察案件或线索的移送，涉及不同机关的互相衔接，亦属于广泛意义上的协作配合，但基于对监察协助的界定，未将案件移送纳入监察协助范围，主要有三方面考虑：一是移送案件线索系按照法定程序和权限从一个权力向另一个权力主体的移交，不存在孰为主责孰为协助的问题，不具有监察协助双方主体之间的协助关系。二是移送属于主动行为，有关机关发现具有此类情形的必须主动移送，而监察协助须以监察机关的请求为前提条件。三是对于移送的案件或线索，移送机关自身没有管辖权或经指定管辖、协商管辖后不行使管辖权，对案件不再履行法定职责，而监察协助系基于法律规定或监察机关请求，协助机关负有并履行相应的协助职责。因此，案件或线索

① 参见江国华、张硕：《监察过程中的公安协助配合机制》，载《法学研究》2019年第2期；唐冬平：《公安协助配合监察事项范围之限缩》，载《法学》2019年第8期。

移送本身并不属监察协助范围，但移送后的案件在办理过程中，监察机关需要公安机关予以协助的，则可以属于监察协助范围，但此时已不再是协助案件或线索移送问题。

需要说明的是，无论是确定的监察协助、酌定的监察协助，还是商定的监察协助，公安机关均应在法定职权范围之内依法提供。此区分是相对于《监察法》对不同协助措施的不同要求而言的。对于公安机关执行协助，均须有明确的法律依据，其与监察协助的区别在于依据的具体法律法规不同。出于既保障监察机关职权行使又合理调用警力资源的考虑，确实应严格限定监察协助的事项范围，规范监察权与警察权的运行①。目前对监察协助事项范围的梳理，并不意味着对这些事项均由公安机关予以协助持倡导或赞同的态度，而是立足现实，针对已然的客观现实，寻求规范和完善之道。

二、监察协助的适用情形

《人民警察法》并未有关于公安机关提供协助的规定，《监察法》以及其他关于警察提供协助的法律法规对协助情形的规定均较为原则。因此，有必要借鉴其他国家和地区有关立法和理论研究成果，完善监察协助的适用情形，为执行监察协助提供可操作性的法律依据。

（一）监察协助适用情形的立法现状

从《监察法》规定的协助事项可清晰看出，《监察法》对协助措施适用情形的规定有两种方式，即通缉、限制出境。《监察法》对这两项协助措施规定了相对具体的适用情形，即发布通缉令适用于应当留置的被调查人在逃这一确定情形；限制出境适用于防止被调查人及相关人员逃匿境外的情形。搜查、留置和技术调查三项措施仅原则规定“根据工作需要”或“根据需要”，其中技术调查作为确定的协助

① 参见江国华、张硕：《监察过程中的公安协助配合机制》，载《法学研究》2019 年第 2 期。

事项，其适用情形即是“根据需要”。《监察法实施条例》亦未对协助情形做进一步规定。

对于“工作需要”的理解，有解释认为，主要是两种情况：一种是监察机关遇有紧急、特殊情况；另一种是超出监察机关职权范围[①]。这种解释是基本科学的，但仍较为原则。法律规定和相关解释均未能为协助情形提供足够明确的依据，监察机关拥有相当大程度的裁量权。

（二）境外立法对协助情形的规定

对于权力运行的制度设计，既要保障权力行使的及时性、有效性，又应保障权力的规范性。境外有关行政程序和警察立法关于请求警察机关协助的规定较为系统，值得思考借鉴。

从协助情形的立法技术分析，相关立法大致可分为两种模式：一种是概括式立法模式。《芬兰警察法》和《德国联邦与各邦统一警察法标准草案》采用此种模式。采取概括式立法的国家，往往还与列举式立法相结合。另一种是列举式立法模式。列举式立法又分作两种类型：一类以请求协助机关不能独立执行职务的原因为根据，《德国行政程序法》即是这种方式的典型；另一类以提供协助所涉及的执法领域为根据，以《新加坡警察法》为代表。

德国分别在宪法、行政程序法和警察法等不同法律层面上对协助作出规定，各种规定最为完备。如作为德国宪法性法律的《德意志联邦共和国基本法》，对联邦和各邦的国家机关之间互相提供法律协助和职务协助作了原则性规定[②]。《德国行政程序法》分别规定了国家机关请求协助[③]、被请求机关有权拒绝协助的情形[④]。对于警察提供

① 参见中共中央纪律检查委员会法规室、中华人民共和国国家监察委员会法规室编写：《〈中国共产党纪律检查机关监督执纪工作规则〉释义》，中国方正出版社2019年版，第67页。

② 参见周春华：《行政协助过程规制论》，苏州大学2008年硕士学位论文，第30页。

③ 参见黄学贤、吴志红：《行政协助程序研究》，载《行政法学研究》2009年第4期。

④ 参见周春华：《行政协助过程规制论》，苏州大学2008年硕士学位论文，第31页。

协助的特别规定体现在警察法中，《德国联邦警察法》对警察机关之间的数据传递、协助检察机关执行刑罚等进行了规定[①]。《德国联邦与各邦统一警察法标准草案》进一步明确规定了其他机关请求警察机关协助的情形，包括其他机关用尽其他方法而不能自行执行，或者必须实施直接强制但自身缺乏足够人力等[②]。

除德国之外，俄罗斯、乌克兰、芬兰、新加坡等国家的警察法也规定了警察提供协助的情形。如《乌克兰民警法》规定了民警机关在权限范围内协助其他国家机关履行法定职责的义务[③]。《芬兰警察法》规定警察机关提供协助的情形包括为履行法定监督义务、其他法律另有明确规定、保护受侵犯的个人权利三种，但需要满足其他机关无法自行履行法定职责或个人无法自行实现其权利而需要警察协助这一前提条件[④]。《新加坡警察法》则将警察协助明确规定为警察机关的法定职责，在协助收税、检疫、移民等方面设定了广泛的协助义务[⑤]。我国香港特别行政区《警队条例》在警队的责任中也明确规定了较宽的协助义务，包括协助执行海关、税务、卫生、水域治安、资源保护等[⑥]。

同时，为应对警察协助滥用问题，一些国家和地区开始对警察协助情形进行限制。如我国台湾地区已简化了警察协助义务，以不协助为原则、提供协助为例外，其他机关在行使职权时遇有纠纷，可以拨打“110”报案请求协助[⑦]。

（三）完善监察协助适用情形的思路

对于监察协助情形的相关规定过于原则问题，既与监察改革实践

① 参见刘伯祥主编：《外国警察法》，中国法制出版社2007年版，第687、696－697页。
② 参见李震山：《警察行政法论——自由与秩序之折冲》，台北，元照出版有限公司2009年版，第470－471页。
③ 参见刘伯祥主编：《外国警察法》，中国法制出版社2007年版，第728页。
④ 参见刘伯祥主编：《外国警察法》，中国法制出版社2007年版，第673页。
⑤ 参见刘伯祥主编：《外国警察法》，中国法制出版社2007年版，第76页。
⑥ 香港特别行政区《警队条例》第10条。
⑦ 参见郑琳：《我国警察协助模式的选取——一种比较法上的检讨与反思》，载《行政法学研究》2019年第6期。

尚未能充分积累有关，也与目前对监察协助的研究尚显不足有关。行政程序理论的有关研究成果可为完善监察协助适用情形提供一些借鉴。在行政程序法起草过程中，行政立法研究组 2004 年《行政程序法（试拟稿）》对行政协助的情形作出了规定[①]。试拟稿的表述采取了概括加列举的方式，但也存在一些问题，如表述中的“可以请求”与“必须请求”的逻辑关系不够清晰，具体请求情形的各项之间存在一定程度的相互交叉。还有学者从修改《人民警察法》的角度探讨协助的情形，认为难以详细列举警察协助的范围，可以对限制条件作出概括规定，如出现非警力无法排除的职务障碍等[②]。

为明确监察协助的情形，有必要通过制定与《监察法》配套的法规或规范性文件，对《监察法》规定的“根据工作需要”进行细化。在立法技术上，考量我国立法惯例与现状，可以采取概括模式加列举模式相结合的方式通过三个层面来确定适用情形。例如，第一个层面先以概括模式作定性规定，明确监察机关在履行监察职责过程中遇到障碍，或者基于法律规定，需要有关机关和单位予以协助。第二个层面再以列举方式作类型规定，明确适用情形的主要类型。对公安机关执行监察协助的适用情形类型，可适度借鉴德国的行政程序法和行政强制法的相关规定，明确具有以下情形之一的，根据监察机关的要求，公安机关应当予以协助：（1）因法定职权分工，有关措施必须由公安机关执行的；（2）因事实原因，监察机关调查遇有障碍无法排除，需要使用公安机关的强制性权力的；（3）在监察机关履行职责过程中，发生属公安机关管辖的违法犯罪活动或者有发生的现实可能性的。除应当协助的情形外，对于监察机关认为需要协助的其他情形，

---

① 行政程序法（试拟稿）有不同版本，此处采用的是2004 年11 月行政立法研究组向全国人民代表大会法律工作委员会（现为全国人民代表大会宪法和法律委员会）提交的《中华人民共和国行政程序法（试拟稿）》（第 11 稿）。参见王麟：《行政协助论纲——兼评〈中华人民共和国行政程序法（试拟稿）〉的相关规定》，载《法商研究》2006 年第 1 期。

② 参见余湘青：《基于警察行政协助的视角谈〈警察法〉的修改》，载《公安学刊（浙江警察学院学报）》2010 年第 6 期。

如果属于公安机关的法定职责范围，监察机关可以商请公安机关提供协助，公安机关可以依法提供协助。第三个层面对于具体措施的协助执行，可在前两个层面界定的基础上，对不同措施要求的具体适用情形再作进一步细化明确。

三、监察协助的请求形式

国家机关之间的协助请求，原则上应采取书面形式，这是行使公权力的严肃性、权威性的必然要求。

（一）对监察协助请求形式的有关规定

有一些立法，如《德国联邦与各邦统一警察法标准草案》、《日本行政程序法草案》，以及我国台湾地区“行政程序法”均明确规定在提出协助请求时，除紧急情形外，应采取书面方式。《德国联邦与各邦统一警察法标准草案》详细设定了要求警察协助的一般情况、紧急情况及协助采取剥夺人身自由措施时相应的请求形式[1]。根据《日本行政程序法草案》规定，请求行政协助除紧急情形外，应采取书面形式，预先记载必要事项[2]。我国台湾地区“行政程序法”也规定协助请求的提出应采取书面形式，紧急情形除外[3]。

《监察法》未涉及监察机关提请协助的形式问题。《行政监察法实施条例》（已失效）曾规定过行政监察机关提出书面协助请求的要求。《监察法实施条例》出台后，对监察机关提请协助时，应当出具的公函、法律文书及有关要求进行了细化规定，如对协助留置、协助查询和冻结财产、协助搜查、协助收集证据材料分别规定了相应的法律文书名称及有关要求。

---

① 参见李震山：《警察行政法论——自由与秩序之折冲》，台北，元照出版有限公司2009年版，第470－471页。

② 参见黄学贤、吴志红：《行政协助程序研究》，载《行政法学研究》2009年第4期。

③ 参见王麟：《行政协助论纲——兼评〈中华人民共和国行政程序法（试拟稿）〉的相关规定》，载《法商研究》2006年第1期。

至于提出协助请求涉及的法律文书，2000 年 9 月 20 日原监察部发布了《监察部关于监察文书格式标准文本的补充通知》。实行新的监察制度后，由于监察权限、监察对象都发生了显著变化，法律文书也作了相应调整。据了解，实践中监察机关除通过公函，或者通过座谈会、联席会议等形式提出协助要求外，也广泛使用法律文书。2022 年中央纪委印发的《纪检监察机关监督检查审查调查措施使用规定》设计了 98 种常用措施文书模板，将文书分为纪检文书、监察文书和纪检监察文书三类。① 但新的文书式样并不公开，仅能检索到有的地方监察机关制定了常用文书模板②。在制定并公布法律文书式样方面，公安机关已形成较为成熟的经验，各类案件均有统一且公开的法律文书，其中，刑事法律文书式样 97 种、刑事复议复核法律文书式样 8 种、行政法律文书式样 46 种（与刑事法律文书式样通用的 4 种）、行政复议法律文书式样 21 种、国家赔偿法律文书式样 15 种，此外还有道路交通安全违法行为处理、戒毒、信访等方面的法律文书式样等。这种执法公开的态度和做法值得肯定。公开监察机关常用法律文书，并予以适度统一，有助于规范监察调查活动，对提高监察机关执法办案公信力是有益的，也有利于通过法律文书的使用规范公安机关对监察协助的执行和反馈活动。

（二）对完善监察协助请求形式的思路

对监察协助的请求，可区分一般情形、紧急情形和特殊情形分别明确相应的形式。

---

① 参见王卓:《中央纪委印发〈纪检监察机关监督检查审查调查措施使用规定〉强化对执纪执法权力监督约束》，载中央纪委国家监委网，https://www.ccdi.gov.or/toutiaon/202202/t20220209-170199.html。

② 某市纪委监察机关发布了审查调查常用文书模板（2018），包括省纪委监察机关统一制定的 97 个常用文书模板和市级纪委监察机关增加的 56 个常用文书模板，共计 153 种。参见《纪委监委机关执纪监察文书模板大全》，载清风知己网 2018 年 9 月 17 日，https://www.zhijidoc.com/p-7423.html? fs=1。

1. 一般情形要求事前提出书面请求。为明确监察协助的范围、对象、时限等要素，原则上有必要通过书面形式，制定相应的法律文书来实现。根据需要协助的措施可分为不同类型的文书，对于法律明确规定监察机关决定、由公安机关执行的措施，可制作决定书。如限制出境决定书、技术调查决定书、通缉决定书，决定书中应载明决定的依据和执行的对象、时间、地点等要求。可以将决定书设计为多联文书，包括存根联、附卷联和送执行机关联，其中存根联留存备查，附卷联归入监察案件诉讼卷，送执行机关联应写明送达机关的名称，以便接收和执行。这样可以实现文书的简约化，也减轻办案时填写文书的工作量。对于应由监察机关决定和执行的措施，则可使用协助请求书或者通知书，如协助搜查请求书、协助执行留置请求书等，除载明请求协助的依据、对象、时间、地点、时限等要素外，还应说明需要协助的理由。

此外，实践中有的监察机关会采取委托通知书、委托函的形式提出协助。《监察法实施条例》关于技术调查的规定中，监察机关出具的公函为《采取技术调查措施委托函》。那么，这些事项是否属于委托，监察机关和公安机关之间是否存在委托关系？《监察法》中明确规定的“委托”适用于监察机关在行使调查、处置职责时，委托有关机关或人员，对有轻微职务违法行为或可能发生职务违法的公职人员进行谈话、批评教育、诫勉等情况。此种情形下，受委托的机关以监察机关名义，代行监察机关的调查、处置职责，而不是以自己的名义提供协助，确属一种委托。而有关请求协助的法律文书中虽名为“委托”，但并非严格法律关系意义上的“委托”，实质仍应为协助。从行使依据角度，在委托中，受委托机关本无相应职权，因委托方才获得履行公务的合法根据；而在监察协助中，被请求机关虽应请求而提供协助，但仍依法行使自身具有的职权，并未因协助而获得新的权力内容；从行使名义角度，受委托机关须以委托机关的名义行使权力，而在提供协助时，被请求机关以自己的名义行使法定职权。因而监察协助请求书不宜使用“委托”形式，以免引起不必要的混淆与误解。

2. 紧急情形可以事后补充书面请求。对于出现紧急情形，监察机关需要请求公安机关立即予以协助，来不及出具书面公函的，可以简化申请程序，通过“即时申请、即时批复、即时协助”的方式处理[①]，同时补办相关手续并及时向公安机关提供。但为避免以情况紧急为由随意启动监察协助程序，致使程序设计和制度约束被架空，对紧急情况和协商程序均应事前通过制度规范作出限定。

3. 特殊情形仍应采取书面请求。在办理职务犯罪案件时，监察机关有时遇有重大复杂事项会提请反腐败协调小组研究。如果协调小组研究议定由公安机关提供协助，公安机关作为小组成员单位应执行协助。协调小组会议情况及议定事项虽通过会议纪要等形式进行记录，是一种书面形式，但协调小组审议并非法律程序。正如党的意志通过立法程序转化为体现国家意志的法律，协调小组研究审议的结果仍应通过规范的执法办案程序来体现，由监察机关以书面形式提出协助请求，公安机关依照法律规定，根据反腐败协调小组决议和监察机关请求提供协助。如若提交协调小组审议的事项确属紧急，则可按照紧急情形处理，监察机关可以事后补充书面请求。

提出协助请求还涉及执行监察协助的沟通联络机制问题。监察体制改革后，监察机关成为新的国家机关类型，但与公安机关的沟通联络方式并没有大的改变[②]。常见方式主要有：通过派驻公安机关的纪检组协调，通过监察机关和公安机关双方负责人直接联系，由各级政法委出面协调，以及提交各级反腐败协调小组研究等。从在部分地方调研了解的情况看，监察机关请求公安机关协助，有时也会遇到沟通

---

① 参见江国华、张硕：《监察过程中的公安协助配合机制》，载《法学研究》2019 年第 2 期。

② 参见江国华、张硕：《监察过程中的公安协助配合机制》，载《法学研究》2019 年第 2 期。

联络的困难。由于对公安机关执行协助的职责不清楚，公安机关执行协助应由哪个部门牵头、哪个部门具体执行不确定，不知道如何沟通联络，致使经常需机关领导之间直接沟通，或者通过反腐败协调小组协调。因此，为适应新的监察协助制度，研究解决常见联络事宜，如通常情况下如何进行联络，紧急情形时可采取何种特别途径、如何快速反应、两机关负责日常联系的具体部门，处理联络事项的程序要求、分歧争议的沟通协商等，应建立新的沟通联络机制，制定相应的程序规范亦有必要。

第四节　监察协助请求的审查与执行

公安机关接收监察协助请求后，应及时进行审查，判断是否属于公安机关协助执行范围、是否符合监察协助的适用情形，以及是否由本公安机关管辖。应当执行监察协助的，根据监察协助请求的事项、各项措施的法律规定以及公安机关警种部门的分工，依法开展监察协助执行工作。

一、监察协助请求的接收

公安机关接受监察协助请求的第一个环节即是接收监察机关请求协助的公函和文书。

（一）接收监察协助请求的程序意义

按照有关法律规定，公安机关办理行政、刑事案件均需办理受案或立案手续。从行政案件办理看，未经受案程序，不得采取强制性调查措施。从刑事案件办理看，不同于一些实行强制侦查司法令状原则的国家，我国刑事诉讼实行强制侦查的便宜主义，与之相适应采取程序性侦查发动方式，强制措施和强制性侦查措施的合法性要求必须经过刑事立案程序，由此防止强制侦查的滥用，保障基本人权①。执行监察协助固然不同于公安机关办理行政或刑事案件，但接收监察协助请求的环节亦具有一定的程序意义，不可或缺。

一方面，从执行监察协助的正当性考虑，接收监察协助请求是监察机关办案与公安机关协助之间的纽带，尤其于公安机关而言，是执行监察协助的初始程序，为公安机关采取协助行为提供合法性依据，并可形成完整的程序链条。否则，没有监察协助请求，公安机关亦未自行立案，便无权采取强制措施或带有强制性的侦查措施。

另一方面，从技术角度考虑，设置接收请求的环节便于公安机关案件管理和全程追溯。由公安机关专门机构对监察协助案件请求进行登记管理，可以从源头上管理和控制监察协助的办理，防止推诿不作为或任意乱作为，强化协助执行的源头质量管控。

（二）监察协助请求的接收部门

为兼顾执行监察协助的特殊性与现有行政、刑事案件的办理要求，在执行监察协助时，可将接收协助请求设置为类似于受立案的环节，公安机关接收监察协助请求后，应制作接收登记表，以便内部程序流转、后续审核与执行，从而启动公安机关协助执行活动的程序。那么，问题在于，监察协助事项不同、范围各异，由哪一部门作为接收部门?

据调研了解情况，监察机关在办案实践中，常常根据需要协助的事项分头联系公安纪委、法制、刑侦、办公室等多个部门，但公安机关“没有画出具体的道道”，不同地方公安机关、不同警种部门要求并不相同，有时甚至一案一变，办案人员无所适从，向谁提供、应提供什么样的手续、是否能够得到协助配合均不确定。也有的地方通过制定规范文件，明确监察机关根据不同的调查措施分别向公安机关技

① 参见龙宗智：《监察与司法协调衔接的法规范分析》，载《政治与法律》2018 年第 1 期。

侦、刑侦、网安、出入境等部门发送请求协助的公函，由各相关部门向单位负责人汇报，并依职能按照审批程序办理。可见，实践中不同地方的做法是有较大差异的。为解决这些多头联系、协作分散等问题，宜由相对确定的部门来接收监察协助请求。

确定监察协助请求的接收部门可有两种方案：

第一种方案，由公安法制部门统一接收。公安机关实行受案立案制度改革后，受案立案工作的主管部门是法制部门，负有监督管理受案立案情况，协调解决案件管辖争议等职责①。可以参照受案立案制度改革的方式，由公安法制部门统一接收监察机关协助请求，并进行初步审查。此种方案的优势在于，公安法制部门统一接收协助请求后，可以凭借其专业知识进行初步审查，提高协助办理的效率。

第二种方案，由公安厅局办公室统一接收。相比公安法制部门，办公室具有更强的综合、协调、调度功能，而且一般还负责来文来函的交办分发。此种方案的优势在于，公安厅局办公室建设有成熟的文件收发处理系统，接收协助请求的渠道方式多样，分发处理协助请求会更为顺畅。

二、监察协助请求的审查

对监察协助请求的审查是警察权制约监察权的重要途径。公安机关对监察协助请求是否有权进行审查，尤其是实质审查，是公安机关和监察机关之间能否真正实现“互相制约”关系的关键。

（一）监察协助请求的形式审查与实质审查

对协助请求的审查，从审查强度可分为形式审查和实质审查两种不同程度或不同强度的审查。对于监察机关的协助请求，应采取何种程度的审查，法律法规层面并无明确规定，《监察法》《监察法实施条

---

① 参见《公安部关于改革完善受案立案制度的意见》（2015年11月4日　公通字〔2015〕32号）。

例》均未涉及被请求协助机关是否审查、如何审查监察机关协助请求问题。有的规范性文件采取了仅形式审查的处理方式。如《国家监察委员会办公厅、自然资源部办公厅关于不动产登记机构协助监察机关在涉案财物处理中办理不动产登记工作的通知》（国监办发〔2019〕3号）中明确规定，在协助监察机关办理不动产登记时，不动产登记机构并不实体审查监察文书及通知书。

有学者认为，公安机关对监察机关请求协助的法定协助类事项采取形式审查，对委托协助类事项采取实质审查①。也有学者主张，公安机关对监察机关协助请求文件进行形式审查，对协助请求内容进行必要的实质审查②。从通常的国家机关间协助理论看，被请求机关一般需审查自己是否负有协助义务，即被请求协助的事项是否属于自己的职权范围，并对请求协助的事项内容，包括对象、时间、方式等进行审查判断。对此，行政程序完备的《德国行政程序法》作出了规定，被请求协助的机关是否同意实施协助，由其依据其自身适用的法律进行判断。

公安机关对监察协助请求应有权进行形式审查和实质审查。形式审查针对监察协助的形式要件是否齐备，即法律手续是否完备，如是否清晰载明需要协助的事项及要求，是否附有相关措施的决定书，是否盖有监察机关印章等。实质审查则针对监察协助的实质要件是否合法，包括请求协助执行的措施是否符合《监察法》及有关法律规定，是否应由公安机关提供协助，以及是否应由本公安机关协助等。

对于不同类型的监察协助，可侧重不同的审查强度。比如，对确定的协助事项，主要进行形式审查，只要符合形式要求，法律手续完备，且由本公安机关管辖，接收监察协助请求的公安机关就应当及时

---

① 参见江国华、张硕：《监察过程中的公安协助配合机制》，载《法学研究》2019年第2期。

② 参见刘熊攀天：《论监察机关与公、检、法之间的规范关系——从〈监察法〉第4条切入》，载《湖北警官学院学报》2019年第2期。

予以协助；对酌定的协助和商定的协助事项，在形式审查之外，还应进行实质审查，判断是否符合协助的适用情形，是否符合相关法律规定等。至于不同程度的审查，应由公安机关不同部门进行审查。形式审查由接收部门进行，实质审查则由具体承办部门作为审查部门。

（二）对监察协助请求的审查结果

对监察协助请求的审查，可能出现不同的审查结果，从而决定是否予以协助。负责审查的接收部门或办案部门应当提出审查意见，必要时可征求有关部门意见，并报公安机关负责人批准。我国法律尚无提供协助的审批权限规定，参照公安机关办理刑事案件立案的审批权规定以及有关境外立法，如《芬兰警察法》要求除非另有规定或命令，由警察长作出给予协助的决定①，公安机关是否提供协助的决定，应当由收到协助请求的县级以上公安机关负责人批准。

公安机关对监察机关的协助请求进行形式审查和实质审查后，会有四种审查结果：

1. 符合法律和相关规定要求，且应由本公安机关执行的，决定予以协助。公安机关同意提供协助，应及时通知监察机关，并注明协助方式、人数、时间以及协助的具体部门等，便于监察机关沟通联系。根据公文办理的惯例，具体操作时一般由办案部门将审查意见以办公厅、办公室或综合部门名义回复监察机关。

2. 发现监察协助请求欠缺有关关键材料，或者协助事项不清楚、要求不明确的，可告知监察机关予以补充。如通缉措施适用于在逃的应被留置的被调查人，如果监察机关提出协助请求时，未附有留置决定书，即不符合法律规定，公安机关可请监察机关补充后再协助执行。

3. 监察协助请求符合相关法律规定，但不属于本级或本地公安机关执行，应及时告知监察机关。收到协助请求的公安机关经初步审查

① 参见刘伯祥主编：《外国警察法》，中国法制出版社 2007 年版，第 673 页。

后，如发现不应由本公安机关执行协助措施的，应当说明理由，并将协助请求书及有关材料退回监察机关。如认为应由下级公安机关提供协助，可以告知监察机关通过下级监察机关向公安机关提出请求，也可以直接指定下级公安机关执行协助，并将指定情况通知监察机关。以监察机关请求协助通缉为例，如果收到协助请求的公安机关发现通缉区域不属于或超出自己的管辖地区，无权发布通缉令，即应告知监察机关，由监察机关向其他公安机关提出协助请求，或由其通过上级机关请求同级公安机关发布通缉令。

4. 根据有关法律规定，不应由公安机关执行协助的，应及时告知监察机关不予执行的理由。如依照有关法律规定，监察机关需要冻结存款、汇款等财产的，应通知金融机构实施，公安机关无权执行冻结，应说明理由并将协助请求材料退回监察机关。

（三）审查协助请求中公安机关有无“报告”义务

公安机关审查监察机关协助请求会遇到一个问题，如果公安机关在审查协助请求时，发现监察机关的协助要求不符合法律规定，有无报告的义务？对此，有学者提出，公安机关在审查监察协助请求过程中，发现监察机关有违反《监察法》第65条规定的情形，要及时向有关部门报告①。

然而，要求公安机关在此种情形下报告，对公安机关施加此义务或责任，既于法无据，也不具有现实操作性。从权力分工层面分析，法律规定的监督监察机关的有权机关并不包括公安机关。公安机关执行监察协助，仅有权审查监察协助事项是否应由公安机关执行，并通过此种方式构成对监察机关的制约，但无权直接监督监察机关。从实际操作层面分析，公安机关在执行监察协助时审查的协助请求及相关材料，并非案件全部材料，对监察案件的全部案情及背景情况可能并

① 参见齐小力、陆冬华：《论公安机关和监察机关互相配合、互相制约》，载《中国人民公安大学学报（社会科学版）》2018年第3期。

无足够了解。因此，要求公安机关报告既超出公安机关的职权范围，又会因公安机关不了解案件全面情况而有失准确，对监察机关办案造成不必要的干扰，公安机关对于认为不应提供协助的情况，告知监察机关理由即可。

三、监察协助的执行

公安机关接收监察协助请求后，经审查，应当由本公安机关执行的监察协助，则进入执行环节。公安机关应根据监察协助请求的事项和公安机关警种部门的分工，确定具体的执行主体，按照各项措施的法律规定、监察协助的基本规则、监察机关的执行要求，开展监察协助执行工作。

（一）监察协助的执行主体

具体执行环节首先涉及执行主体的确定。执行主体可从形式意义和实质意义两个层面来确定：

1. 形式执行主体。监察协助的执行机关是公安机关。无论监察协助由哪个内设部门来具体执行，均应由公安机关作为执行机关。公安机关内设机构一般不能独立对外作出法律行为，所实施的行为应以公安机关名义对外作出，所产生的法律责任也由公安机关承担。

形式执行主体的意义主要在于：一方面，执行监察协助行为以公安机关名义作出。形式主体直接体现在法律文书的印章上。如《公安机关刑事法律文书式样》中发布通缉令的法律文书有三联，一联存根，一联对内发布，一联对外发布，对内发布和对外发布的文书均加盖公安局印章，这就要求通缉须经公安局负责人批准，以公安局而不是警种部门的名义作出。另一方面，执行监察协助的法律责任由公安机关承担。如被调查人对公安机关执行监察协助行为提起国家赔偿的，国家赔偿案件的被请求人为公安机关而非内设机构。虽然实践中公安法制部门代表本级公安机关办理国家赔偿案件，但仍以公安机关名义办理。

2. 实质执行主体。实际负责执行监察协助的有关警种部门，是实质意义上的执行主体。确定实质执行主体应当遵循以下三项原则：

（1）分工原则。监察机关请求协助的案件，可能涉及不同的监察措施、不同的案件类型，公安机关并没有也无必要设立专门的机构来专职负责监察协助的执行。具体案件中确定监察协助的执行部门，首先可根据监察措施的种类和性质进行内部分工。如对留置、技术调查、限制出境措施的协助执行，由于监所管理、技术侦查、出境入境管理工作在公安机关内部分工明晰，分别由监所管理部门、技术侦查部门和移民出入境部门负责，相应的监察措施可由有关部门执行。

（2）综合原则。有的监察措施，如搜查、通缉等措施，不像前述限制出境、技术调查、留置措施的执行有直接对应的部门，在确定执行主体时还需结合案件的具体情形来综合分析、统筹考虑。像搜查措施，多个警种部门在办案过程中都有权依法采取，如果监察对象既涉嫌职务违法犯罪，又涉嫌公安机关管辖的违法犯罪，监察机关需要协助搜查的，可由公安机关管辖的违法犯罪案件的办案部门一并予以协助。比如，监察对象既涉嫌贪污罪，又涉嫌赌博罪，则可由治安管理部门协助监察机关搜查。对于通缉，一般办案部门报经公安局局长批准后，由刑侦部门发布通缉令，同时，通缉作为公安机关协同配合、通力合作的重要措施，接到通缉令的公安机关各警种部门均可以进行查缉。

（3）协商原则。在监察协助请求的审查过程中，审查部门认为涉及多个警种部门的，可以与有关警种部门事前沟通，达成一致后再确定实质执行主体。无法达成一致的，审查部门提出意见后报公安机关负责人，根据负责人审批意见确定执行部门。

（二）执行监察协助的基本程序

公安机关办理行政、刑事、行政复议、国家赔偿等各类案件，均有相应的程序规定[1]。办理行政案件的基本程序为受案、调查取证、作出处理决定、执行；办理刑事案件的基本程序为受案、立案、侦查、结案。公安机关执行监察协助同样也应遵守相应的程序要求，由于权力来源、案件来源、适用法律等均有不同，在办理程序上也必然有所不同。

1. 权力来源不同。公安机关办理行政、刑事等案件的权力来自《刑事诉讼法》《行政处罚法》《治安管理处罚法》《出境入境管理法》《道路交通安全法》《禁毒法》等法律的直接授权。公安机关执行监察协助的权力还来自《监察法》的授权以及监察机关的协助请求。

2. 案件来源不同。公安机关办理行政、刑事案件的来源主要有三类：一是违法犯罪嫌疑人投案，群众扭送，报案、控告、举报；二是其他机关移送；三是工作中发现。办理行政复议、国家赔偿案件则来自行政复议申请人、赔偿请求人提出申请。公安机关执行监察协助只有一种来源，即监察机关提出协助要求。没有监察机关提出协助要求这一前提，公安机关不得主动自行提供协助。

3. 适用法律不同。公安机关办理行政案件适用公安机关行政管理领域相关法律，办理刑事案件主要适用《刑事诉讼法》，办理行政复议、国家赔偿案件适用《行政复议法》《国家赔偿法》，这些法律均属既有的公安法律体系。公安机关执行监察协助，既要适用《监察法》，还要根据所协助的监察措施的不同，分别适用公安行政、刑事法律法规。公安机关对协助请求进行审查时，警察法律规范和监察法律规范应同时适用；具体执行协助活动时，则应区分执行事项的不同性质，分别适用行政、刑事和监察的法律规范[2]。

公安机关执行监察协助，自接收请求开始，大体上的程序可分为

---

① 如《公安机关办理刑事案件程序规定》《公安机关办理行政案件程序规定》《公安机关办理行政复议案件程序规定》《公安机关办理国家赔偿案件程序规定》等。

② 参见江国华、张硕：《监察过程中的公安协助配合机制》，载《法学研究》2019年第2期。

以下主要环节：接收监察协助请求、审查决定协助、确定执行主体、制定协助方案、相关措施报经审批、协助执行调查、通知执行结果、移交人员和证据材料及涉案财物等环节。其中，对于制定执行方案，既要考虑监察机关协助请求中列明的时间、地点、协助人数、协助要求等，也要结合公安机关自身工作统筹考虑，实现保证执行监察协助效果和保持自身业务工作正常运转的平衡。对于批准权限问题，公安机关办理行政、刑事案件中，有的措施如询问等，可由办案部门负责人批准；立案、撤案，以及对人身权、财产权影响较大的措施，由公安机关负责人批准。还有的措施需要上级公安机关批准。那么，在监察协助执行中，是否适用相同的程序，抑或需经过更为严格的批准手续？《监察法》对此并无规定，但已明确规定检察机关对监察机关移送审查起诉的案件，经上一级人民检察院批准后，方可依法作出不起诉的决定，似乎已有较明显的立法倾向。对于执行结果通知环节，目前尚未建立规范的执行反馈机制。据了解，有的监察机关请求公安机关协助通缉时，会将多联式法律文书中的一联送交公安机关，但由于缺乏有效的反馈机制，公安机关是否将执行结果及时通知监察机关往往视双方合作情况而定，而且通知方式也多种多样。这些问题均为实践中执行监察协助无法回避的问题，值得关注和研究。

（三）执行监察协助的基本规则

监察协助的程序运行，既有其自身特殊性，同时也符合权力运行路径的一般规则。公安机关执行监察协助，作为公权力的行使，涉及权力的审查批准、具体事项的执行、监督制约等运行路径；作为一种协助类型，同其他协助活动也存在共同之处，涉及协助请求的提出，协助请求的审查，协助请求的执行，以及协助法律责任的承担等运行环节。同时，监察机关的独特法律定位、职权范围以及与其他机关之间的权力配置，决定了公安机关对监察机关的协助也相应地具有中国特色、监察特色，较之其他形式的配合与协助又有着显著的区别。

由于监察协助涉及的措施种类和内容较多，第四章将对各具体措施的执行展开详细论述。总体上看，监察协助的执行应遵守四方面的普遍性要求，并解决好三对矛盾。

1. 执法人数要求。根据《监察法》规定，监察机关调查人员采取调查措施由两人以上进行。公安机关办理行政、刑事案件的程序均要求在调查、侦查取证时，调查、侦查人员不得少于两人[①]，据此，执行监察协助时，公安机关的调查、侦查人员也不应少于两人。

2. 执法资格要求。按照《中共中央关于全面推进依法治国若干重大问题的决定》《法治政府建设实施纲要（2015—2020年）》《公安机关人民警察执法资格等级考试办法》的要求，公安机关的调查、侦查人员应至少通过基本级执法资格等级考试，取得执法资格。不具有相应资格的，不能参与执法办案活动。

3. 适用法律要求。监察协助的辅助性决定了《监察法》及有关规定在监察协助中的适用。执行监察协助，应遵守《监察法》《监察法实施条例》有关规定以及公安机关办理行政、刑事案件的有关要求。对于法定协助事项，《监察法》仅规定由公安机关执行，没有具体程序要求，公安机关在协助执行时要遵守公安机关办理行政、刑事案件的有关规定。对于酌定协助事项与商定协助事项，《监察法》及有关规定确立了有关程序要求的，公安机关在执行时也应遵守。如根据《监察法》规定，对监察机关调查人员在执法办案时进行全程录音录像的要求适用于讯问、搜查、查封、扣押等措施，其范围与公安机关办理案件并不完全一致[②]，公安机关在执行监察协助时，尤其要注意按照《监察法》的程序要求办理，以保证协助执行所获得的证据材料的合法性。

---

① 为缓解警力不足，公安机关办理行政案件时，对于送达文书、调解等工作，可以由一名民警带领一名辅警，并且全程录音录像，但这些活动均不属于调查、侦查活动。

② 根据《公安机关办理刑事案件程序规定》的规定，需要全程录音录像的情形包括进行侦查实验、远程视频讯问询问、开展勘验检查等侦查活动没有符合条件的见证人时。

4. 程序管控要求。在执行监察协助时，执行人员应当依照规定出示证件，出具书面通知，至于是否穿着制式警服则根据调查需要；按照决定措施的范围、条件、期限严格执行，不得随意扩大范围、时间或对象；保守协助执行过程中获悉的国家秘密、商业秘密，保护当事人的个人隐私，不得泄露与调查活动相关的信息；及时固定证据，向监察机关移交人员及证据材料；进行录音录像的，应完整清晰，不能修改剪辑；执行人员与案件或当事人有关，可能影响公正处理案件的，应予回避等。

监察协助的执行中，还要始终注意解决好三对矛盾，即把握好公开与保密、规范与裁量、有效与有限这三对关系的度。

第一，公开与保密。公开要求正义不仅要实现，还应以人们看得见的方式实现。公开是监督的前提，有助于防止监察协助的异化，防止监察权与警察权的乱作为、不作为，也有助于遏制过多的非警务活动。同时，保守国家秘密是《宪法》规定的公民义务，也是《监察法》的明确要求。办理监察案件涉及较多保密事项，甚至办案的制度依据中许多也是保密文件。在公开与保密之间，既要保护被调查人的合法权利及公民的知情权监督权，又要防止失密、泄密影响办案效果，就需要掌握好保密的事项、范围、时间，不随意扩大，又严格执行。

第二，规范与裁量。一方面，规范要求通过制度来调控运行程序，而不是人情、关系等非法治因素。规范要求精细的制度，使监察协助活动能够遵守一般的标准和规则，不因人而异。不同机关之间虽然可以通过联合发文、签订协议、联席会议等方式将协助执法的机制予以明确化[①]，但为保障监察协助机制的规范运行，最稳定、最可靠的方式还是通过制度来调控。另一方面，裁量权在公权力的行使中有着存在的必然性，再精细的立法和制度要求，也无法完全涵盖生动鲜

① 参见郑琳：《警察协助的产生与发展考》，载《公安学刊（浙江警察学院学报）》2019 年第 6 期。

活的社会现实。规范与实践的差距需要执法者依据规范的原则和精神，运用裁量权加以弥补。

第三，有效与有限。公安机关既要依照法律规定和监察机关要求协助监察机关，确保权力行使的有效性，又要坚持权力行使的有限性，始终把握协助机关的地位作用，保持警察权的谦抑性，以最小限度影响限制权利、介入权力，实现有效与有限的平衡。

本章小结

监察协助的权力配置是静态的规则意义上的权力规范，其运行路径则是动态的程序意义上的权力规范。监察协助运行路径的程序设计，是完善监察协助制度的关键环节。职权法定原则、权利保障原则、正当程序原则、适度原则、权力监督原则五个基本原则贯穿于公安机关执行监察协助的整个过程。管辖是监察协助的前提与基础，要坚持同级同地协助原则性要求，解决职能管辖、级别管辖、地域管辖以及关联案件的管辖等问题。作为监察协助的启动环节，监察机关提出协助请求时一般情形应采取书面形式，紧急情形和特殊情形也应予规范。监察协助的适用情形应在“工作需要”基础上采取概括加列举的方式加以细化。公安机关有权对监察协助请求进行形式审查和实质审查，对于执行监察协助请求的，应当按照《监察法》及相关行政、刑事法律法规的规定执行，并将是否执行以及执行情况及时通知监察机关，实质审查和执行监察协助能在一定程度上制约监察权，从而实现警察权和监察权的互相制约。

第四章

监察协助事项的具体执行

监察协助的运行路径从基本规则上进行程序构建，具体事项在实践中的协助执行，则是操作层面上的权力规范与程序设计的体现。监察协助事项的具体执行是监察协助理论与实务结合最为紧密的内容，同时也是理论困惑与实践难题最为集中的部分。

第一节　确定的监察协助的执行

确定的监察协助的执行，即技术调查、通缉、限制出境三种措施的协助执行。根据《监察法》及相关规定，监察机关依法作出采取技术调查、通缉、限制出境措施的决定后，将决定送公安机关予以执行。确定的监察协助的执行，既要构建制度化的协助机制，保障监察权的依法正确行使，又要通过权力合理配置与规范运行，强化监督制约，防止权力滥用。

一、技术调查的协助执行

“技术调查”，除在《监察法》中出现外，在现行有效法律层面只有《民法典》中有关于技术咨询合同的规定，但作为监察调查措施的“技术调查”与技术咨询合同的“技术调查”，其区别不言而喻，而与《刑事诉讼法》中侦查措施之一的“技术侦查”名称接近、实质相似。

（一）技术调查的概念界定

技术调查的概念界定决定着技术调查协助执行的对象、程序、手段方式等诸多要素。如何确定技术调查的概念，是研究技术调查协助执行的基础性问题。

据有关解释，技术调查是指监察机关为调查职务犯罪需要，根据国家有关规定，主要通过通信技术手段对被调查人职务违法犯罪行为进行调查①。也有学者借鉴《公安机关办理刑事案件程序规定》的规定，将技术调查界定为监察机关在重大贪污贿赂等职务犯罪案件调查过程中，经过严格的批准手续，按照规定交公安等有关机关执行，针对被调查人或重要涉案人员而采取的记录监控、行踪监控、通信监控、场所监控等技术性调查措施②。两种概念通过明确技术调查的目的、适用案件、程序条件、措施种类来定义技术调查，是较为科学的方式，但作为概念界定，应更集中反映技术调查区别于其他调查措施的主要特征，如较为严格的适用情形、更加严密的程序设置以及有所限制的手段范围等。基于此，可以将技术调查界定为监察机关为调查重大职务犯罪案件需要，在采取其他调查措施难以实现调查目的时，根据国家有关规定，主要通过技术手段进行调查的措施。与前两种概念界定的区别主要在于适用情形和措施种类范围的表述不同。

不少学者指出，从权力流变历程和权力功能主义视角看，技术调查权是“对原来检察技术侦查的整合”，而不是“宪制结构上的新创

---

① 中共中央纪律检查委员会法规室、中华人民共和国国家监察委员会法规室编写：《〈中华人民共和国监察法〉释义》，中国方正出版社2018年版，第153页。

② 参见倪铁：《监察技术调查权运作困境及其破局》，载《东方法学》2019年第6期。

设的权力”[①]，《监察法》中技术调查的相关规定是“移植”[②]《刑事诉讼法》中技术侦查的相关规定，二者在权力功能上具有一致性，均有获取证据、查明事实、缉捕犯罪嫌疑人的功能[③]。因而，《监察法》规定的“技术调查”，同《刑事诉讼法》中的技术侦查并无本质区别，之所以使用技术调查取代刑事诉讼活动中技术侦查的概念，主要是由于监察机关办理案件并不适用《刑事诉讼法》，而出于立法技术上保持法律间协调、避免立法冲突的考虑。但基于监察机关的性质及监察案件的范围，技术调查的适用并不能完全等同于技术侦查。

（二）技术调查协助执行的适用情形

尽管《监察法》并未列举技术调查的执行机关，但是实务部门和学界多秉持公安机关是技术调查的执行机关的观点。《监察法实施条例》出台后对技术调查措施的执行机关作了进一步明确，确定了公安机关的技术调查协助执行权。

从《监察法》与《刑事诉讼法》对技术调查与技术侦查的规范方式看，二者在立法设计上采取了同样的模式，即“有权机关＋案件类型＋根据需要”三要素模式。其中“根据需要”即是对适用情形的高度概括。

对于技术侦查的适用，根据刑事诉讼法及有关规定，适用情形大致归纳为三种：一是公安机关在立案后，对于危害国家安全犯罪、恐怖活动犯罪、黑社会性质的组织犯罪、重大毒品犯罪或者其他严重危害社会的犯罪案件，根据侦查犯罪的需要，经过严格的批准手续，可以采取技术侦查措施。二是人民检察院在立案后，对于利用职权实施的严重侵犯公民人身权利的重大犯罪案件，根据侦查犯罪的需要，经过严格的批准手续，可以采取技术侦查措施，按照规定交有关机关执

---

① 参见刘艳红：《监察委员会调查权运作的双重困境及其法治路径》，载《法学论坛》2017 年第 6 期。

② 参见唐冬平：《公安协助配合监察事项范围之限缩》，载《法学》2019 年第 8 期。

③ 参见倪铁：《监察技术调查权运作困境及其破局》，载《东方法学》2019 年第 6 期。

行。三是追捕被通缉或者批准、决定逮捕在逃犯罪嫌疑人、被告人的，经过批准，可以采取追捕所必需的技术侦查措施。同理，结合实践情况综合考虑，公安机关对监察机关技术调查提供协助的情形主要有两种：一是协助调查，根据监察机关调查重大贪污贿赂等职务犯罪案件的需要，公安机关协助监察机关获取有关证据或信息。二是协助追捕，在需要采取技术调查措施对被通缉人员进行抓捕时，公安机关协助监察机关及时开展追捕。

但如若仅对适用情形作出这样的限定，对技术调查而言仍然失之过宽，要走出监察机关技术调查“根据需要”这一标准过于模糊的规制困境，要求技术调查的决定和运行应秉持谦抑精神，遵守比例原则。《监察法实施条例》主要从案件严重程度对技术调查的适用作出限定，尚不够全面，监察机关决定采取、公安机关具体执行的技术调查措施，应同时满足两方面限定条件：

1. 案件范围的限定。以案件性质的严重程度来限定，可以采取技术调查措施的案件，应是监察机关有管辖权的重大贪污贿赂等职务犯罪案件。

2. 需要程度的限定。技术调查措施的适用应遵守审慎稳妥的原则，在使用常规的调查手段无法达到调查目的的情况下，才能采取技术调查措施①，采取其他调查措施仍可实现调查目的，就应当采取其他调查措施，不再适用技术调查措施。这是因为技术调查同技术侦查措施一样，与常规侦查措施相比而言，具有侵权隐性化、侵权范围不易控制等内在缺陷，尤其是与人权保障的价值理念始终存在紧张关系②，因此技术调查措施应作为最后不得已的措施来适用。

为此，对于技术调查的适用，《监察法实施条例》还可结合案件

① 参见中共中央纪律检查委员会法规室、中华人民共和国国家监察委员会法规室编写：《〈中华人民共和国监察法〉释义》，中国方正出版社2018年版，第154页。

② 参见张云霄、温树飞：《论我国职务犯罪技术侦查措施适用与人权保障之平衡——以与国外职务犯罪技术侦查措施适用比较研究为视角》，载《法学杂志》2014年第7期。

范围与需要程度进一步限定技术调查的适用情形，相关规定可考虑再进行两点完善：第一，对于重大贪污贿赂等职务犯罪的界定，除案件影响和刑罚标准外，可以借鉴《公安机关办理刑事案件程序规定》第263条对技术侦查措施案件范围的规定，以罪名列举和刑罚程度相结合的方式，作出进一步限定。毕竟，监察机关有权管辖88种罪名，并非所有罪名都严重至需要采取技术调查措施的程度。第二，虽然技术调查适用于重大贪污贿赂等职务犯罪，但也应根据案件的实际需要，并非不加区分地当然适用所有的重大贪污贿赂案件。在确定可适用技术调查的需要程度时，可以增加采取常规的调查措施或者其他调查措施无法实现调查目的的要求，对“根据需要”作适当细化完善，确立技术调查的决定与执行的标准与界限，为公安机关执行监察协助提供更为明确的法律依据。

（三）技术调查协助执行的程序要求

技术调查本身既具有即时性、高效性的特点，又具有秘密性和侵入性特征，对技术调查协助进行程序规范尤为重要。《监察法》对采取技术调查措施的程序设计仅为粗疏的框架，尽管能为监察机关采取和公安机关执行技术调查措施提供合法性依据，但对如何决定和执行缺失可操作性依据。《监察法实施条例》专列技术调查一节，用5个条文对技术调查进行规范，除适用情形外，还涉及法律文书、变更与解除、证据使用、保密要求等方面，对技术调查的程序作了一定程度的细化规定，但对于技术调查的主体要求、决定与执行等具体程序要求仍不够完善。

1. 技术调查的主体要求。技术调查措施的主体，涉及决定主体和执行主体两类主体，即一类是决定采取技术调查措施的监察机关，另一类是执行技术调查措施的公安机关。

《监察法》中对哪些监察机关可以决定技术调查并未作出具体规定。一些地方监察机关制定的规范性文件对决定主体作了相应规定，如有的明确要求，监察委员会需要采取技术调查措施，应当报经市监察委员会审批，凭市监察委员会公函，交由市公安局有关部门办理①。根据《监察法实施条例》的有关规定，立法对监察机关采取技术调查措施并未作级别限制，各级监察机关均有权采取技术调查措施，不同级别监察机关权限的不同主要体现在不同办案阶段上，设区的市级以下的监察机关在进行初步核实过程中不得采取技术调查措施，而应在立案后进行。

至于执行技术调查措施的公安机关，监察机关采取技术调查措施应按照“同级同地”协助的原则，向当地同级公安机关提出协助请求。考虑公安机关采取技术侦查措施须报设区的市一级以上公安机关负责人批准，且由设区的市一级以上公安机关负责技术侦查的部门执行，由设区的市一级以上监察机关向同级公安机关提请协助较为合适。如县级监察机关在立案后有采取技术调查措施的需要，应由上一级监察机关向与其同级的公安机关提出。如办理案件的监察机关需要异地公安机关采取技术调查措施，可通过异地公安机关所在地的监察机关来提出执行技术调查的协助请求。设区的市一级以上公安机关接收协助请求后，交其内设的负责技术侦查的部门具体执行。

2. 技术调查的决定程序。《监察法》对于技术调查的决定程序仅要求“经过严格的批准手续”，与《刑事诉讼法》规定技术侦查程序采取了同样的立法方式，并未明确究竟须经怎样的具体批准手续，《监察法实施条例》关于技术调查的规定主要是请求协助、调取证据、证明效力等方面。但对于技术调查的规范，尽管也有一些探索性规定，却缺乏像《公安机关办理刑事案件程序规定》那样公开且较为详细的程序设计，缺少在批准主体、批准权限、批准形式等方面的具有可操作性的程序性要求。

① 参见天津市监察委员会、天津市高级人民法院、天津市人民检察院、天津市公安局、天津市司法局联合制定的《关于办理职务犯罪案件加强工作衔接配合的意见》。

技术侦查措施作为一种侦查措施，与其他侦查措施的最大区别之处就在于其“经过严格的批准手续”后才能实施，这是由技术侦查措施的本质属性决定的。在采取技术侦查措施时，不可避免会与犯罪嫌疑人以及与犯罪活动直接关联的一些人的权利产生冲突，甚至影响通信秘密权等宪法权利，尤其是在与犯罪嫌疑人密切相关的人中，有些人很可能与犯罪活动毫无关联。因此，采取技术侦查措施必须经过严格的批准手续，这也是审慎采取技术侦查措施的必然要求和重要体现①。

公安机关的技术侦查立法，经历了从涉密文件到法律、部门规章的发展过程。技术侦查措施作为一个法律概念最早出现在2012年《刑事诉讼法》中，这是其首次出现在我国刑事诉讼程序基本法中。之后于2020年修正的《公安机关办理刑事案件程序规定》采用专节对技术调查的案件范围、适用对象、措施种类、报批程序、法律文书等进行了全面规范。

随着监察法治化的推进，可借鉴技术侦查的系统规范对技术调查进行全面规定，建立完备的制度体系，在明确案件范围基础上，对适用对象、措施种类、审批程序和实施期限进行全面系统规范。比如，公安机关办理刑事案件，需在刑事立案后才能进行技术侦查，在立案之前的调查核实过程中，只能采取不限制被调查对象人身、财产权利的措施，不得采取技术侦查措施。根据《监察法实施条例》的规定，监察机关在初步核实阶段即可采取技术调查措施，只限制了设区的市级以下监察机关必须在立案后才能采取技术调查措施。比较实施贪污贿赂犯罪的被调查人与实施危害国家安全犯罪、恐怖活动犯罪、黑社会性质的组织犯罪等严重危害社会案件的犯罪嫌疑人，难以当然认定前者较之后者社会危害性更大，而考虑技术侦查措施与技术调查措施在权力功能、限权程度的一致性，对前者在更早阶段采取技术调查措

① 参见孙茂利主编：《公安机关办理刑事案件程序规定释义与实务指南》（2020年版），中国人民公安大学出版社2020年版，第632页。

施，似并无充足理据，对采取技术调查措施的时间节点仍存在完善的空间。

3. 技术调查的执行程序。由于技术调查和技术侦查功能作用的高度同质，公安机关在协助监察机关执行技术调查协助时，既要遵守《监察法》，又需要依据《刑事诉讼法》《公安机关办理刑事案件程序规定》关于技术侦查的相关规定。

《监察法》第28条规定确立了技术调查措施的三个明确基本要求：一是明确技术调查措施的种类；二是明确适用对象；三是明确有效期限。技术调查措施的种类、适用对象、有效期限是技术调查措施的三个法定要素，监察机关在作出采取决定时应予以明确，公安机关执行应严格按照要求执行。

明确技术调查措施的种类，要求监察机关在决定采取技术调查措施时，就要在法律文书中明确要采取的调查手段。仅模糊决定采取技术调查措施而不明确何种手段措施，并不意味着所有的技术调查手段都可当然使用，否则公安机关执行起来将会无所适从。

明确适用对象，要求明确具体案件中的具体人员，而不是对一个案件中的所有人员当然适用[①]。适用对象只能是被调查人以及与被调查的犯罪活动有直接关联的人员，对其他人不能任意采取技术调查措施。对于一个案件涉及多个被调查人的，如果需对多个被调查人采取技术调查措施，应当在法律文书中明确对每一个确定的被调查人所采取的措施种类和有效期限等要素。

明确执行期限，要求自批准决定签发之日起计算，不得超过三个月，需要延长有效期的，要按照规定办理批准手续并通知公安机关。

公安机关采取技术调查措施，必须严格按照监察机关批准的措施种类、适用对象和有效期限执行，不得扩大范围，不得擅自变更技术

① 参见中共中央纪律检查委员会法规室、中华人民共和国国家监察委员会法规室编写：《〈中华人民共和国监察法〉释义》，中国方正出版社2018年版，第154页。

调查措施的种类或对象，也不得擅自缩短或延长执行时限。在技术调查有效期限内，监察机关认为需要变更技术调查措施种类或者适用对象的，应当重新办理批准手续，重新提请公安机关执行，公安机关收到请求后按照新的决定书执行。监察机关认为不需要继续采取技术调查措施时，应当书面通知公安机关解除，公安机关应当立即解除。公安机关在采取技术调查措施过程中，发现不再具备继续采取技术调查措施的条件，或者已经达到采取技术调查目的，应当及时告知监察机关，由监察机关决定解除技术调查措施。

（四）技术调查协助执行的难题研究

由于对技术调查的理论认识不一致、制度规定不够系统，尚未能为技术调查措施的实施提供明确的理论支撑和行为规范，实践中，公安机关在协助监察机关执行技术调查时，会遇到一系列难题。集中在三个问题上，即公安机关有权采取技术调查措施的范围界定，如何移交技术调查获取的材料，以及通过技术调查获取证据的证明力。

1. 技术调查的措施范围

公安机关协助监察机关执行技术调查，可以使用哪些种类的措施，《监察法》《监察法实施条例》及相关文件目前尚无明确界定，理论界也存在不同认识。有解释认为，技术调查措施主要是为了获取某些物证而使用电话监听、电子监控、拍照或者录像等手段①。有学者认为，技术调查措施与技术侦查措施都属于“全程监控的秘密调查手段”，包括记录监控、行踪监控、通信监控、场所监控等②。还有学者认为，技术调查措施应包括监控类通信技术调查措施、隐匿身份调查措施和控制下交付等秘密性调查措施③。

那么，技术调查措施的范围是否等同于技术侦查措施？如果范围

① 参见中共中央纪律检查委员会法规室、中华人民共和国国家监察委员会法规室编写：《〈中华人民共和国监察法〉释义》，中国方正出版社2018年版，第153页。

② 参见陈瑞华：《论监察委员会的调查权》，载《中国人民大学学报》2018年第4期。

③ 参见倪铁：《监察技术调查权运作困境及其破局》，载《东方法学》2019年第6期。

相同，是否意味着两者因适用不同案件类型而仅存在名称差异？如并不等同，则应当如何界定技术调查的措施范围？

技术调查的措施范围，既是一个实务问题，也是一个理论问题。其根本症结在于如何理解和把握《宪法》第 40 条与《监察法》第 28 条规定之间的关系，因而根本上讲，实质属于权力行使与权利保护边界的宪法性问题。

《宪法》第 40 条赋予了公民通信自由和通信秘密权，强调非经法定机关因法定需要、依照法定程序进行检查外，任何组织或者个人不得以任何理由予以侵犯。公民通信自由和通信秘密，是公民对通信内容以及通信主体的相关信息享有保密而不必向有关机关告知、国家不得非法获悉其内容的权利①。而从技术侦查措施的范围看，其中的通信监控措施必然干预公民的通信自由和通信秘密。为此，对于技术侦查措施，相关法律从有权主体和适用范围上作了严格的规定。如根据《宪法》和《刑事诉讼法》规定，只有公安机关、国家安全机关和检察机关出于维护国家安全或者追查刑事犯罪的需要，才有权对通信进行检查，这实际上排除了除此之外的任何单位和个人侵犯公民通信自由和通信秘密的合法性②。同时，根据《刑事诉讼法》第 150 条、《人民警察法》第 16 条、《国家安全法》第 42 条规定，有权采取技术侦查措施的机关只有公安机关、国家安全机关和检察机关。这些法律对技术侦查措施作出的主体限定与《宪法》第 40 条关于通信检查的权力机关的规定是一致的。

2018 年《宪法修正案》出台后，第 40 条内容未作修改，通信检查权的主体范围并未调整，据此，监察机关并未获得对通信进行检查的权力，监察机关如要行使通信检查权，缺少宪法和法律依据，也就

① 参见童之伟、殷啸虎主编：《宪法学》（第 2 版），上海人民出版社、北京大学出版社 2010 年版，第 150 页。

② 参见上官春光：《台湾通讯监察制度及其借鉴意义》，载《国家检察官学院学报》2008 年第 6 期。

不能决定通信监控或监听之类的技术调查措施，否则即有侵犯公民基本权利的违宪之嫌。不能因为技术调查和技术侦查名称不一，就主张监察机关可以决定监听等通信监控措施，否则，无异于以“技术调查”之名绕过甚至架空《宪法》第40条规定。

技术调查措施亦不应包括隐匿身份调查和控制下交付。虽然《刑事诉讼法》将这两种侦查措施规定在“技术侦查措施”一节中，《公安机关办理刑事案件程序规定》也作同样安排，但并无法据此认定隐匿身份侦查和控制下交付属于技术侦查措施。主要理由有四点：

第一，参与主体不同。技术侦查的主体是侦查人员，且属于公安机关负责技术侦查部门的侦查人员。对于隐匿身份侦查和控制下交付，有可能是侦查人员参与，也可以包括公安机关指定的其他人员。

第二，适用案件范围不同。技术侦查适用的案件有法律和规章的明确限定，只有在办理危害国家安全犯罪等特定案件时才能使用，控制下交付则适用于涉及给付毒品等违禁品或财物的犯罪活动，而隐匿身份侦查则无法定犯罪案件范围限制。

第三，批准程序不同。隐匿身份侦查和控制下交付的批准程序要求经县级以上公安机关负责人决定。技术侦查则有报告、审批和法律文书制作等环节的详细规定，且审批层级要求更高。

第四，立法的有意区分。从法律及规章的表述本身看，其实已经对技术侦查与隐匿身份侦查和控制下交付这几种侦查措施作出了有意的区分。《刑事诉讼法》技术侦查措施一节的最后一条即第154条采用的是“依照本节规定采取侦查措施”而非“依照本节规定采取技术侦查措施”，已表明了予以区分的立法态度。《公安机关办理刑事案件程序规定》第268条和第273条对通过技术侦查措施与通过隐匿身份侦查和控制下交付收集的材料分别在两个不同条文中予以规定，将技术侦查措施和隐匿身份侦查、控制下交付作明确区分的立场更为清晰鲜明。这主要考虑，无论是实施过程和实施方式，还是收集材料内容和载体都有很大差别，在诉讼中使用时的要求也有所不同①。

因此，对监察机关有权决定并交由公安机关执行的技术调查措施的种类范围应作限定，不应完全等同于技术侦查措施。技术调查措施可以包括诸如拍照、定位等不涉及具体谈话内容的技术性措施，而对于电话监听等涉及具体谈话内容、侵犯公民通信自由和通信秘密的措施则应排除在技术调查之外。对于隐匿身份侦查、控制下交付本不属于技术侦查措施的，亦无理由直接纳入技术调查措施。

2. 技术调查结果的报告和移交

公安机关执行技术调查已达到调查目的、调查期限届满，或者不需要继续采取技术调查措施的，应报告监察机关及时解除，并移交获取的信息和材料。除了执行终结之后的报告，公安机关在执行过程中，获取有价值的证据的，或者应监察机关要求，亦应及时报告监察机关证据收集情况，以便监察机关及时掌握相关信息，确定、调整监察调查方向或重点。

有学者提出，公安机关在执行技术调查措施时，应尽到信息筛查义务，筛除与案件无关但可能侵犯个人合法权益的内容后再移送监察机关②。《监察法实施条例》第156条的规定从表述看似有一定歧义，似乎亦能理解为公安机关对于需要作为证据使用的信息和材料，才应按照监察机关调取要求予以提供。

其实，对于《监察法实施条例》规定的“依法需要作为刑事诉讼证据使用”的判断，应由监察机关依法作出，而并非执行技术调查的公安机关作出。之所以做此要求，是因为监察机关并不必然依靠技术调查获取的证据作为定案依据，而会根据需要来决定是否调取，这并不意味着由公安机关对有关信息和材料进行判断，确定取舍和移交

---

① 参见孙茂利主编：《公安机关办理刑事案件程序规定释义与实务指南》（2020年版），中国人民公安大学出版社2020年版，第650页。

② 参见江国华、张硕：《监察过程中的公安协助配合机制》，载《法学研究》2019年第2期。

范围。

采取技术调查方式收集的材料中，有些是与犯罪案件直接相关、能够证明犯罪事实的证据材料，有些是与犯罪案件有间接关联、可以进一步查证的调查线索，也有一些是与犯罪案件无关的情况。公安机关作为协助机关，通过技术调查手段收集证据时，应坚持证据的真实性、合法性，严格按照法定程序执行，协助监察机关在收集、固定证据时掌握与刑事审判相一致的证据要求和标准，避免被作为以非法方法收集的证据予以排除，无法作为案件处置的依据。但对于证据的关联性，即甄别、筛查信息问题，应由监察机关结合全案情况进行分析和鉴别，作出统一认定，为调查犯罪事实提供证据支撑。因而公安机关移交证据时，应完整移交通过技术调查获取的信息和材料，以免因筛选偏差错失有价值的线索信息。至于移交的相关信息和材料是否与案件有关，是否可作为证据使用，均应由监察机关办案人员认定。对于与案件无关的材料，也应由监察机关经过审批、登记等程序后按规定予以销毁，而不应由公安机关预先筛选或销毁。《监察法实施条例》明确要求对与案件无关材料的“销毁情况应当制作记录，由调查人员签名”，应是亦持同样立场。

3. 技术调查方式获取证据的证明效力

通过技术侦查措施所收集材料的证明力，《刑事诉讼法》和《公安机关办理刑事案件程序规定》已作出明确规定，采取技术侦查措施收集的材料在刑事诉讼中可以作为证据使用。

采取技术调查方式收集的证据材料，同样具有直接、客观、证明力强的特点，能够节约调查资源，支持诉讼顺利进行。《监察法》虽未直接规定技术调查措施收集的证据的证明效力，但从第 33 条的规定来看，将通过技术调查手段收集的材料在刑事诉讼中作为证据使用，并无法律障碍。《监察法实施条例》第 156 条规定对此作了进一步明确。此前一些规范性文件其实也已体现了技术调查措施获得的材料可作为证据使用的态度。例如，根据《国家监察委员会与最高人民检察院办理职务犯罪案件工作衔接办法》（国监办发〔2018〕1 号）第 26 条的规定，人民检察院在审查监察机关移送起诉的案件时，应当对包括采取技术调查措施的决定书及证据材料等用以证明犯罪事实的证据材料是否已经随案移送进行查明。对于使用技术调查措施收集的材料作为证据的，如果可能因此危及有关人员的人身安全，或者可能产生其他严重后果，公安机关应当采取不暴露有关人员身份和使用的技术设备、调查方法等保护措施。采取保护措施的，应当向监察机关作出说明。当然，如果采取其他调查措施收集的证据已经足以作为定案的根据，亦无必要将技术调查获取材料作为证据使用。

二、通缉的协助执行

《监察法》中规定的通缉，是对应当留置而在逃的被调查人发布通缉令进行缉捕，将其追捕归案的措施。在《刑事诉讼法》中，通缉作为侦查措施之一，是指在侦查阶段，公安机关对应当逮捕而在逃的犯罪嫌疑人通令缉拿归案的侦查措施，是公安机关通力合作、协同配合，依靠集体和群众的力量同犯罪分子作斗争的一种形式①。

（一）通缉协助执行的适用情形

通缉措施是涉及限制人身自由的重要措施，适用时应当严格掌握。根据《监察法》及《监察法实施条例》等相关规定，监察机关决定通缉在逃的应当被留置的人员后，由公安机关负责执行。适用情形主要有：涉嫌职务违法犯罪的被调查人应当依法留置，但因逃避调查而下落不明的；涉嫌职务违法犯罪的被调查人已经被留置，但又逃脱的。此外，根据《刑事诉讼法》规定，对于因职务犯罪被判处刑罚的罪犯越狱逃跑的，也可以适用通缉追捕，只是此时通缉对象已不再是

① 参见孙茂利主编：《公安机关办理刑事案件程序规定释义与实务指南》（2020 年版），中国人民公安大学出版社 2020 年版，第 652 页。

被留置人员。

（二）通缉协助执行的程序要求

通缉的协助执行涉及监察机关决定通缉、公安机关发布通缉令、查缉追捕、移交被通缉对象等环节。

1. 监察机关决定通缉。监察机关办理内部审批手续后，制作通缉决定书，送同级公安机关执行。如果计划通缉的范围超出办理案件监察机关管辖的行政区域，通缉决定则由上级监察机关作出，并由上级监察机关请求其同级公安机关执行。由于通缉对象是应当依法留置的被调查人，在送公安机关执行时，还应将决定留置的法律文书一并送交公安机关。

2. 公安机关发布通缉令。“谁决定，谁发布”的原则理论上也应适用于通缉措施，但基于执法司法实践的现状，较之监察机关等机关，公安机关具有系统广泛的基层组织机构，发布征集信息能力强，社会资源调动速度快，由公安机关发布通缉令具有独特的优势[①]。这也已在《监察法》《监察法实施条例》《刑事诉讼法》中进行了立法确认。

公安机关根据监察机关提供的信息签发通缉令时，除注明被通缉人的姓名、性别、年龄、身份证号码等基本信息外，还应尽可能注明便于群众识别辨认的有关信息。由于监察案件中被留置人员具有公职，不同于不明身份的犯罪嫌疑人，一般可通过其单位或亲友获得近期照片、体貌特征、行为习惯等信息，而且这些信息具有一定的稳定性，应尽量在通缉令中注明。纸质通缉令一般在通缉令的发送范围内广泛张贴，网络、报刊、电视等也是常用的方式。公安机关在制作发布通缉令后，还应依照有关规定，将通缉令内容录入有关数据库。通缉令发出后，监察机关若提供新的信息，如获悉被调查人新的藏身地

① 参见江国华、张硕：《监察过程中的公安协助配合机制》，载《法学研究》2019 年第 2 期。

点，发现被调查人面貌特征有改变或可能携带危险物品，通知公安机关的，发出通缉令的公安机关可以补发通报。

3. 公安机关查缉通缉对象。对于查缉追捕，曾有学者提出，《监察法》仅明确了通缉令由公安机关负责发布，但“追捕归案”的主体是公安机关还是监察机关并不明确[①]。然而，若监察机关作出通缉决定，且作为主要追捕力量进行追捕，则单交由公安机关发布通缉令就无必要。之所以由公安机关执行缉捕，是由于公安机关强大的社会管理能力和动员能力，是其他任何机关无法代替的。而且执行通缉必然使用限制人身自由的强制手段，甚至还需要使用警械或武器，这些属于警察权的专属范围。从刑事案件中的通缉由公安机关执行的规定看，也可以帮助理解立法意图。由于通缉是针对应当逮捕而在逃的犯罪嫌疑人缉拿归案的措施，实质是执行逮捕的继续，根据《宪法》《刑事诉讼法》的有关规定，国家将逮捕执行权仅赋予公安机关，因而通缉也必须由公安机关执行。《监察法实施条例》出台后，在通缉一节规定了公安机关移交抓获的被通缉人员，证实立法本意亦确由公安机关执行缉捕。

通缉令发布后，接到通缉令的公安机关应当迅速部署采取措施，组织力量布置查缉。如对车站、码头、机场、交通要道等被调查人可能活动的场所，组织力量进行有效控制；对旅馆、酒店等被调查人可能藏身的场所，可以结合特种行业治安管理，注意发现通缉对象；对于可能逃往地区、交通要道的出入口，必要时可以设卡检查。为防止被调查人脱逃境外，还可以根据需要在口岸采取边控措施。

此外，公安机关在办理刑事案件时，为查获犯罪嫌疑人，可以发布悬赏通告。在协助监察机关执行通缉时，如要发布悬赏通告，则应由监察机关根据具体案件情况的需要决定，由监察机关写明悬赏对象的基本情况，确定赏金的具体数额。有按照悬赏通告提供帮助的，由

---

① 参见唐冬平：《公安协助配合监察事项范围之限缩》，载《法学》2019年第8期。

监察机关按照承诺兑付赏金。

4. 公安机关撤销通缉令。公安机关抓获被通缉对象，或者经核实被通缉对象已经自动投案、死亡或者已被其他机关采取限制人身自由措施的，应当在原发布范围内撤销通缉令，并告知监察机关。监察机关终止调查或通过其他方式查获被通缉对象的，也应及时通知公安机关撤销通缉令及网上追逃措施、相关边控通知、悬赏通告等，以免接到通缉令的公安机关继续查缉工作、浪费警力与物力。

5. 公安机关向监察机关移交被通缉对象。公安机关抓获被通缉对象的，应在抓获后立即通知监察机关进行移交，由监察机关确认、核实身份后予以接收。在与监察机关办理人员交接手续前，公安机关可凭通缉令、监察机关留置决定书与通缉决定书等法律文书，将被抓获人员送至监察机关的留置场所羁押，以防止监察对象接触其他无关人员，保障监管安全，并注意保密纪律。

（三）通缉协助执行的难题研究

公安机关在协助监察机关执行通缉时，可以针对何种对象协助开展通缉，如何具体执行通缉措施，怎样缉捕境外的被通缉人等问题，现行规定并不明确，给执行带来一些困难。

1. 通缉对象的范围

根据《监察法》的规定，监察机关决定通缉的适用对象是在逃的应当被留置的被调查人：既包括严重职务违法行为人，也包括职务犯罪行为人。而按照刑事诉讼法律制度，通缉仅适用于刑事案件中应当逮捕的在逃犯罪嫌疑人；行政案件中违法行为人逃避处罚的，不能采取通缉措施。那么，对于职务违法行为人，监察机关是否有权决定通缉？公安机关收到通缉的协助请求时，有无义务去区分违法和犯罪？如果通缉对象是违法行为人，能否执行通缉？

有学者指出，《监察法》对《刑事诉讼法》关于通缉的内容进行选择性吸收，扩大了通缉对象的范围，然而对严重职务违法的在逃人员适用通缉，缺乏合理根据[1]。探究《监察法》的立法原意可知，对于技术调查、搜查措施，《监察法》均明确了涉嫌职务犯罪；对于通缉对象范围的规定，并非未注意到刑事与行政案件的区分，而是有意为之，意味着立法有意授权对职务违法行为人也可适用通缉。从有关部门意见看，也将被调查人涉嫌职务违法犯罪作为通缉对象的条件之一[2]。因而，《监察法》应为有意扩展了通缉的适用范围，授权监察机关对严重职务违法和职务犯罪行为人采取通缉措施。

通过制定《监察法》，从法律层面扩展通缉的适用范围，虽并不违背《立法法》关于限制人身自由的强制措施只能制定法律这一法律保留原则的要求，但形式上的合法性并不必然具有实质上的合理性。一方面，由于通缉本身的特点，立法对通缉的适用应十分慎重。通缉令在公共场所通过多种公开方式发布，影响面广，影响程度深刻：公安机关采取措施追捕，任何人发现被通缉的人都有权扭送到公安机关或监察机关；且公安机关追捕被通缉的人员，可以采取追捕所必需的技术侦查措施，可以依法使用警械甚至武器。但对涉嫌职务违法的被调查人，采取同刑事案件中应当逮捕的在逃犯罪嫌疑人同等强度的措施，而其他类型违法行为人均不得适用，形成一种法律制度间的错位，其合理性、必要性还需论证。另一方面，《监察法》关于通缉的规定给实际执行带来了一些难以解决的问题。由于《监察法》与《刑事诉讼法》在通缉对象范围上的不一致，而监察案件中职务犯罪和严重职务违法的办理之间并没有严格的程序区分，公安机关执行通缉时，无法确定通缉对象属于职务犯罪行为人还是职务违法行为人，难以准确把握是否有权执行。从在部分基层监察机关调研的情况看，实践中监察机关对于因职务违法的被调查人在逃的，其实并不会决定采

① 参见刘艳红：《程序自然法作为规则自洽的必要条件——〈监察法〉留置权运作的法治化路径》，载《华东政法大学学报》2018 年第 3 期。

② 参见中共中央纪律检查委员会法规室、中华人民共和国国家监察委员会法规室编写：《〈中华人民共和国监察法〉释义》，中国方正出版社 2018 年版，第 156 页。

取通缉措施。由此导致《监察法》的规定部分打了折扣、失去实际效用，既影响法律本身的权威性，也容易引起理解和执行中不必要的分歧和质疑。因而，将来修法时可以考虑对通缉对象作出适当限缩，排除对职务违法行为人的适用，从源头上解决法法衔接协调、严格依法办案、权力权利均衡等方面的系列问题。

2. 通缉执行程序规范的缺失

实践中公安机关协助监察机关执行通缉的程序尚未健全，一定程度影响协助执行的效果。比如，在某监察机关了解到一个案例。某区监委在办理一起贪污犯罪案件时，决定对被调查对象采取留置措施，因发现该被调查对象在逃，某区监委请求区公安局协助发布通缉令进行追捕。当监委办案人员到公安局送交通缉决定书和留置决定书时，不清楚联系公安机关哪个职能部门；多个部门均称并非由本部门负责，也不了解如何办理监察机关决定通缉的案件。后经监委与公安局的协调，监委办案人员到公安法制部门接洽，通过法制部门找刑侦部门网上追逃，刑侦布置追捕后将工作情况反馈法制部门，法制部门再告知监委。经网上追逃两周后，区公安局发布通缉令。

从此案例可以看到，监察机关决定通缉，提请公安机关执行的，在执行程序上还存在诸多问题。如沟通联络途径不畅，监察机关与公安机关之间的联络部门不明确；执行通缉的具体部门不明确，公安机关内部对于执行监察机关的通缉决定职责划分不清；执行程序不完善，网上追逃和发布通缉令如何衔接缺乏规范。这些问题可以通过制定规章或国家监察委员会和公安部联合发文等方式，对相关问题进一步明确和规范。确定监察机关和公安机关各自相对固定的部门负责日常沟通联络，根据案件具体情况确定通缉的具体执行部门，细化通缉协助执行的程序要求，对执行方式、时限、反馈及移交等作出明确规定，使通缉的协助执行依法有序进行。

3. 境外缉捕的协助执行

应被留置的被调查人逃亡境外的，采取通缉措施无法缉捕归案，公安机关亦无权直接到境外执法办案、缉拿人员。在刑事诉讼中，公安机关办理刑事案件，凭逮捕法律文书层报设在公安部的国际刑警组织中国国家中心局，向国际刑警组织请求发布红色通报协助缉捕，请外国警方协助查找、缉捕逃往境外的犯罪嫌疑人。对于监察机关办理的案件，既然监察机关的留置与逮捕在限制强度、执行时间上相似，那么是否可以认为，监察机关决定留置的，凭留置决定法律文书，公安部国际刑警组织中国国家中心局可以依此请求国家刑警组织发布红色通缉令?

监察制度是一项新的具有较强中国特色的法律制度，目前对留置措施的性质在国内尚有不同认识，在国际上恐亦尚未得到足够认同，直接凭留置决定书请求协助可能会存在障碍。考虑到中外法律制度间的不同，为便利开展合作，监察机关需要缉捕潜逃境外的被调查人的，可以先商请同级检察院作出逮捕决定，再层报国家监察委员会，由国家监察委员会向公安部提出，国际刑警组织中国国家中心局凭逮捕证向国际刑警组织提出发布红色通报的申请。

三、限制出境的协助执行

限制出境是为防止有关人员逃匿境外，有关机关依法决定限制其离境，并由国家移民管理机构在出入境口岸依法实施出境限制的措施。《监察法》规定的限制出境，是为防止被调查人及相关人员逃匿境外，由监察机关决定、公安机关（国家移民管理机构）执行的在出入境口岸进行出境控制的措施。《监察法》明确规定限制出境措施由公安机关执行，《监察法实施条例》更进一步明确为交由移民管理机构即公安出入境管理部门依法执行。

（一）限制出境协助执行的适用情形

出境是公民的一项权利，一些国际公约明确人人有离开包括其本国在内的任何国家的自由①。但出于维护国家安全、社会秩序等原因，对特定情况限制出境也是世界各国的普遍做法。《出境入境管理法》规定了中国公民不准出境的情形，与之相衔接，《出境入境边防检查条例》规定了边防检查站有权阻止出境的情形。为防止被调查人及相关人员逃匿境外，阻碍案件调查、影响收集违法犯罪证据，可以对其采取限制出境措施。由于监察机关不属于国务院有关部门，不符合《出境入境管理法》第12条规定的“可能危害国家安全和利益，国务院有关主管部门决定不准出境的”情形；而对于监察机关案件调查阶段的被调查人，是否属于“刑事案件被告人、犯罪嫌疑人”可能会有分歧，因而，监察机关对被调查人及相关人员采取限制出境措施，可以适用兜底条款的规定，即“法律、行政法规规定不准出境的其他情形”，由《监察法》和《出境入境管理法》共同构成对被调查人限制出境适用情形的界定。

具体适用情形有两种：一是被调查人及相关人员有可能潜逃境外，且已经办理护照或往来中国港澳台地区通行证等出入境证件的；二是被调查人及相关人员虽尚未办理出入境证件，但有证据表明其可能申办出入境证件潜逃境外的。相关人员不应扩大为所有与被调查人相关的人员，而应是与案件相关的人员。公安机关执行限制出境措施时，应当严格按照监察机关决定的对象范围执行。

（二）限制出境协助执行的程序要求

同通缉相同的是，限制出境措施由监察机关决定，公安机关执行。但限制出境的程序设计较通缉更为严格。通缉决定县级以上监察机关即有权作出，虽然《监察法》对此并未作明确规定，但从公安机关签发通缉令由县级以上公安机关签发，协助执行请求一般在同级机关之间发送，可以推断，县级以上监察机关作出通缉决定后，即可获得同级公安机关的执行。而限制出境措施，须经省级以上监察机关批

① 参见《世界人权宣言》第13条、《公民权利和政治权利国际公约》第12条。

准。相较而言，通缉要比限制出境措施对人身自由的强制程度更高。为什么后者的程序反而更严格、要求批准的层级更高？立法作此程序设计，可能出于三个方面考虑：

第一，从限制出境的适用对象角度分析，限制出境不限于可能逃匿境外的被调查人，还包括“相关人员”，因而更需要把握必要性要求：在关注防逃措施的适用需求与执行效果的同时，也要防止限制出境措施的滥用。这或许是对限制出境程序设定较为严格的重要考虑。

第二，从法律制度的衔接协调角度分析，根据出入境有关管理规定①，作出不准出境决定的有权机关是省级公安机关、安全机关等部门，这些规定有可能成为监察机关确定审批机关层级的参考。

第三，从执行程序的衔接协调角度分析，限制出境措施的执行，由省级以上公安机关受理和部署执行，按照同级协助的原则，监察机关决定限制出境亦采取省级监察机关批准的程序要求，有助于协助请求的顺畅提出和及时执行。

具体程序主要有五个环节：

1. 监察机关决定采取限制出境措施。《监察法》并未限定采取限制出境措施的监察机关，省级以下监察机关要采取限制出境措施，需层报省级监察机关批准，由省级监察机关向国家移民管理局指定的出入境边防检查机关提出。

对于被调查人及相关人员已办理出入境证件，需要在口岸采取边控措施的，以省级监察机关名义出具限制出境的法律文书，并按照有关规定填写边控对象通知书，送省级公安机关。由于限制出境措施仅阻止有关人员出境，如果需要出入境边防检查机关限制被调查人及相关人员的人身自由，交控的监察机关应当同时提供留置决定书、通缉令等法律文书。遇有紧急情况，县级以上监察机关来不及通过省级交

① 参见《公安部关于执行中国公民出境入境管理法及实施细则若干问题的说明》第6条和《公安机关办理刑事案件程序规定》第278条规定。

控机关办理交控手续的，可以经本单位负责人审批后，按照规定直接向有关口岸所在地出入境边防检查机关提请办理临时边控措施。但临时边控措施范围仅限于接控机关管辖口岸，期限不超过 7 日，也不能延期①。对于被调查人及相关人员尚未办理出入境证件，需要采取法定不批准出境措施的，以省级监察机关名义出具限制出境决定书，并按照有关规定填写通报备案法律文书，将其列为法定不准出境人员，送省级公安机关。

2. 移民管理机构办理边控手续。限制出境作为一种确定的协助事项，移民出入境管理部门主要作形式审查，对于符合形式要求的协助请求，及时部署采取边控措施。

限制出境措施的办理，根据提出机关的不同，分为中央和省级两个层级：在中央层面，具有依法限制人员出境或者限制人身自由职权的部门主要包括中央纪委国家监委、最高人民法院、最高人民检察院、国务院有关主管部门、中央军委纪委军委监委、中央军委政法委保卫局等②，这些部门决定或批准限制出境的，由国家移民管理局负责受理交控手续，并交由出入境边防检查机关实施。在省级层面，省纪委监委或者具有限制人员出境或者限制人身自由职权的有关省级部门，决定限制出境的，由国家移民管理局指定的出入境边防检查机关受理，办理边控手续并实施。

对于在口岸采取边控措施的执行，由省级公安机关通知本省、自治区、直辖市有关口岸所在地出入境边防检查机关，依法阻止边控对象出境；需要在全国范围内采取边控措施的，由国家移民管理局通知全国边防口岸采取边控措施。对于法定不批准出境措施的执行，公安机关出入境管理机构受理出入境证件申请时，通过公安部全国法定不

---

① 参见孙茂利主编：《公安机关办理刑事案件程序规定释义与实务指南》（2020 年版），中国人民公安大学出版社 2020 年版，第 659－661 页。

② 参见孙茂利主编：《公安机关办理刑事案件程序规定释义与实务指南》（2020 年版），中国人民公安大学出版社 2020 年版，第 660 页。

批准出境人员通报备案数据库、全国国家工作人员登记备案数据库和全国人口信息数据库等，对申请人进行身份核查①，属于法定不批准出境人员的，不为其办理出入境证件，确保法定不批准出境措施的落实。

3. 边防检查站检查。边防检查站负责边防检查工作，对出境人员检查时，核查人员与护照等出入境证件是否相符，查验护照、签证和有关证件、证明的真伪及有效期，核对在控人员名单。发现出境的人员具有限制出境的法定情形的，边防检查站有权作出三种处理：一是可以扣留或者收缴其出境证件；二是有权限制其活动范围；三是有权进行调查或者移送有关机关处理。除直接检查人员外，边防检查站对出境的交通运输工具有权进行检查，认为载有危害国家安全和社会秩序的人员、非法出入境人员的，可以阻止出境，防止有的限制出境人员藏匿在交通工具中潜逃出境。

4. 羁押与移交人员。查获限制出境人员，边防检查站一般仅能阻止其出境。如监察机关需要扣留并移交人员，在送交限制出境手续时，需一并提供留置决定或通缉决定的法律文书，这些法律文书为边防检查站采取限制人身自由的措施提供合法依据。边防检查站凭监察机关法律文书羁押被调查人，并通知监察机关前来交接。其中，如果被扣留人员为县级以上人民代表大会代表，边防检查站应当注意核对边控对象通知书相应栏目中是否注明，是否附有相应的许可证明材料。

5. 边控措施的延长与撤销。边控措施期限即将届满，监察机关认为需要延长的，按照原交控渠道办理续控手续。边控措施期限届满后，再次对同一对象实施边控措施的，仍需重新办理边控手续。边控措施期限届满前无须继续实施边控，或者已查获被调查人阻止其出境的，监察机关按照原交控途径办理撤控手续。按照有关规定，如果边

① 参见《公安部出入境管理局关于印发〈中华人民共和国出入境通行证签发管理工作规范〉的通知》（公境出〔2007〕2223 号）。

控措施期限届满，未办理续控手续的，公安机关即作到期撤控处理，不再另行通知交控的监察机关。

执行限制出境措施过程中，在严格依照法律规定执行的同时，为便利出入境人员和交通运输工具通行，维护边防检查秩序，公安机关可以与监察机关沟通，共同掌握好三个原则：一是能在内地处理的尽可能在内地处理，尽量控制和减少在口岸阻止出境的人数；二是能采取其他方式限制出境的，尽量不采取扣留出入境证件的方式；三是能尽早处理的要尽可能早处理，不要到人员临出境时才处理，以免给工作造成被动①。

第二节　酌定的监察协助的执行

酌定的监察协助的执行，包括搜查和留置的协助执行。这两种协助事项的产生依据同样是《监察法》的明确规定，但不同于技术调查、通缉、限制出境措施，监察机关根据工作需要自行判断是否提请公安机关配合。如果监察机关依法向公安机关提出协助请求，公安机关应当予以协助。

一、搜查的协助执行

在监察体制改革之前，搜查仅作为一种刑事侦查措施出现。《监察法》出台后，搜查同时成为监察机关的一项重要调查措施，被调查人涉嫌职务犯罪的，监察机关有权搜索被调查人或其他人身、物品和场所，以查获被调查人、收集犯罪证据。

① 参见最高人民法院、最高人民检察院、公安部、国家安全部印发的《关于依法限制外国人和中国公民出境问题的若干规定》。

（一）搜查协助执行的适用情形

《监察法》第 24 条规定了公安机关的协助搜查义务，但《监察法》《监察法实施条例》均未明确需要协助的具体情形。实践中，监察机关需要公安机关协助的情形主要有：一是需要警戒、封锁搜查现场，维护现场秩序的；二是需要公安机关协助制止被搜查人及其他人员现场自杀、自残、伤害他人等行为的；三是需要公安机关协助处置现场发现的危险物品的。

（二）搜查协助执行的程序要求

公安机关应监察机关提请，对监察机关搜查活动予以协助配合，应当遵守《监察法》《刑事诉讼法》《公安机关办理刑事案件程序规定》等有关规定对搜查的范围、程序的要求。公安机关提供协助涉及两个基本环节：

1. 监察机关提出搜查的协助请求。监察机关认为需要提请公安机关协助搜查的，向同级公安机关出具法律文书或公函，列明搜查的目的和对象范围，以及搜查的时间、地点和建议要求等，附上监察机关搜查证复印件或多联文书中交协助执行机关的一联。

2. 公安机关执行搜查协助。公安机关作为协助机关，根据监察机关的要求和需协助搜查的具体情况，及时派遣警力到搜查现场予以协助。如在监察机关进行搜查时，协助警戒、封锁搜查现场，维护现场秩序，防止无关人员进入；协助制止被搜查人及其他人员在现场实施的自杀、自残、伤害他人行为；在监察机关强制搜查时，协助制止被搜查人或其他人员阻碍、抵抗；被搜查人或搜查场所可能隐藏爆炸、剧毒等危险物品，协助妥善处置；配合监察机关通知被搜查人的家属、邻居或其他见证人见证搜查活动。对于搜查现场发生妨害公务、寻衅滋事等活动的，应及时制止或将有关人员带离现场；对构成违反治安管理行为的，依法给予治安管理处罚；构成犯罪的，依法追究刑事责任。

（三）搜查协助执行的难题研究

公安机关协助监察机关执行搜查时遇到的一些问题，如是否应由公安机关提供协助，协助搜查的类型以及紧急情况下如何协助搜查等，需要结合有关立法规定及立法精神，寻求解决之道。

1. 搜查是否必须由公安机关协助

尽管公安机关可以协助监察机关搜查已经成为立法的“实然”状态，有学者从完善监察制度的“应然”角度，对搜查是否必须由公安机关协助进行了探讨。例如，有学者运用“符合法律的宪法解释”方式，结合对《治安管理处罚法》第 87 条关于搜查住宅的分析，指出此条具有“明确宪法上限制条件内涵与范围的效果”，监察机关搜查住宅必须公安机关协助执行[①]。也有学者建议，应减少并逐步停止公安机关的搜查协助，由监察机关完全自行执行，具体方式可通过在监察机关内部配置强制执行力量和技术力量实现[②]。

为保障监察机关依法履行好职能，赋予其有效的调查权确有必要。《监察法》规定的调查措施中，有的调查措施采取决定权与执行权相分离的方式，有的调查措施则实行决定权与执行权相统一，应是经过立法考量之后的精心设计。搜查是《监察法》明确规定监察机关有权采取的调查措施，监察机关拥有完整的决定权和执行权；决定采取搜查措施的，监察机关有权完全自行执行。至于是否需要以及何时需要公安机关予以协助，由监察机关根据工作需要确定；裁量权和决定权均在监察机关，并不会因立法设定了公安机关协助搜查的义务影响监察机关搜查权的行使。

对于协助搜查住宅，即便按照“符合法律的宪法解释”的方法，《监察法》应能同《治安管理处罚法》一样设定权力的行使边界，《监察法》中监察机关搜查权的规定亦未违背《立法法》的法律保留

---

① 参见王旭：《国家监察机构设置的宪法学思考》，载《中国政法大学学报》2017 年第 5 期。

② 参见唐冬平：《公安协助配合监察事项范围之限缩》，载《法学》2019 年第 8 期。

原则。至于《治安管理处罚法》关于检查住宅等场所的规定，且不论检查与搜查在治安案件与刑事案件办理中本为不同的调查措施与侦查措施，检查住宅适用的是公安机关查处违反治安管理行为，恐未也无法排除其他机关依法搜查住宅的权力。因而监察机关搜查住宅并不必然需要公安机关协助执行，而有权自行执行。但考虑到住宅安宁是宪法赋予的公民基本权利和《民法典》规定的绝对权，无论是监察机关自行执行还是请求公安机关协助执行，对搜查住宅均应依法审慎进行。

2. 协助搜查的类型

《监察法》对公安机关协助搜查的内容或范围没有明确规定，从理论上讲，对搜查的协助可分为两类：一类是对现场秩序的维护，在监察机关调查人员进行搜查时，公安机关派员到场协助维护秩序、保障安全。对于现场发生违法犯罪活动的，公安机关可以立即进行处置。另一类是监察机关会同公安机关人员共同进行搜查，以监察机关为主，同时可以借助公安人员经验丰富、设备先进的优势。有关部门认为，公安机关协助搜查主要是在场的公安民警及时制止阻碍搜查的活动，保障搜查顺利进行①，并未包括第二类协助方式。从有关规定和实践看，监察机关提请公安机关协助搜查，一般也是维护现场秩序。

从立法意图看，《监察法》在搜查措施上的授权是完整的，赋予了监察机关独立的、完整性的搜查权。监察机关采取搜查措施，向被调查人出示搜查证，搜查人身、物品、场所，以及制作搜查笔录等，均由监察机关调查人员完成。原则上，公安机关协助搜查主要是现场秩序维护。对于监察机关出于人手不够等原因，从公安机关抽调人员共同参与搜查的，在场民警听从监察机关指挥，所为行为也应由监察机关负责。如被调查人为女性且需要公安机关协助搜身，应指派女工作人员，但并不必然是女侦查人员，对此《刑事诉讼法》在2012年修改

① 参见中共中央纪律检查委员会法规室、中华人民共和国国家监察委员会法规室编写：《〈中华人民共和国监察法〉释义》，中国方正出版社2018年版，第141页。

时已作了调整。不同于公安机关办理的刑事案件，公安机关协助搜查时，搜查证由监察机关开具，公安机关不需要开具搜查证，协助搜查的范围由监察机关的搜查证决定，不能超出搜查的时间、地点、范围提供协助，协助过程中要遵守监察机关的相关要求。

3. 紧急情况下的搜查

《监察法》明确要求监察机关搜查时应当出示搜查证，并有被搜查人或者其家属等见证人在场，并未规定紧急情况下如何搜查。那么，在监察案件办理中，遇有紧急情况，是否可以进行先行搜查或无证搜查？如果可以，应由监察机关还是公安机关进行搜查？有学者认为，公安机关执行搜查协助时遇到紧急情况，没有搜查证也可以公安机关名义搜查被调查人①。

搜查涉及公民的人身权利、财产权利、住宅安宁等《宪法》规定的基本权利。非法搜查公民身体、非法搜查或者非法侵入公民的住宅，为《宪法》所明确禁止。为防止滥用搜查权侵犯公民权利，搜查应遵循法定程序进行，而不能任性滥权。在办理刑事案件时，《刑事诉讼法》对搜查的规定明确了以出示搜查证搜查为原则，以无证搜查为例外，而例外仅限于公安机关执行逮捕、拘留时的紧急情况。《公安机关办理刑事案件程序规定》第224条对《刑事诉讼法》规定的“紧急情况”进行了细化，明确为五种情形，主要是从被搜查人、场所的危险性考虑：如果不及时进行搜查，可能会发生危及他人人身安全、危害公共安全，或者使得收集证据、查获犯罪嫌疑人失去时机，妨碍侦查活动的顺利进行。如果在执行拘留、逮捕的时候，并未遇到紧急情况，仍应办理并按照规定出示搜查证，才能开展搜查活动，而不能以拘留证、逮捕证代替搜查证，更不能任意开展无证搜查。

监察机关采取搜查措施，同公安机关办理刑事案件的搜查，在目

① 参见江国华、张硕：《监察过程中的公安协助配合机制》，载《法学研究》2019年第2期。

的、范围、方式上均有较高程度相似之处，亦有必要赋予监察机关紧急情况下无搜查证搜查的权力。由于《监察法》并未像《刑事诉讼法》那样规定无证搜查，可在《监察法实施条例》或配套规定中明确先行搜查或无证搜查。但从《监察法实施条例》关于搜查一节的规定看，并未涉及先行搜查或无证搜查问题。由于先行搜查或无证搜查的方式将会给予现场调查人员较大的裁量权，应通过较高位阶的规定来明确，并对紧急情况予以限定。先行搜查适用于监察机关调查人员发现紧急情况，需要立即搜查，但来不及开具搜查证的情况，可以先行开展搜查活动，再及时补办搜查审批手续。无证搜查则可参照《刑事诉讼法》规定，由现场的调查人员根据紧急情况作出判断，立即搜查，不再补办搜查审批手续，而是在搜查笔录中注明无证搜查。

那么，如果立法授权监察案件的搜查可以先行搜查或无证搜查，应由监察机关还是公安机关执行搜查？答案仍应是监察机关。具体考虑有两方面：

一方面，从先行搜查或无证搜查的自身性质看，先行搜查或无证搜查是紧急情况下进行搜查的特殊形式，并非一种特殊的调查、侦查措施，其与一般情形的“持证搜查”的实施机关应当统一。从《监察法》的规定分析，监察机关是搜查的主体；公安机关仅在监察机关要求提供协助，且协助亦非代替监察机关执行搜查。一般情况的“持证搜查”由监察机关进行，先行搜查或无证搜查仍应由监察机关开展。

另一方面，从程序的构造逻辑考虑，无证搜查需要在搜查笔录中注明，或者先行搜查需要事后补办审批手续，这些都是监察机关的调查活动的一部分。搜查审批手续和搜查笔录，均由监察机关调查人员办理和制作。因此，遇有紧急情况，来不及办理搜查证但需要立即搜查的，应由监察机关进行先行搜查或无证搜查。在此过程中，公安机关亦可提供协助，但不能越俎代庖。

二、留置的协助执行

2017年党的十九大报告中对用留置取代“两规”措施提出了明确要求。在监察体制改革中，留置成为社会各界的关注焦点，也是监察法理论研究中最为集中的问题之一。“留置”一词甚至入选年度十大反腐热词①。留置措施作为监察机关有权采取的限制人身自由强度最大的监察措施，其合法性和正当性被学者认为很大程度上决定了监察体制改革的正当性②。如何对留置协助执行，也成为公安机关面临的一个重大理论与现实问题。

（一）监察留置的性质

在民事、刑事、行政法律制度中，均规定了留置措施。正如有学者提出，规范层面的留置有多重面孔，而监察留置是其中最为“年轻”的一张③。但“留置”概念各不相同，各有其适用领域。《监察法》中的留置，是监察机关在案件调查时，对已经掌握其部分违法犯罪事实及相应证据的被调查人，依照法定条件与程序剥夺其人身自由的措施。

监察留置与其他相关法律中“留置”的含义和适用语境存在显著区别。如《民法典》第二编物权第四分编担保物权中第十九章专章规定了留置权，这里作为权利而不是权力；《刑事诉讼法》《行政诉讼法》《民事诉讼法》关于送达方式的规定中，虽未明确使用“留置”的表述，但将诉讼文书留在受送达人住处的送达方式，一般称为留置送达。此外，还有一种学者称为行政法上的“留置”，将“留置盘

---

① 参见《2018年度十大反腐热词》，载中央纪委国家监委网，https：//www.ccdi.gov.cn/toutiao/201812/t20181229_185999.html。

② 参见陈越峰：《监察措施的合法性研究》，载《环球法律评论》2017年第2期。

③ 参见胡铭：《职务犯罪留置措施衔接刑事诉讼的基本逻辑》，载《北方法学》2019年第4期。

问”作为一种行政强制措施[1]，这大概是由于《人民警察法》在继续盘问措施的条款中使用了“留置时间”的表述[2]。在2004年之前，确曾将限制被继续盘问人人身自由的措施称作留置，如2002年公安部出台规范性文件《公安机关实施留置措施备案规定》中即有“留置措施”的表述。2004年公安部出台部门规章《公安机关适用继续盘问规定》（2020年修正）后，明确使用“继续盘问”措施而非“留置”措施，印发此规定的通知专门指明继续盘问原称留置[3]，因而，由于《人民警察法》并未明确此措施的名称，曾一度称作留置措施或者留置盘问，但2004年之后公安部已统一规范为继续盘问措施，而非留置盘问。“留置”实际上是被继续盘问人在公安机关人身自由受到限制的状态表述，而不是一种行政强制措施本身的名称。《人民警察法》之所以采用“留置时间”而非“继续盘问时间”的表述，应是出于防止法律执行中公安机关以未实施“继续盘问”而滥用限制人身自由。

监察体制改革之前的“两规”措施属于党内纪律措施，《监察法》的出台以监察留置取代了“两规”。学界通常认为，尽管留置制度还存在诸多有待完善之处，但用留置取代“两规”具有进步性，符合法治精神和法治要求，解决了长期困扰反腐败工作的法治难题，是以法治思维和法治方式推进反腐败工作的重要体现[4]。但也有学者认为监察留置措施的设置并没有完全消除非法治因素[5]。监察留置的创

---

① 参见马怀德：《再论国家监察立法的主要问题》，载《行政法学研究》2018年第1期。

② 根据《人民警察法》第9条的规定，公安机关的人民警察对被盘问人的留置时间自带至公安机关之时起不超过24小时。

③ 参见公安部《关于贯彻实施〈公安机关适用继续盘问规定〉的通知》（2004年9月2日　公通字〔2004〕64号）。

④ 参见秦前红：《国家监察体制改革宪法设计中的若干问题思考》，载《探索》2017年第6期；吴建雄：《国家监察体制改革“试点工作在全国推开”的法理思考》，载《中国党政干部论坛》2017年第11期；马怀德：《再论国家监察立法的主要问题》，载《行政法学研究》2018年第1期。

⑤ 参见刘艳红：《程序自然法作为规则自洽的必要条件——〈监察法〉留置权运作的法治化路径》，载《华东政法大学学报》2018年第3期。

设，实现了党内纪律措施向法律措施的转变，以此解决长期困扰反腐败工作的法治难题，体现了推进反腐败工作的法治思维和法治方式。

至于在法律措施范畴之内，监察留置应属于何种类型的法律措施，全国人大常委会在《关于〈中华人民共和国监察法（草案）〉的说明》中将留置同讯问、询问等措施并列作为调查措施[①]，有关部门的解释也认为留置措施是使被调查人“配合调查而采取的一项案件调查措施”[②]。但从留置措施的制度设计看，留置应更是一种剥夺人身自由的强制措施而非调查措施。这是因为：一是在措施目的上，对被调查人采取留置措施是为了限制其人身自由，防止出现妨碍调查的行为；而留置措施本身并不能达到开展调查、了解案情、收集证据的目的，监察机关仍要在留置期间内通过讯问等调查措施进行调查。二是从适用情形看，《监察法》列举的可以采取留置措施的情形同《刑事诉讼法》规定的采取拘留、逮捕的情形基本一致，均针对行为人具有自杀、逃跑、串供、伪造证据等可能性，而不是调查了解案情的情形。三是从执行方式看，留置的执行采取将被调查人“留置在特定场所”的方式，即将其带至并留在特定场所，是一种剥夺人身自由的羁押方式，与监察机关有权采取的讯问、搜查、扣押等调查措施有显著区别。四是从刑期折抵倒推，留置期限折抵刑期的规定同刑事拘留、逮捕完全相同，均为折抵管制二日，折抵拘役、有期徒刑一日，而调查措施并不能折抵刑期。

因此，《监察法》使用“留置”措施的表述，而非援引《刑事诉讼法》中的拘留、逮捕等刑事强制措施，并未改变监察留置作为限制人身自由强制措施的根本属性，实为回应并解决“两规”缺乏明确法律依据的法治难题，为监察机关并非侦查机关亦不受《刑事诉讼法》

---

① 参见李建国：《关于〈中华人民共和国监察法〉（草案）的说明》，载新华网，http://www.xinhuanet.com/politics/2018lh/2018-03/14/c_1122532994.htm。

② 中共中央纪律检查委员会法规室、中华人民共和国国家监察委员会法规室编写：《〈中华人民共和国监察法〉释义》，中国方正出版社2018年版，第134页。

的约束提供制度支撑，从而力求实现保持监察机关独特地位和“双规”法治化双重目的的立法初衷。

（二）留置协助执行的适用情形

监察机关采取留置措施，是否需要公安机关协助，由监察机关根据工作需要来确定。不同于技术调查、限制出境和通缉的执行超出监察机关的职权。对于留置措施而言，监察机关有权完全自主执行，需要协助应主要是出于紧急或特殊情况的需要。然而，“紧急”或“特殊”情况仍是十分含混模糊且主观性相当强的界定，无法为留置的协助执行提供可操作性依据，有必要通过制定配套法规或规范性文件，作出进一步细化明确。

确定适用情形总的原则是坚持协助执行监察留置的辅助性。根据立法精神和实践情况，可以明确具有若干情形之一的，根据监察机关的要求，公安机关应当予以协助。如监察机关采取留置措施，被留置人员使用暴力方式阻碍、反抗、伤害监察机关调查人员的；被留置人员可能自伤、自残、脱逃的；监察机关羁押监管设施或人力不足以保证监管安全，需要公安机关协助羁押或看护被留置人员的；在监察机关采取留置措施过程中，发生属公安机关管辖的其他违法犯罪活动或者有发生的现实可能性的等。此外，对于监察机关决定留置的被留置人员，在执行留置前已经被公安机关拘留或执行逮捕的，由于不得对同一对象同时执行不同的限制人身自由措施，监察机关认为有必要采取留置措施的，可以商请公安机关解除刑事强制措施，此种情况也是一种协助情形。

（三）留置协助执行的程序要求

《监察法》三个条文规范了留置的适用对象、情形和程序，《监察法实施条例》在监察权限一章中专节规定了留置措施，对监察机关提请公安机关协助采取留置措施的基本程序作了规范，涉及公函的基本要求、所附法律文书以及提请协助的公安机关等内容；这些规定既是监察机关向公安机关提请留置协助的规范，也是公安机关执行协助的直接法规依据。具体看来，对留置提供协助的执行程序分为监察机关提出协助请求、公安机关协助执行留置和留置措施的解除三个环节。

1. 监察机关提出协助执行留置的请求。监察机关采取留置措施需要公安机关协助的，向所在地同级公安机关提出协助请求。原则上监察机关在提请公安机关协助执行留置时，应说明提请协助的具体事项和要求，并附上留置法律文书。有的案件出于保密需要，在采取留置措施前，监察机关经保密处理未将被留置人员姓名告知公安机关的，如果公安机关不知晓被留置人员姓名仍能协助执行，不应因此拒不提供协助。

2. 公安机关协助执行留置措施。对于告知被留置人员权利义务、通知其家属、讯问被留置人员等事项，均由监察机关负责，一般不涉及公安机关的协助。公安机关的协助活动主要包括：（1）协助送至留置场所。对于被留置人员可能有逃跑、自杀、自残或其他妨碍调查的行为的，协助监察机关控制、约束被留置人员，必要时可以根据规定使用制服性或约束性警械，并将其送至留置决定书确定的留置场所。（2）协助提供留置场所。当地监察机关缺乏留置场所或者留置场所不足时，公安机关可以应监察机关要求在看守所协助执行，看守所凭留置决定书和提请协助公函收押被留置人员。无论是监察机关自行押送至看守所，还是公安机关协助押送至看守所，入所手续由办理案件的监察机关调查人员办理。（3）协助提供留置看护。在监察机关留置场所执行留置的，可以由监察机关派员看护，有的地方也要求公安机关协助看护；在看守所执行留置的，可以由监察机关派员看护，但由于监察机关力量所限，往往是由公安机关派员负责羁押看护。（4）协助安全警戒。监察机关需要将被留置人员提出留置场所送往医院就医、开展辨认、配合追缴财物，移送被留置人员至其他羁押场所或送往监狱执行刑罚的，公安机关应请求派员协助保障安全。（5）协助应急处置。对于留置场所发生或可能发生紧急、重大、突发性事件的，公安机关应监察机关请求可以组织警力及时协助妥善处置。

3. 留置措施的解除。根据《监察法》的规定，一般情况下，留置的最长期限为3个月；特殊情况下，最长期限为6个月。至于特殊情况的具体范围或情形，《监察法实施条例》从案情重大复杂、违法犯罪主要事实须继续清查等方面作了限定，规定了四种情形。对于在看守所执行留置措施的，应当按照留置决定书的期限执行。那么，如果超过留置期限而监察机关未解除留置，看守所应当如何处理？

对于刑事诉讼活动中，看守所羁押犯罪嫌疑人的，在羁押期限届满前提醒办案机关解除或变更强制措施。为防止超期羁押被留置人员，侵害其合法权利，可借鉴刑事诉讼活动中的预防超期羁押制度，对于留置期限即将届满的，看守所应当在留置决定书注明的留置期限届满7日前，制作通知书通知办理案件的监察机关。对于超过留置期限仍未对被留置人员变更或解除留置措施的，看守所应当报告人民检察院，并抄送办理案件的监察机关。在超过留置期限的期间，看守所可以拒绝讯问，但无权直接释放被留置人员。

（四）留置协助执行的难题研究

公安机关协助监察机关执行留置措施，经常遇到适用对象、执行场所及监管看护等方面的难题。

1. 留置协助执行的适用对象

尽管有关部门认为，“监察法与刑事诉讼法相比，在权利保障方面有三大明显进步”[①]，但《监察法》中的留置与《刑事诉讼法》中的逮捕相比较，二者强度类似，羁押最长期限接近，而留置的适用范围更大、制度框架设计较为粗疏。第一，在适用对象的范围上，根据

---

① 三大明显进步主要体现在：留置比侦查羁押期限大大缩短；留置条件极大改善；对办案的监督措施更加完善。参见中共中央纪律检查委员会法规室、中华人民共和国国家监察委员会法规室编写：《〈中华人民共和国监察法〉释义》，中国方正出版社2018年版，第200－201页。

《监察法》的明确规定，留置不仅适用于涉嫌贪污贿赂、失职渎职等职务犯罪的被调查人，亦可适用于严重职务违法的被调查人；适用对象的范围更大，意味着办理案件的监察机关自由裁量权更多。第二，在审批程序设定上，虽然采取留置措施须上一级监察机关批准或备案，但监察机关同时掌握决定权、执行权，权力集中性突出。而逮捕由检察机关、法院批准或决定，公安机关执行；如果发现采取逮捕措施不当，公检法机关都有变更或撤销的权力。第三，在通知家属的规定上，较之《刑事诉讼法》关于拘留、逮捕通知家属的例外情形，以及《行政强制法》关于只有无法通知才可以不通知当事人家属的规定，《监察法》关于留置措施不通知被留置人员单位和家属的情形更宽泛，对单位和家属知情权的限制比较大。

根据《监察法》的规定，留置措施既可以适用于实施职务违法犯罪的监察对象，也可适用于涉嫌行贿犯罪和共同职务犯罪的非监察对象。但鉴于留置措施在性质、形态和强度上与逮捕类似，有学者建议原则上留置只应适用于比较严重的职务犯罪案件中①；尤其是对于与案件相关的非监察人员，适用留置措施要严格把握和控制适用条件与适用范围，履行更为严格的审批程序②。从在一些地方调研的情况看，虽然《监察法》规定的留置对象范围较大，而实际执行时，监察机关对于实施留置仍较为谨慎，不少地方只对职务犯罪行为人决定过留置，并未适用于严重职务违法行为人。

对于公安机关协助执行留置措施，由于监察留置并不属于刑事拘留或逮捕的刑事强制措施，更不属于法律明确规定的刑罚，基于看守所的刑事羁押职责定位，公安机关应无权在看守所对违法行为人执行监察留置；而且将涉嫌职务违法的被留置人员在看守所执行留置，采

---

① 参见陈光中、邵俊：《我国监察体制改革若干问题思考》，载《中国法学》2017 年第 4 期。

② 参见马怀德：《再论国家监察立法的主要问题》，载《行政法学研究》2018 年第 1 期。

取与犯罪嫌疑人同样的监管羁押措施，对被留置人员亦不公平。因而，监察机关如向公安机关提出在看守所羁押涉嫌严重职务违法的被留置人员，公安机关应予拒绝。不过，为避免在执行环节因适用对象问题造成监察机关与公安机关之间产生分歧，应在源头上解决这一问题，即在现有法律规定的框架下，通过法规或有关规定进一步明确，涉嫌严重职务违法的被留置人员应由监察机关执行，由公安机关在看守所协助执行留置措施的限于涉嫌职务犯罪的被留置人员。从推进留置法治化的角度，则应限定留置的适用对象，排除对职务违法的被调查人的适用，并对留置期限设定梯级，完善有关程序标准[①]。

2. 留置协助执行的场所及监管看护

《监察法》对留置措施的执行场所仅作出了授权性规定，为将来完善留置场所有关规定预留了制度空间。由于目前尚未出台留置场所的专门规范，各地做法并不一致。根据监察体制改革情况，执行留置的特定场所既有纪检监察机关原有办案场所[②]，也有公安机关管理的看守所专门设置的“新的留置场所”[③] 或者留置专区。从调研的情况看，《监察法》实施后，公安机关协助执行留置的场所及其监管看护有三种模式：

第一种模式，在监察机关留置场所执行留置，当留置场所需要协助时，公安机关派员负责监管看护。此种模式在监察体制改革初期被为数不多的一些地方采用，一般不安排固定的警力，多根据工作情况临时抽调警力。如福建省公安机关收到监察机关协助留置请求后，组建包括带

---

① 参见魏昌东：《中国特色国家监察权的法治化建构策略——基于对监察“二法一例”法治化建构的系统性观察》，载《政法论坛》2021 年第 6 期。

② 参见《法工委：将按监察法要求，对留置场所的设置管理作进一步规定》，载澎湃新闻网 2018 年 2 月 17 日，https：//www. thepaper. cn/newsDetail_forward_2011064。

③ 参见江国华、张硕：《监察过程中的公安协助配合机制》，载《法学研究》2019 年第 2 期。

班领导、监控人员、看护人员的看护专班，进驻监察机关留置场所实施看护[①]。但随着监察体制改革的深入和《监察法》的出台，不少地方也陆续指派或招聘了专门的人员力量。

第二种模式，在监察机关留置场所执行留置，公安机关派员负责监管看护。此种模式较为常见。其中公安机关派员又有几种不同形式：有的由相对固定的警种部门派员并负责监管看护；有的地方由公安机关专门组建看护力量或者成立专门的机构来负责监管看护。如北京市公安局设留置看护支队，由市局监管总队管理指导，承担对监察机关留置场所执行的被留置人员的看护职责。天津市公安局设立天津市公安机动勤务中心，为事业单位，接受市公安局管理，负责执行全市的留置看护任务，业务上接受市纪委监委业务指导。重庆市公安局监管总队下设监察留置管理支队，执行监察机关留置场所的看护任务，并通过政府购买服务的方式向保安公司采购护卫服务[②]。湖南省出台制度明确要求监察留置对象由公安辅警负责看护。郴州市公安局 2019 年成立监察留置看护支队，进驻市纪委监委案管中心执行留置对象看护任务，并与案管中心共同履行对看护人员的管理、教育、培训、监督检查和考核等职责[③]。

第三种模式，在看守所设立留置场所，并由看守所或者公安机关监管部门承担监管看护任务。看守所并不会整体调整成为专门的留置场所，而是在看守所内设置留置专区，专门执行留置。如上海市公安局设立留置点，由监所留置管理支队负责留置场所的管理和监管看

---

① 参见福建省纪委监委：《福建：构建监察机关与公安机关协作配合工作机制》，载福建省纪委监委网，http：//www. fjcdi. gov. cn/html/zsyxggjxs/20180523/1685577. html。

② 2021 年 9 月 27 日，中国政府采购网公告重庆市公安局监管总队监察留置管理支队护卫服务中标信息，服务范围是监管总队监察留置管理支队负责执行的留置看护勤务。参见《重庆市公安局监管总队监察留置管理支队护卫服务（21C00907）中标（成交）结果公告》，载中国政府采购网，http：//www. ccgp. gov. cn/cggg/dfgg/zbgg/202109/t20210927_16946490. htm。

③ 参见《公安局多一个新警种！专门负责这项工作的警察!》，载澎湃新闻网 2019 年 11 月 30 日，https：//www. thepaper. cn/newsDetail_forward_5107832。

护；贵州留置场所设立在看守所内，成立留置工作管理指导机构，由看守所负责留置场所的管理和监管看护。

同一地方也可能会采取不同的执行场所设置及监管看护模式。比如，浙江有的在看守所改造的留置专区执行留置，也有的继续使用原纪委办案的“两规”场所。前者由公安机关管理，监委案件管理室参与协助管理；后者由监委案件管理室为主管理，武警、公安予以协助①。

学界对留置场所的讨论较多，归纳起来大致有四种观点：

第一种观点认为，从便于监督和保障人权的角度出发，看守所应作为统一的留置执行场所。理由主要包括：看守所有着较为成熟的制度规范和硬件条件，管理比较规范，具有中立性②；能够避免长时间单独羁押这种在国际上属于禁止实施的侵犯人权的行为③；如不在看守所而在宾馆等条件较好的设施执行留置，同样折抵刑期实质对其他犯罪嫌疑人不公平④；改造现有的“两规”基地后转至看守所统一管理，可以节省资源⑤。

第二种观点认为，对监察对象一般应在监察机关的留置场所执行留置，对其他涉案人员也可以在公安机关设置的留置专区执行⑥。主要理由是：监察机关拥有完整的留置批准权和执行权，表明了《监察

---

① 参见《走近监察法：留置程序、场所、时间等细节问题，听刘建超权威解答!》，载浙江省监察委员会网，http://www.zjsjw.gov.cn/ch112/system/2018/03/15/030768227.shtml。

② 参见陈光中、兰哲：《监察制度改革的重大成就与完善期待》，载《行政法学研究》2018 年第 4 期。

③ 参见龙宗智：《监察与司法协调衔接的法规范分析》，载《政治与法律》2018 年第 1 期。

④ 参见江国华、王冲：《监察委员会留置措施论析》，载《湖北社会科学》2018 年第 9 期。

⑤ 参见马怀德：《再论国家监察立法的主要问题》，载《行政法学研究》2018 年第 1 期。

⑥ 参见湖北省纪委监委案件监督管理室：《牢牢守住审查调查安全底线》，载湖北省纪委监委网 2018 年 5 月 9 日，http://www.hbjwjc.gov.cn/mbag/103781.htm。

法》对留置措施内部化的鲜明立场①。从监察体制改革前后实施的《中国共产党纪律检查机关监督执纪工作规则（试行）》（已失效）和《中国共产党纪律检查机关监督执纪工作规则》（已失效）中都有“规定的谈话场所”可以看出，立法者本来就倾向于在原来的“两规”场所执行留置②。

第三种观点认为，原则上将看守所作为留置的执行场所，并明确规定可以在看守所以外的特定场所执行留置的情形和案件类型③。主要理由同第一种观点类似，监察机关留置场所无法实现与看守所同样的监控机制④，看守所的规范管理有助于防范刑讯逼供或意外情况，社会效果、法律效果更好。

第四种观点认为，应建立专门的留置场所，由司法行政机关统一管理。主要理由是依据现代法治原则和精神，在看守所系统外另设一套监察机关管理的羁押系统，或者在看守所羁押涉嫌职务违法犯罪的被调查人，均不可取⑤。

总体看来，由于尚无统一明确的留置场所规定，各地对执行留置的特定场所进行不同模式的探索，学者讨论也各有不同见解。其中，在看守所执行留置措施是不少地方的实践，也为许多学者所支持和赞同。经综合考量，由看守所负责执行留置，具有突出优势，同时也存在诸多问题和困难：

一方面，看守所负责留置监管工作的优势十分显著，主要体现在设施、人员、制度三个方面。

第一，设施上的优势。各地均设有看守所，全国有 2300 余个看

---

① 参见刘艳红：《程序自然法作为规则自洽的必要条件——〈监察法〉留置权运作的法治化路径》，载《华东政法大学学报》2018 年第 3 期。

② 参见秦前红、石泽华：《监察委员会留置措施研究》，载《苏州大学学报（法学版）》2017 年第 4 期。

③ 参见王秀梅、黄玲林：《监察法与刑事诉讼法衔接若干问题研究》，载《法学论坛》2019 年第 2 期。

④ 参见陈瑞华：《论国家监察权的性质》，载《比较法研究》2019 年第 1 期。

⑤ 参见张建伟：《监察至上还是三察鼎立——新监察权在国家权力体系中的配置分析》，载《中国政法大学学报》2018 年第 1 期。

守所建立了值班律师工作站[1]；看守所普遍有较为完备的监控系统和硬件设施，提讯室安装有同步录音录像设备，执法信息和监控设施与驻所检察室联网；看守所使用的警械、戒具，有统一的种类和标准；配备常用药品和必要的医疗器械，可以及时治疗患病的被留置人员；配备有消防、教育、生活等装备设施。

第二，人员上的优势。看守所监管民警不承担案件调查责任，职能上相对比较中立；人员较为固定，流动性不大，且接受过专业培训，具有一定的法律素养和突发事件应急处置能力；拥有专业医疗人员，可以对被留置人员及时医疗救治或进行初步处置，大多数看守所已与当地医疗机构建立了被监管人员医疗“绿色通道”或“定期巡诊”机制[2]。

第三，制度上的优势。根据《刑事诉讼法》及有关规定，看守所在羁押监管在押人员工作方面建立了较为成熟完善的制度，在协助执行留置时，相关制度仍可起到积极作用。例如，检查制度，看守所收押时，对被留置人员先进行人身检查和健康检查，并检查随身携带的物品；登记报告制度，看守所对被留置人员的羁押情况进行登记，记明个人基本情况、法定羁押期限以及变更情况等；出所制度，在看守所执行留置期间，监察机关需将被留置人员提解出所的，应当办理相应的出所手续；巡视监督制度，公安机关聘请特邀监督员对看守所进行监督，通过召开被监管人员座谈会、律师座谈会、邀请媒体采访、各界人士参观等多种方式，对社会开放，接受公众监督。此外还有一日生活制度，保证被监管人员必要的休息时间，实行 24 小时值班制度，值班人员随时巡视监房，保障监管安全。

另一方面，如果将在看守所执行留置作为一种制度设计，而非一

---

① 参见张天培：《强化受案立案监管，执法活动全程留痕，全国范围内建立投诉平台公安执法越来越规范》，载《人民日报》2021 年 9 月 15 日，第 12 版。

② 参见许菁：《全国已有 1500 个看守所正式向社会开放》，载财新网，https://china.caixin.com/2011-02-24/100228748.html。

时的权宜之计，则需要相应法律制度的调适。

首先，在看守所执行留置问题，涉及看守所法律定位的调整。按照《刑事诉讼法》《看守所条例》等相关规定，看守所是羁押被刑事拘留、逮捕的人犯的机关。正在立法进程中的“看守所法”将看守所定位于国家的刑事羁押机关①。看守所羁押的人员包括被拘留、逮捕的犯罪嫌疑人、被告人，以及部分在看守所执行刑罚的罪犯。由于留置措施并不属于刑事拘留或逮捕的刑事强制措施，更不属于法律明确规定的刑罚，如果将留置措施在看守所执行作为一种确定的制度安排，由看守所羁押监管被留置人员有违法治精神，也与目前看守所法律定位及承担的法定职责不相适应。这些问题已经不仅仅是留置措施执行的程序性问题，而且涉及公民基本权利、国家机关权力配置等重大问题。因此，如将看守所规定为监察留置执行场所，需要监察法律法规予以明确，一并解决留置场所的具体设置、责任主体、管理方式等问题，对目前地方公安机关应各地纪委监察委要求开展的各种形式探索予以统一规范。此外，还应同步修改已推动多年的“看守所法”，形成法律规定间的衔接协调。这是立法层面的问题。

其次，如能解决立法问题，在实际操作层面，在看守所执行监察留置，应当设置独立或者相对独立的留置专区，与其他羁押区域隔离。留置专区应设置监管看护被留置人员的监室，以及监察机关讯问调查被留置人员的讯问室。监察机关提讯、提解被留置人员时，在看守所办理有关手续，看守所监管民警押解被留置人员到讯问室配合调查。除物理设施外，还需要结合监察案件特点对协助执行留置建立相应的制度机制。

---

① 《看守所法（公开征求意见稿）》2017 年曾向社会公开征求意见，第 2 条规定了看守所的性质和羁押对象。参见《公安部关于〈中华人民共和国看守所法（公开征求意见稿）〉公开征求意见的公告》，载公安部网 2017 年 6 月 15 日，https://www.mps.gov.cn/n2254536/n4904355/c5728120/content.html。

第三节 商定的监察协助的执行

商定的监察协助，不同于确定的协助和酌定的协助，协助依据不是《监察法》中的明确规定，而是协助机关的法定职权以及提请协助的监察机关和协助机关之间的协商一致。此类协助具有实践需求，已为一些地方规范性文件所确认[①]，在理论界也获得了一定的接受度[②]。就法定的监察协助、酌定的监察协助之外的协助事项而言，公安机关的协助执行并非《监察法》设定的强制性责任和义务，而是基于机关之间的协商协作以及其他法律法规赋予公安机关的职权。

一、查询、调取的协助执行

根据《监察法》《监察法实施条例》的有关规定，有关单位负有如实配合监察机关提供需要调取的证据的义务。比如查询被调查对象在银行的存款，需要银行的配合；调取被调查人在工作期间处理的文件或者个人事项报告材料等，需要其所在单位配合。据调研了解的情况，实践中，监察机关调查取证措施中使用最多的是查询、调取、谈话，需要公安机关协助频次最高的事项是信息的查询和调取。查询和调取的信息包括户籍信息、违法犯罪记录、车辆信息、车辆轨迹、出入境信息等。

---

① 如北京、福建等地监察机关与政法委或公安机关联合出台加强协作配合的文件，除《监察法》明确规定的措施外，还涉及采取询问、调取、勘验检查、查封、扣押等措施的协助配合。参见郭兴、段晓博：《精打“组合拳” 全面试用 12 项调查措施》，载中央纪委国家监委网，http://www.ccdi.gov.cn/toutiao/201712/t20171208_126403.html；福建省纪委监委：《福建：构建监察机关与公安机关协作配合工作机制》，载福建省纪委监委网，http://www.fjcdi.gov.cn/html/zsyxggjxs/20180523/1685577.html。

② 参见秦前红、叶海波等：《国家监察制度改革研究》，法律出版社 2018 年版，第 190 页。

由于查询、调取信息并不属于有法律明确依据的协助事项，对适用情形和执行程序均缺乏明确的规定，一般的做法是监察机关调查人员持监察机关介绍信和调查人员工作证以及案件相关法律文书，赴公安机关协商同意后查询、调取。此外，监察机关逐步建立了自己的信息系统，接收和积累有关信息和数据。根据政务数据共通共享的要求以及有关文件，公安机关也可以通过为部分数据信息提供查询接口或核验功能的方式，协助监察机关核查有关信息。对于有关材料涉及国家秘密、警务工作秘密、商业秘密或者个人隐私，且为监察机关调查案件所必需的，公安机关提供材料时，应作出标注或者单独组卷提供，既便于监察机关管理，也便于在审查起诉和审判过程中保密。

二、查封、扣押、冻结的协助执行

在刑事案件中，查封、扣押、冻结属于刑事侦查措施；在行政案件中，无冻结措施，查封和扣押属于证据保全措施。《监察法》《监察法实施条例》对办理监察案件的查封、扣押、冻结进行了规范。

一般情况下，监察机关需要协助冻结存款、汇款等财产时，协助执行由金融机构、邮政部门进行，并不涉及公安机关，监察机关将冻结财产的账户名称、账户号码、冻结数额、冻结期限、冻结范围以及是否及于孳息等事项，通知金融机构、邮政部门等单位协助办理。监察机关需要协助查封、扣押财物、电子数据时，针对查封、扣押的不同对象，由不同的机关或机构提供协助。如查封土地、房屋等不动产或者不宜移动的车辆、船舶、航空器、大型机器设备等动产，会涉及国土资源、房地产管理、交通运输、农业、林业、民航等有关部门协助查封。扣押邮件、电报、电子邮件的，则由邮电部门或者网络服务单位协助扣押。

公安机关协助监察机关查封、扣押、冻结的情形主要是：

1. 协助维护现场秩序；对以暴力、威胁等方法阻碍监察机关调查人员查封、扣押、冻结的，依法及时制止；涉嫌违法犯罪的，依法给予治安管理处罚或者追究刑事责任。

2. 协助扣押、扣留涉案车辆，查验、登记车辆特征，如车辆厂牌型号、识别代码、牌照号码、行驶里程、重要装备、车身颜色、车辆状况等信息。对于车辆内的物品，如果与案件有关，需要作为证据使用，可协助监察机关依法扣押；如果与案件无关，则由监察机关调查人员通知当事人或者其家属、委托的人领取。

3. 协助处置危险物品或违禁物品，发现枪支、弹药、爆炸物品及其他危险品或违禁物品，在监察机关调查人员固定相关证据后，协助处置并交有关部门处理。

4. 监察机关和公安机关办理互涉案件，有关涉案财物已被公安机关查封、冻结的，也可能需要公安机关的协助。由于对涉案财物不能重复查封、冻结，查封、冻结登记时间顺序在后的机关需要轮候查封、轮候冻结，但根据有关规定的精神①，有关机关之间可以个案协商。如果监察机关认为需由监察机关查封、冻结的，可以与公安机关协商，公安机关将相关财物、文件等移送监察机关；不需要移送的，也可协助提供清单或相关材料。

公安机关在协助执行过程中，不得超范围查封、扣押、冻结，对于与案件无关的不应查封、扣押、冻结；发现不属于查封、扣押、冻结范围的，应尽快解除。监察机关扣押机动车的，应将扣押决定书及时送达车辆户籍所在地的公安机关车辆管理部门，由公安机关及时登记记载，在查封、扣押期间不再办理权属关系变更或转移登记手续，以防止机动车被恶意过户带来的损失。此外，监察机关对被调查人违法取得的财物及孳息决定追缴或者责令退赔，请求公安机关协助的，公安机关可以依法协助执行。

---

① 参见公安部会同14个部门联合印发的《公安机关办理刑事案件适用查封、冻结措施有关规定》（2013年9月1日　公通字〔2013〕30号）。

三、谈话、询问、讯问的协助执行

根据《监察法》的规定，谈话是对可能发生职务违法的监察对象调查了解案情的措施，具有警示预防的性质；同时又是针对有职务违法行为但情节较轻的公职人员的处置方式之一，是调查之后的一种处理结果。询问是向证人等人员了解情况的调查措施，讯问则是针对涉嫌贪污贿赂、失职渎职等职务犯罪的被调查人。

开展这些调查措施，一般情况下监察机关自行完成，并不需要公安机关的协助。应监察机关请求，公安机关提供协助的情形主要有：

1. 被调查人已经被采取留置措施，在看守所内留置专区执行的，监察机关进行谈话、询问、讯问，调查人员持相关法律文书和工作证件，公安机关给予必要协助，及时安排。比如，监察机关调查人员持提讯证、提解证和工作证件提讯、提解被留置人员，看守所应当及时安排；但如果监察机关超过留置决定书确定的留置时间而未解除留置措施，看守所应当拒绝提讯、提解，在某种程度上也具有一定的制约作用。

2. 被调查人是公安机关羁押场所的在押人员，如在看守所羁押的犯罪嫌疑人、被告人或执行余刑的罪犯，在拘留所执行行政拘留、强制隔离戒毒所进行强制隔离戒毒的人员等，监察机关调查人员除了谈话、询问、讯问法律文书和工作证件外，还应持有以监察机关名义出具的介绍信、请求协助的文书或公函。在谈话、询问、讯问前，还应与公安机关沟通，防止泄露被调查人所涉案件有关案情。

3. 被调查人未被限制人身自由，但监察机关需要查找其住处或居所的，公安机关可以协助监察机关确定被调查人所在位置。

4. 被调查人既未被限制人身自由，监察机关也掌握其处所，也存在需要协助的情况。调研中了解，监委调查人员需到公司企业向负责人谈话、询问，尤其是异地办案时，往往会请辖区管片民警同去，协助监委调查人员表明身份，告知其监察机关依法办案，要求予以配合。由于公安机关的工作内容与特点，民警与辖区内的企业群众熟悉，可以借助较好的公信力和威望，保证谈话、询问的顺利进行。

四、反腐败国际合作中的协助执行

根据《监察法》有关规定，国家监察委员会负责反腐败国际合作的统筹协调，包括信息交流、司法协助、引渡以及执法合作等。在反腐败国际合作方面，公安机关协助监察机关的情形主要有：

1. 协助查找、缉捕逃亡境外的被调查人。根据《公安机关办理刑事案件程序规定》等有关规定的要求，有关机关查找或者缉捕境外的犯罪嫌疑人、被告人、罪犯，需要通过国际刑事警察组织的，由设在公安部的国际刑事警察组织中国国家中心局向国际刑事警察组织提出。由于国际刑事警察组织的通缉对象是有关国家法律部门已发出逮捕令、要求成员方协助追捕的在逃犯，监察机关需要缉捕逃亡境外的被调查人的，在作出留置决定后，应商请同级检察机关作出逮捕决定。办理案件的监察机关层报国家监察委员会，通过国际刑事警察组织中国国家中心局向国际刑事警察组织提出缉捕请求。

2. 协助开展引渡合作。根据我国《引渡法》及有关条约规定，公安机关负责查找外国请求引渡的人员，采取引渡拘留措施，执行引渡逮捕、引渡监视居住措施，向外方移交人员及涉案财物，并接收外国准予引渡的人员及涉案财物。对于监察机关提出的引渡请求，公安机关在接收外方移交的被引渡人和涉案财物后，应当及时移交提出引渡请求的监察机关；也可以会同监察机关共同接收被引渡人以及与案件有关的财物。除了引渡这种境外追逃的正式渠道和方式外，还可根据实际情况协助采取遣返、劝返等工作方式①。

---

① 参见中共中央纪律检查委员会法规室、中华人民共和国国家监察委员会法规室编写：《〈中华人民共和国监察法〉释义》，中国方正出版社2018年版，第230页。

本章小结

监察协助事项的具体执行需坚持问题导向，突出实务特色，按照监察协助的三种分类，以法律规定和规范性文件等作为协助依据，结合实践中公安机关协助监察机关的实际案例，分析监察协助事项的具体适用情形、执行程序，尤其是针对技术调查、搜查、留置等重点措施协助执行过程中的问题进行分析论证，在回应具体执行的理论困惑与实务难题的研究中进一步探索构建科学完善的监察协助运行程序。

第五章

公安机关执行监察协助的法律责任

“天下之事，不难于立法，而难于法之必行。”法律的生命和权威在于实施，而其实施效果一定程度上由法律责任是否科学合理所决定[①]。法律责任作为“因违反第一性法定义务而导致的第二性法定义务”[②]，具有因侵犯法定权利或违反法定义务而引起、有明确具体的责任主体、由专门国家机关按照特定程序认定以及义务履行的直接强制性等特征。法律责任的设定，为法律所确定的权力与责任、权利与义务关系增强制度刚性，提供有约束力的保障，从而保障权利的实现、促进义务的履行。法律责任的本质在于通过矫正正义来实现分配正义[③]。

从责任理论和办案规律看，不论任何部门办案多么审慎，也无法达到时时处处绝对的完美无缺、毫无失误；即使能达到如此理想状态，如若申请人的主观感受并不尽然，仍要为其保留追究责任、寻求救济的途径和渠道。正如申请行政复议、提起行政诉讼，未必行政机

---

① 参见李培传：《论立法》，中国法制出版社2004年版，第402页。

② 参见张文显：《法学基本范畴研究》，中国政法大学出版社1993年版，第185－186页。

③ 参见郑智航：《从互惠性到宽容性：法律责任构造逻辑的嬗变》，载《山东大学学报（哲学社会科学版）》2018年第2期。

关就一定侵犯了公民、法人和其他组织的合法权益，但申请人“认为”即可提出。尽管从认定标准看，“认为”是一种主观标准，并非客观标准，但将受理条件设定为主观标准，赋予并保障“请求救济权”①，然后通过法定程序对所涉行为进行裁断，从而平息纠纷、化解矛盾，可起到社会矛盾的“化解器”和“减压阀”的作用。同理，如果被调查人及其家属对监察机关和协助执行机关的调查措施不服，应可遵循法定途径追究办案责任、寻求法律救济。因此，公安机关执行监察协助，不可避免会涉及责任划分、责任认定、责任承担等一系列问题。如何解决这些问题，建立科学合理的执行监察协助的责任体系，值得作出前瞻性研究和规范。

第一节　公安机关执行监察协助的责任划分基础

《监察法》的实施，不仅赋予监察机关及有关机关、单位以新的权力，施加新的义务，同时也为监察机关及其工作人员、有关单位和人员、监察对象以及控告人、检举人、证人等主体设定了新的法律责任。监察法律责任与行政责任、司法责任等一起构成了国家责任体系②。科学、合理的监察法律责任，有助于保障《监察法》的实施和权威。在《监察法》及相关法律设定的法律责任框架中，公安机关执行监察协助所产生的法律责任，按照不同的分类标准具有若干责任类型，不同的协助行为适用各自相应的归责原则，在此基础上方能确定责任主体的具体归属。这些是监察法律责任落实的前提和基础。

---

① 参见曹秋龙：《党内“两规”问题的宪法学研究》，华东政法大学2015年博士学位论文，第92－95页。

② 参见莫于川：《论新监察体系中的法律责任机制》，载《现代法治研究》2019年第1期。

一、监察协助的责任类型

法律责任按照不同的标准可以划分为不同的类型。对于公安机关执行监察协助的法律责任，按照责任认定的规范依据不同，可分为政治责任、违法责任、刑事责任；按照责任主体的不同，可分为个人责任、单位责任；按照责任主体和追责主体的关系来分，可分为内部法律责任和外部法律责任；按照受追责行为的形态不同，可分为作为法律责任、不作为法律责任；按照法律责任侧重的功能，可分为否定性责任、补救性责任和惩戒性责任；基于协助活动的特点，还可分为单方协助法律责任、共同协助法律责任；具体到不同行为类型，又可分为监察行为和协助行为均违法的法律责任、监察行为合法但协助行为违法的法律责任、监察行为违法而协助行为合法的法律责任等。

（一）政治责任、违法责任与刑事责任

公安机关执行监察协助的政治责任，是公安机关在执行监察协助时违反党章和其他党内法规的规定，应当在政治上承担的责任。政治责任主要由《中国共产党纪律处分条例》《中国共产党纪律检查机关监督执纪工作规则》《中国共产党问责条例》等党内法规予以规范，具体体现为对党员个人和党组织的党纪处分。基于党纪与国法的有效衔接，党内法规规定的政治责任和国家法律规定的法律责任具有价值追求同向、规范基础融通、微观规则相似等特点①。

公安机关执行监察协助的违法责任，是在执行监察协助过程中，公安机关工作人员违法实施有关行为或未依法履行协助义务产生损害后果，但尚未构成犯罪而应承担的相应法律责任。违法责任主要由《监察法》《公职人员政务处分法》《公务员法》等法律予以规范，具体体现为对公职人员个人的政务处分和行政处分。至于公安机关工作

① 参见秦前红、周航：《党纪处分与政务处分的衔接协调及运行机制》，载《中国法律评论》2021 年第 1 期。

人员个人实施的与履行职责无关的行为，违反《民法典》《治安管理处罚法》等有关法律规定的，亦应依法承担相应的违法责任。

公安机关执行监察协助的刑事责任，是公安机关工作人员执行监察协助时发生严重的失职渎职、滥用职权或贪污贿赂行为构成犯罪，而应承担的法律责任。《监察法》采用援引方式规定有关刑事责任，具体刑事责任的承担适用《刑法》和《刑事诉讼法》的规定。刑事责任是最为严厉的法律责任，公职人员一旦被追究刑事责任，除被依法剥夺人身自由、财产权或政治权利外，公职和党员身份均会丧失，并不得再被录用为公职人员。

（二）作为法律责任与不作为法律责任

公安机关执行监察协助的作为法律责任，是公安机关依法负有协助执行的特定法律义务时，执行协助活动未依照法律规定的条件、程序或范围进行而引起的法律责任。作为法律责任，一般有显性的行为外在表现，对当事人权利的影响也较为直接。

公安机关执行监察协助的不作为法律责任，是公安机关依法负有协助执行的特定法律义务，当监察机关提出协助请求时，能够执行而不予执行、拖延执行或不充分执行所引起的法律责任。不作为法律责任成立的前提条件是公安机关具有相应的协助执行的法定职责，并且在监察机关请求协助时应当提供协助。

一般说来，如果监察协助中公安机关的不作为仅影响监察机关的职责履行，不直接影响监察对象或有关人员的权利，可以由监察机关追究或者公安机关通过内部监督追究法律责任；如果不作为也影响到监察对象及相关人员的权利，产生“内部行为外部化”① 的效果，则可能进入司法程序进行监督追责。

（三）单方协助法律责任与共同协助法律责任

公安机关执行监察协助时，由公安机关以自己名义单方提供协

① 参见唐震：《行政协助行为基本要素解析》，载《政治与法律》2013年第4期。

助，不与监察机关共同执行的，属于单方协助，由此产生的法律责任为单方协助法律责任。比如公安机关执行监察机关决定作出的技术调查、通缉、限制出境措施，仅由公安机关以自己名义提供协助，监察机关本身不执行这些措施。

如由公安机关配合监察机关的执行活动，即与监察机关共同执行的，属于共同协助，由此产生的法律责任为共同协助法律责任。如搜查、留置等措施，监察机关执行时，公安机关协助执行的，可能会产生共同协助法律责任。

（四）监察行为和协助行为均违法的法律责任、监察行为合法但协助行为违法的法律责任、监察行为违法而协助行为合法的法律责任

根据请求协助的监察机关行为和公安机关执行协助的行为是否合法，存在四种情形：请求协助行为合法，协助行为也合法；请求协助行为合法，但协助行为违法；请求协助行为违法，协助行为也违法；请求协助行为违法，但协助行为合法。其中公安机关作为协助机关需要承担法律责任的是第二种和第三种情形。

对于请求协助行为合法，但协助行为违法的，比如，监察机关依法作出技术调查的决定，但公安机关协助执行技术调查时超过法定时限或者范围的，应当由公安机关承担相应的法律责任。对于请求协助行为违法，协助行为也违法的情形，造成的损害后果由监察机关和公安机关共同承担，责任的合理分配应根据各自违法的具体行为及其与损害结果之间的因果关系等因素来确定。不能简单按照强制行为由公安机关实施即判定公安机关应承担主要责任，也不应仅因协助属于辅助地位一律认定公安机关承担次要责任。

至于如果请求协助行为违法，但协助行为是否仍有可能合法，从理论上分析存在此种可能性。因为虽然公安机关的协助执行行为具有从属性、被动性特征，但与监察行为仍是互相独立的，监察机关的调查行为违法并不必然导致公安机关的协助执行行为违法，需要区别分

析请求协助的监察机关与协助执行的公安机关的行为合法性与责任认定问题。从司法实践看，实践中也存在请求协助机关行为违法而协助执行机关的行为被认定为合法的案例[①]。

此外，按照其他分类标准，还存在其他责任类型。比如，公安机关执行监察协助同其他类型的协助活动均具有明显的过程性特点，存在提出协助请求、审查协助请求、执行协助请求等多个环环相扣的阶段；因而按照执行监察协助活动的阶段，监察协助法律责任还可以分为监察机关请求协助的法律责任、公安机关审查协助请求的法律责任、公安机关提供协助的法律责任等。

二、监察协助的归责原则

归责是对行为人应当承担的责任进行认定与归结的过程。归责对行为人而言是负担行为的结果，对受害人而言则是填补其所受的损害[②]。归责原则作为归责的理论依据，通过设定责任的构成要件以及可能的免责事由，对外在的侵害行为、行为人内在的主观心理状态进行评价。归责原则既能在逻辑层面解释责任的构成，又在社会层面寻求支撑责任规范的内在依据[③]，从而使责任追究和承担具有正当性与合理性。

（一）归责的前提与构成

归责的前提是“有责”。“责任”本身即有两层含义：一层含义是分内应做的事；另一层含义是没有做好分内应做的事，因而应当承担的过失[④]。这两层含义分别对应第一性法定义务和第二性法定义务。

---

① 参见郑琳：《论警察协助执行义务》，载《中国刑警学院学报》2018 年第 1 期。

② 参见王利明：《我国〈侵权责任法〉归责原则体系的特色》，载《法学论坛》2010 年第 2 期。

③ 参见魏建新：《违法抑或过错：行政不作为赔偿归责原则的重构》，载《江汉论坛》2018 年第 11 期。

④ 参见中国社会科学院语言研究所词典编辑室编：《现代汉语词典》（第 6 版），商务印书馆 2012 年版，第 1627 页。这里的“过失”不同于法律概念主观过错中的“过失”，应是损害结果之意。

“有责”相应地也体现在两个层面：第一个层面，负有某项法定职责或者应当履行某项义务；第二个层面，因履行或不履行法定职责、法定义务的行为，而对他人权利产生了实质影响，因而应承担相应的否定性后果或不利的法律制裁。符合两个层面上的“有责”，才会涉及归责的问题。比如，有学者讨论的职务协助与执法协助①或者协助中的事实行为和法律行为②中，一般须是实质影响相对人权利行使的执法协助和法律行为，才产生归责问题。

不同的归责原则所确定的责任构成要件不完全相同，但共同的构成要件有四项：行为主体要件，即负有法定职责或某项义务的国家机关、组织、个人；行为要件，即实施侵犯合法权利的行为，或者应实施而未实施法定行为损害合法权利；结果要件，产生损害人身权、财产权或其他合法权利的结果；因果关系要件，行为主体的侵权行为与损害结果之间具有因果关系。

（二）监察协助中的主要归责原则

法律责任的公平合理分配，有助于发挥法律责任的双重功能、实现法的价值目标③。归责不仅出于法律适用的技术设定，更是出于对不同利益的平衡和价值取向的选择。不同的法律制度中，所确立的归责体系不尽一致。如我国侵权责任法构建的多元归责原则体系中，普遍适用的一般原则为过错责任，辅助性原则为公平责任，而过错推定责任和严格责任则是特殊情形下适用的归责原则④。我国现行国家赔偿制度作为特殊的侵权赔偿制度，实行违法归责为主，兼有结果归

① 参见郑琳：《警察协助活动的分类改革与完善路径》，载《苏州大学学报（法学版）》2020 年第 1 期。

② 参见唐震：《行政协助行为基本要素解析》，载《政治与法律》2013 年第 4 期。

③ 参见张骐：《论当代中国法律责任的目的、功能与归责的基本原则》，载《中外法学》1999 年第 6 期。

④ 参见王利明：《我国〈侵权责任法〉归责原则体系的特色》，载《法学论坛》2010 年第 2 期。

责、过错归责的多元归责体系[①]；也有不少国家的国家赔偿制度实行过错归责原则，如美国、日本、法国、德国、意大利等国，并以过错责任客观化的方式来认定是否有过错[②]。对于监察机关行使监察权可能引起的国家赔偿责任，有学者建议适用结果归责原则，理由主要是基于监察调查在性质上与刑事侦查相似[③]。有学者认为，确定监察赔偿的归责原则应实行结果归责原则与违法归责原则相结合[④]的方式。也有学者主张，监察赔偿应当将过错责任作为主要归责原则[⑤]。有关部门主张监察赔偿应当实行违法归责原则[⑥]。由此，对公安机关执行监察协助中归责原则适用的探讨涉及违法归责、结果归责、过错归责等归责原则。

1. 违法归责原则的适用

违法归责原则不论行为人有无主观过错，仅以行为的客观违法为归责标准。1959 年《瑞士联邦责任法》最早确立了违法归责原则[⑦]。违法归责原则是我国国家赔偿法适用的主要归责原则，当国家机关及其工作人员违法行使职权，造成损害的，应承担相应的赔偿责任，同样适用于监察协助有其合理性。违法归责具有双重目的，直接目的是对涉及行为进行是非对错的评价，根本目的是通过对行为的否定评价促进对造成损害的弥补，恢复受损的公平和正义。适用违法归责原则，除四项共同的责任构成要件外，还需符合行为违反法律规定这一

---

① 参见许安标、武增主编：《中华人民共和国国家赔偿法解读》，中国法制出版社 2010 年版，第 9 - 11 页。

② 参见魏建新：《违法抑或过错：行政不作为赔偿归责原则的重构》，载《江汉论坛》2018 年第 11 期。

③ 参见马怀德、孔祥稳：《我国国家赔偿制度的发展历程、现状与未来》，载《北京行政学院学报》2018 年第 6 期。

④ 参见张红：《监察赔偿论要》，载《行政法学研究》2018 年第 6 期。

⑤ 参见王青斌：《论监察赔偿制度的构建》，载《政法论坛》2019 年第 3 期。

⑥ 参见中共中央纪律检查委员会法规室、中华人民共和国国家监察委员会法规室编写：《〈中华人民共和国监察法〉释义》，中国方正出版社 2018 年版，第 283 页。

⑦ 参见魏建新：《违法抑或过错：行政不作为赔偿归责原则的重构》，载《江汉论坛》2018 年第 11 期。

违法要件。

公安机关执行监察协助，违法行使职权，对监察对象及有关人员的合法权利造成损害的，应当承担相应的法律责任。比如，协助监察机关采取搜查措施，超出搜查范围而对涉嫌职务犯罪的被调查人或可能隐藏犯罪证据的人以外的人员进行搜查，即违反《监察法》关于搜查的规定，应当承担相应的法律责任；协助执行留置措施，对被留置人员侮辱、打骂、虐待、体罚或者变相体罚的，违反《监察法》关于留置的规定，应当承担相应的法律责任；执行监察协助的人民警察对被调查人员及相关人员使用武器、警械，超过制止违法犯罪的必要限度，故意造成人身伤害的，违反《监察法》《人民警察使用警械和武器条例》，也应当承担相应的法律责任。

2. 结果归责原则的适用

结果归责原则在确定责任是否成立时，以行为造成的结果作为应否承担责任的判定依据，并不受行为人是否存在主观过错、行为是否违法的制约。结果责任是基于朴素的公平正义观念产生的最古老的归责原则，古代“以眼还眼、以牙还牙”的同态复仇即是结果归责原则的一种体现。适用结果归责原则的理论基础，有刑事政策说、社会保险说、公平说、法律义务说等学说[①]。其根本价值追求在于为了实现社会性的利益均衡而对个人不幸受到的损害进行合理分配[②]。对于个人或组织因监察权的行使和协助实施受到损失的，由国家承担赔偿，这也正是国家赔偿制度最初起源于公共负担思想的体现，因而在将违法归责原则作为主要归责原则的基础上，还需要采用结果归责原则作为补充。

结果归责原则注重对既存损害合理分配负担，以恢复受损的权利

① 参见许安标、武增主编：《中华人民共和国国家赔偿法解读》，中国法制出版社2010年版，第81页。

② 参见张红：《监察赔偿论要》，载《行政法学研究》2018年第6期。

和秩序为目的。依据结果归责原则确定责任时，考察的是实际发生损害的客观事实，而不是行为人故意或过失的主观状态，承担责任也不意味着国家和社会对行为的谴责或非难，而是为恢复权利作出的损害结果分担的制度设计。为此，结果责任的设定一般需通过法律明确规定责任承担的具体情形、范围幅度。《国家赔偿法》中适用结果归责原则的情形，涉及已执行的逮捕、自由刑和财产刑。公安机关执行监察协助适用结果归责原则的情形主要出现在协助执行留置措施中。例如，留置措施虽系按照法定条件和程序采取，但其后监察机关撤销案件对被留置人员终止追究刑事责任的，应当适用结果归责原则对被留置人员予以国家赔偿。

《监察法实施条例》列举的五种赔偿情形中，三种造成财产损害和人身伤亡的适用违法归责原则，留置适用的是结果归责原则；至于作为兜底的“其他侵犯公民、法人和其他组织合法权益造成损害的”则指向不明，适用何种归责原则尚不明确。从以上规定可以判定监察协助中的归责原则采取的是违法归责与结果归责相结合的方式。

3. 关于过错归责原则的讨论

过错归责原则在对某项行为追究责任时，以行为主体是否存在主观上的过错作为判定是否承担责任的依据。适用过错归责原则时，行为主体有权进行免责抗辩：如果能够证明自己不存在故意或者过失的主观过错，则可免予承担责任。当然过错归责原则要求过错要件，是比较结果责任而言的，并不意味着仅要求过错一个要件，责任的四个共同构成要件仍要具备才能成立过错责任。

过错责任是逻辑力量、道德价值和责任自负的体现，是在受害人救济和社会一般行为自由之间实现平衡的重要价值判断依据①。19 世纪，过错责任出现之初，强调对个人人格的绝对尊重，只有道德上具

① 参见王利明：《我国〈侵权责任法〉归责原则体系的特色》，载《法学论坛》2010 年第 2 期。

有非难性和可谴责性的行为才能被追究责任[①]。20 世纪上叶出现过错责任客观化现象，采取客观的认定标准而不是行为人个人的主观认识，作为判断侵权人有无过错的标准，如英美法中拟制的“合理人”标准和我国民国时期的“善良管理人”标准[②]。

过错责任对私法责任确立依据带来重大影响[③]，是民法领域尤其是侵权责任范围内适用最广的归责原则。但在公法领域适用范围却较窄，像《国家赔偿法》规定的行政赔偿、刑事赔偿、司法赔偿三类赔偿类型中，仅有司法赔偿中“对判决、裁定及其他生效法律文书执行错误，造成损害的”这一种情形，方才适用过错归责原则。在监察协助中，对于是否有必要引入过错归责原则，有学者主张，《国家赔偿法》作为侵权法的一个特殊分支，两者在基本原理上存在诸多共通之处，从“应然”角度分析，过错责任应当作为我国国家赔偿的主要归责原则，相应地，监察赔偿也应以过错责任为主要归责原则[④]。

引入过错责任固然能一定程度上强化包括监察机关、公安机关等国家机关工作人员的责任感，督促其更好地依法履行法定职责；然而，监察协助的法律责任如采取过错归责原则，将难以实际适用。这是因为过错归责原则采取“谁主张，谁举证”的证明规则，受害人要提出损害赔偿的要求，需要就行为人具有过错提出证明[⑤]。不同于普通民事侵权中双方是平等民事主体，在监察权等公权力行使的领域，国家机关作为权力主体是拟制的“人”，且权力的行使虽有着内部纵向层级和横向部门的划分，但上下层级之间的事权划分往往并不够清

---

① 参见徐国利：《论行政问责的责任与归责原则》，载《上海行政学院学报》2017 年第 1 期。

② 参见魏振瀛：《侵权责任方式与归责事由、归责原则的关系》，载《中国法学》2011 年第 2 期。

③ 参见魏建新：《违法抑或过错：行政不作为赔偿归责原则的重构》，载《江汉论坛》2018 年第 11 期。

④ 参见王青斌：《论监察赔偿制度的构建》，载《政法论坛》2019 年第 3 期。

⑤ 参见王利明、杨立新编著：《侵权行为法》，法律出版社 1996 年版，第 37－38 页。

晰，横向部门职责的区分有时也会发生交叉现象。加之国家机关工作人员服从和执行上级命令的义务，如要确定公权力产生损害的主观过错究竟来自哪个或者哪些作为自然人的公职人员并非易事，难以直接适用自然人的主观过错标准衡量公权力行使中的主观过错。这也应是国家赔偿法之所以采取违法原则而不是过错原则为主要归责原则的内在逻辑。因此，监察协助不宜采取过错归责原则。

（三）多种归责原则的运用——以留置措施为例

一个侵权行为在不同的场景中，可以适用不同的归责原则。《国家赔偿法》中的典型场景是刑事拘留，根据《国家赔偿法》的规定分别适用违法归责和结果归责两种归责原则①。在监察协助中，较为复杂的是留置措施如何确定适用的归责原则。

将留置与刑事拘留、逮捕措施进行比较分析可见：在人身自由限制的强度上，留置与拘留、逮捕相似，都是对人身自由的完全剥夺。在刑事诉讼活动中的作用上，留置措施作为案件调查阶段的措施，其后又可与逮捕措施相衔接，与拘留相似。在适用条件上，拘留对象是现行犯或重大犯罪嫌疑分子，逮捕对象是有证据证明有犯罪事实、可能判处徒刑以上刑罚的犯罪嫌疑人、被告人；留置对象是涉嫌严重职务违法犯罪，已经掌握其部分违法犯罪事实及证据的被调查人，留置与逮捕更为相似。在限制人身自由的期限上，留置一般不超过 3 个月、特殊情况下延长至 6 个月，逮捕一般不超过 2 个月、特殊情况下延长至 7 个月，留置也与逮捕相似。虽然留置并不属于《刑事诉讼法》规定的强制措施，但其对人身自由限制的强度、期限同作为刑事强制措施的逮捕类似，而对于错误的刑事强制措施适用结果归责原则，是世界各国和地区通行的做法②。因而，逮捕适用的结果归责原

---

① 对于公安机关违法拘留的，适用违法归责原则；对于依法拘留但超过法定时限，并且其后终止追究刑事责任的，适用结果归责原则；对于依法拘留且未超过法定时限，但其后终止追究刑事责任的，不承担国家赔偿责任。

② 参见张红：《监察赔偿论要》，载《行政法学研究》2018 年第 6 期。

则对留置措施的归责原则确定更具借鉴意义。

监察机关采取留置措施、公安机关协助执行留置措施，对被留置人员造成损害的，如何进行归责需分析不同的情形：

1. 采取留置措施违法，其后被留置人员被判处刑罚的。违反《监察法》规定的留置条件、程序采取留置措施，侵犯了被留置人员的人身自由权，是否应对其受到的损害进行赔偿，《监察法》和《监察法实施条例》均未规定此种情形的赔偿问题。根据《国家赔偿法》并未将违法拘留、逮捕后被判处刑罚的情形纳入国家赔偿范围的立场，对此种情形中因违法留置给被留置人员造成的损害不需承担赔偿责任。这是因为虽然留置措施本身违法，但被留置人员被判处刑罚，按照留置1日折抵管制2日、折抵拘役或有期徒刑1日，被留置人员因违法留置受到的损害可以通过刑期折抵得到弥补。

然而，不承担国家赔偿责任并不等同于对办案人员的免责。《监察法》对违反规定采取留置措施、不解除法定期限届满的留置措施规定了相应的领导责任和直接责任。监察机关、公安机关亦应总结执法过程中的问题、汲取教训，对其依照《监察法》及相关规定追责。由于监察机关采取留置措施违法的，公安机关协助执行本身并不必然违法，是否对公安机关协助执行人员追责应视协助执行留置本身是否违反《监察法》及相关规定的情况来具体确定。

2. 采取留置措施违法，对被留置人员终止追究刑事责任的。对于被留置人员被法院判决无罪、检察机关决定不起诉或者监察机关撤销案件的，不同于第一种情形，无法通过刑期折抵弥补其受到的损害，因而违法采取留置措施后终止追究刑事责任的，应适用违法归责原则，由监察机关对被留置人员予以赔偿。如果决定采取留置措施合法，仅因公安机关未依照留置决定的要求协助执行而导致留置违法，则应由公安机关承担相应的赔偿责任。同样，对于违法采取留置的领导人员、直接责任人员，应依照《监察法》及相关规定追责。

3. 依法采取留置措施，其后对被留置人员终止追究刑事责任的。此类情形中，不论监察机关工作人员是否存在主观过错，应当适用结果归责原则，由监察机关承担法律责任。根据《监察法实施条例》的规定，监察机关采取留置措施后撤销案件，即使采取留置措施是合法的，被留置人员也有权请求赔偿。这是因为在案件调查之初，无法立即达到“犯罪事实清楚，证据确实充分”的证明要求，为防止被留置人员妨碍调查，在符合法定情形时采取留置措施，实际上确实可能产生事实上错误而形式上合法的情况。为了有效打击、预防反腐败犯罪活动，维护社会公共利益，对于被留置人员受到的损害不应由其自行承担，也不应由办理案件的监察机关工作人员个人承担，而应由社会共同负担，通过国家赔偿的方式承担责任。

4. 协助执行留置过程中，公安机关工作人员对被留置人员实施殴打、虐待等行为造成其身体伤害或者死亡的。殴打、虐待、体罚、变相体罚被留置人员，办案人员主观过错明显，尤其是这些行为必然违法，在任何情况下不存在合法的可能性。不论被留置人员之后是否被判处刑罚，都应对殴打、虐待等行为适用违法归责原则，公安机关承担国家赔偿责任后，向有关人员再进行追偿。除赔偿责任，根据《监察法》《监察法实施条例》的明确规定，对实施虐待、体罚被留置人员行为的责任人员应予以政务处分；情节严重构成犯罪的，还应依法追究有关人员的刑事责任。

三、监察协助责任主体的确定

归责原则认定责任成立之后，即需确定具体的责任主体，法律责任才真正开始从抽象走向具体。确定责任主体掌握的基本标准主要有：一是责任法定。根据法律规定责任主体负有法定职责，但责任主体因未履行或未完全履行而违反法定职责，由此产生的后果承担也有法律的明确规定。二是权责一致。责任主体所承担的法定职责与其被赋予的权力相一致，同时也应因其行使权力而承受相应的法律后果。三是过责相当。责任的追究应同行为性质、情节和后果相适应，还应考虑损害承担在行为人与受损害人之间的合理分配、责任承担在不同行为人之间的合理分配。

（一）根据协助类型确定责任主体

有学者提出，对于监察协助的法定协助事项，公安机关自行承担外部法律责任；对于委托协助事项，作为委托人的监察机关首先承担相应法律责任，而公安机关则根据不同情况对外承担连带责任或对监察机关承担机关间责任①。也有学者建议按照职务协助和执法协助来区别请求协助机关与被请求协助的警察机关行为的合法性：对于职务协助，被请求主体与请求主体仅发生内部法律关系，警察机关一般不会对外承担法律责任；对于执法协助，应综合考虑因果关系及过错程度分别认定请求协助机关的基础行为和警察机关的协助行为是否合法②。还有学者认为，应考虑内部协助与外部协助的区分来确定协助法律责任的分配，责任的追究形式和认定的内容因其涉及的法律关系主体不同而不同③。

上述对请求协助机关或执行协助机关的责任分配，区分类型不同，各自从不同角度进行论述，根本上都是以协助机关的行为是否对外产生法律关系即以是否实际影响相对人的权利作为标准，这正是关键所在。如公安机关交通管理部门作出检验、鉴定、认定结论，其性质是针对客观事实作出科学的结论，可以作为办理行政案件的证据；但是，作出结论本身不直接确定当事人的权利义务，而是由据此作出的案件处理决定来确定。因此，对于公安机关交通管理部门的检验、

① 参见江国华、张硕：《监察过程中的公安协助配合机制》，载《法学研究》2019 年第 2 期。

② 参见郑琳：《警察协助活动的分类改革与完善路径》，载《苏州大学学报（法学版）》2020 年第 1 期。

③ 参见黄学贤、吴志红：《行政协助程序研究》，载《行政法学研究》2009 年第 4 期。

鉴定、认定结论有异议的，不直接对此进行法律责任的评判[①]。但这并不妨碍当事人的合法权利行使，因为法律法规已经赋予了当事人申请重新检验、鉴定、认定的权利，并明确了相关法律途径，像《道路交通事故处理程序规定》（2017 年修订）第 55 条、第 56 条有相应规定。如果当事人不服检验、鉴定、认定结论，可以通过相应的法律途径予以解决。

公安机关执行监察协助，按照监察协助的三种类型，也会有不同的责任主体确定方式。对于法定协助，协助执行行为以公安机关名义作出，且对被调查人及相关人员的权利造成直接的实际影响，因执行法定协助而损害被执行人的合法权利的，公安机关则应承担法律责任。比如执行技术调查、限制出境、通缉等措施，未依法执行或未依照监察机关协助请求的范围执行而造成损害，侵害被调查人合法权利的，公安机关应当承担法律责任。在酌定协助和商定协助中，虽然协助执行行为仍以公安机关名义作出，但需要根据协助行为是否会对被调查人及相关人员的权利造成实际影响而定，不能一概而论。如公安机关提供所掌握的数据、信息，辅助监察机关确定行为人的行踪轨迹，而不直接限制行为人的人身自由，监察机关对行为人采取留置措施，因留置措施违法产生法律责任的，由监察机关而非公安机关承担责任。

此外，监察机关提出协助请求后，如果公安机关提供设备或者派遣人员协助监察机关执行职务，受派遣的人员临时受监察机关领导指挥，而不是以公安机关名义参与协助活动，这时会出现“执法资源混同”的现象[②]。此种情形在实践中并不鲜见，往往通过监察机关从公

① 全国人民代表大会常务委员会法制工作委员会作出的《关于交通事故责任认定行为是否属于具体行政行为，可否纳入行政诉讼受案范围的意见》（法工办复字〔2005〕1号）中也指出，交通事故责任认定行为不属于具体行政行为，不能向人民法院提起行政诉讼。

② 参见唐震：《行政协助行为基本要素解析》，载《政治与法律》2013 年第 4 期。

安机关抽调、借调人员的形式发生。这时参与协助的公安机关工作人员虽然行政关系上仍隶属于公安机关，但在实施协助时系以监察机关名义，基于信赖利益保护和外部法律关系的稳定性考虑，仍应由监察机关作为责任主体。

（二）根据协助范围确定责任主体

国外有些立法对协助活动中责任主体的责任范围作出了规定，确定监察协助的责任主体亦可借鉴。如，根据《德国行政程序法》的规定，对于采取措施的合法性由请求协助机关负责，而职务协助的具体实施则由被请求机关负责①。《德国联邦与各邦统一警察法标准草案》规定，警察在提供协助时，只对提供协助的方法负责②。

我国法律没有对请求协助机关和执行协助机关的责任范围作区分，但一些规范性文件可以显示有关部门对协助行为如何归责的态度。例如，2013 年《公安机关办理刑事案件适用查封、冻结措施有关规定》中规定了公安机关请求其他部门或单位提供协助的责任承担问题，其中明确在办理刑事案件过程中，公安机关违反有关规定适用查封、冻结措施而导致国家赔偿的，公安机关应当承担相应的赔偿责任，协助公安机关执行的部门和单位并不承担赔偿责任，但有关部门或单位协助执行的行为与请求协助执行的法律文书不一致的除外。

照此原则和逻辑，公安机关执行监察协助，在监察机关请求协助事项范围内依法执行的，不承担法律责任，执行事项造成损害的，由提请协助的监察机关作为责任主体承担责任。但公安机关超出监察机关请求协助事项范围，违反法律规定的，则公安机关应承担相应的法律责任。

此外，在依申请启动责任追究程序时，申请人的请求也会影响责

---

① 参见黄学贤、吴志红：《行政协助程序研究》，载《行政法学研究》2009 年第 4 期。

② 参见李震山：《警察行政法论——自由与秩序之折冲》，台北，元照出版有限公司 2009 年版，第 470 页。

任主体的确定。如果申请人对监察机关采取监察措施或作为请求机关未及时依法提出协助请求不服，应当由监察机关作为责任主体。如果申请人的请求仅针对公安机关提供的协助或拒绝提供协助，应当由公安机关作为责任主体。如果申请人对请求协助行为和提供协助行为均不服，则应当由监察机关和公安机关作为共同的责任主体。当然，这些情形中责任主体究竟是否承担责任，还需有权机关进一步作出裁断。

（三）公安机关内部责任主体的确定

按照协助类型、协助范围、申请人请求等方式确定责任主体，着眼于公安机关与监察机关之间责任的分配。在确定由公安机关应承担法律责任后，如何落实到具体的机关、部门或人员，还涉及公安机关内部的责任主体。

原则上，具体的责任主体需要符合三个条件：一是能够以自己名义对外行使权力；二是行使权力的行为侵犯公民、法人或者其他组织的合法权利；三是行使权力的行为与合法权利受到损害之间具有因果关系。其中首要条件是主体资格。

1. 主体资格。公安机关执行监察协助的责任主体必须是具有外部管理职能、能够对外以自己名义行使权力的公安机关或者内设部门。没有外部职能的内设机构，比如人事、法制部门以及大部分的警种部门，均不能成为责任主体，而应以其所属公安机关为责任主体。根据《公安机关办理刑事复议复核案件程序规定》《公安机关办理行政复议案件程序规定》《公安机关办理国家赔偿案件程序规定》等有关规定精神，公安部、省级公安厅（局）、市县级公安局以及县级以上地方公安机关内设的公安交通管理机构、出入境边防检查站、公安派出所有权依法以自己名义对外行使权力，可以成为执行监察协助的责任主体。

2. 因果关系的判定。实践中存在两个或者两个以上公安机关同时向监察机关提供协助的情况，如何认定这些提供协助行为与损害之间的因果关系，影响责任主体的确定。上下级公安机关或者不同地方公安机关在同一案件中就同一措施向监察机关提供协助，常见情形如执行通缉、限制出境等，往往涉及多个公安机关。确定协助行为是一个公安机关作出还是两个以上公安机关共同作出，最直观的依据在于公安机关提供协助时的法律文书或文件落款是哪个或哪些公安机关，加盖了哪些机关的印章。还有些措施需要经上级公安机关批准，如采取限制出境措施需要省级以上公安机关批准，此时责任主体的认定应以在对外发生法律效力的文书上加盖印章的公安机关为准。

3. 个人责任的承担。由于机关的行为须通过其内部工作人员作出，对于机关承担法律责任的，往往还会涉及对个人的追责。如《国家赔偿法》明确规定，赔偿义务机关赔偿后，应当向有法定情形的工作人员追偿部分或者全部赔偿费用。那么，如何把握在执行监察协助中作为工作人员的个人的责任？人民警察必须执行上级的决定和命令是《人民警察法》明确规定的义务，这一义务同样适用于上级关于执行监察协助的决定和命令。即使人民警察认为上级的决定和命令有错误，可以按照规定提出意见，但也不得中止或者改变决定和命令的执行，人民警察执行决定和命令的后果由作出决定和命令的上级负责。有权拒绝执行的情形仅限于上级指令超出了人民警察的法定职责范围。《新加坡警察法》也有类似规定，要求警察应遵从合法的命令，对于警察的诉讼案件，如果警察有证据证明是按照上级的授权令所为，法院应当作出有利于警察的判决或者免予起诉[①]。这是因为公安机关及人民警察的性质定位决定了人民警察必须做到令行禁止，纪律严明至关重要[②]。为支持人民警察依法履行职务，解除执法被追责的

① 参见《新加坡警察法》第 21 条、第 25 条。参见刘伯祥主编：《外国警察法》，中国法制出版社 2007 年版，第 81 页。

② 人民警察训词和入警誓词中均强调“纪律严明”。

后顾之忧，对人民警察依法行使职权但造成损害的，应建立依法免责的执法保障制度，对于造成的损害不是由执法民警个人赔偿而是由所属单位按照规定补偿。人民警察承担个人责任的情形应基于个人的重大过失或故意，比如在执行监察协助过程中，殴打、虐待被调查人，违法使用警械、武器，贪污受贿、徇私舞弊等。此时所属公安机关应当追究个人的责任；有关人员构成犯罪的，还涉及刑事责任的承担。

第二节　公安机关执行监察协助的责任认定形式

法律责任的认定形式总体上可分为两大类别：一类是外部形式，通过外部权力制衡实现；另一类是内部形式，通过内部监督制约实现。两种形式各有所长：外部形式的权力来自外部，具有中立性特点，能够体现权力制衡要求，有效约束和制约权力，因而较易被接受，公信力较高。内部形式的权力来自本系统或部门，具有快捷性、权威性的特点，上级可以指令下级或者在本级内部予以纠正，对机关的信用损害小，纠错的时间成本低，可以更快地救济受损的权利、恢复重建秩序。

公安机关执行监察协助，所产生的法律效果既涉及请求协助的监察机关履行职责的保障，往往也关系到监察对象及相关人员合法权利的保护。为了实现两方面的法律效果，来自内部和外部的责任追究主体可以启动内部责任和外部责任的追究，将公安机关执行监察协助的责任认定实行内外部形式相结合的方式，有助于完善同体追责与异体追责并重的完整追责程序，架构多元化的法律责任体系。根据《监察法》的直接规定、援引性规定和其他相关法律规定，公安机关执行监察协助主要涉及监察机关、检察机关的责任认定，国家赔偿中的责任认定，以及公安机关的责任认定等多种认定形式。其中监察机关、检察机关的责任认定属外部认定形式，公安机关的责任认定属内部认定形式，而国家赔偿中的责任认定则内外部认定形式特点兼有。

一、监察机关的责任认定

《监察法》作为对国家监察工作起统领性和基础性作用的基本法律，加强对所有行使公权力的公职人员的监督，是其重要的立法目的，强化监督问责、有效制约和监督权力是监察机关的法定职责。公安机关执行监察协助是公职人员行使公权力的重要方面，自然应接受监察机关的监督，监察机关在监督过程中有权认定公安机关的法律责任。

（一）监察机关责任认定的主要程序

监察机关对公安机关执行监察协助责任的认定，其来源主要有如下几种途径：其他国家机关移送的问题线索、群众的报案或举报、监察工作中发现的问题线索等。公安机关工作人员在执行监察协助活动中存在违法违纪行为的线索，监察机关依照有关规定提出处置意见；需要核查的，监察机关成立核查组进行初步核查，被调查人所在的公安机关应当予以配合。发现监察对象涉嫌职务违法犯罪、需要追究法律责任的，办理立案手续，进行监察调查。根据调查结果，监察机关分别作出政务处分、提起公诉、提出问责建议或监察建议等处理。被调查人对其处理决定不服，可以申请复审复核；认为监察机关办理案件侵害其合法权益，可以通过申诉复查程序提出。复审复核和申诉复查都是两级处理模式，经过两级处理仍不服的，不能提起诉讼。

（二）监察机关责任认定的法律依据

对于公安机关执行监察协助，监察机关可以通过一般监督与特别监督，或称普通监督与特殊监督两种方式进行责任认定。一般监督是适用于所有公职人员的监督，包括依法履职、廉洁从政、道德操守等方面的监督，对涉嫌职务违法和职务犯罪进行调查，对违法的公职人员给予政务处分等。特别监督是专门针对执行监察协助活动的监督，即对拒绝执行监察协助或在执行监察协助过程中存在失职渎职等行为的监督。有学者认为，监察机关在行使职权、履行职责的过程中，公安机关等负有协助法定义务的机关违反协助义务，拒绝协助或在实施协助过程中存在不法行为的，应当按照《监察法》第62条规定承担相应的法律责任①。是否将《监察法》第62条作为公安机关执行监察协助的责任认定依据，应结合《监察法》《监察法实施条例》的有关规定及文意语境进行分析。

总览《监察法》第八章“法律责任”，除监察机关及其工作人员、监察对象的法律责任以及刑事责任外，有关单位和人员的法律责任主要集中在第62条和第63条。第62条针对的是不执行监察机关的处理决定和不采纳监察建议。其中，“处理决定”一般是监察机关依法作出的政务处分决定、问责决定和问责建议，一经作出，即产生法律效力，具有强制性。监察对象或有关单位有异议的，也无权拒不执行，而应按照法定程序提出②。《监察法实施条例》出台后对“处理决定”作了进一步明确，包括政务处分决定；问责决定；谈话提醒、批评教育、责令检查，或者予以诫勉的决定；采取调查措施的决定；复审、复核决定等。虽然将“采取调查措施的决定”列入处理决定，但既然作为处理决定的一种形式，应是针对被调查对象而言；如果监察机关针对公安机关工作人员涉嫌职务违法犯罪活动进行调查处理，而所在单位拒不配合、不执行有关决定，属于《监察法》第62条规定的范围。对于违反协助执行义务的，并非拒不执行监察机关作出的处理决定，按照《监察法》第63条第1项规定的“不按要求提供有关材料，拒绝、阻碍调查措施实施等拒不配合监察机关调查”追责更

---

① 参见姜明安：《论监察法的立法目的与基本原则》，载《行政法学研究》2018年第4期。

② 参见中共中央纪律检查委员会法规室、中华人民共和国国家监察委员会法规室编写：《〈中华人民共和国监察法〉释义》，中国方正出版社2018年版，第267页。

为适宜。尽管有关部门将此项解释为“主要是指监察对象及相关人员”故意拖延履行或者拒绝履行，拒绝、阻碍搜查、留置等调查措施实施[①]，但从文本解释角度分析此条表述，其并未对此条仅适用于监察对象作出限制，对于包括公安机关在内有义务向监察机关提供协助的机关，其工作人员也有适用此项规定的可能性。

（三）监察机关责任认定的具体主体

监察机关有权依照管理权限对公安机关拒绝执行监察协助，或在执行监察协助过程中存在失职、渎职等行为依法追究相关法律责任。然而，如若在具体执行中，公安机关和监察机关之间就是否应协助和如何协助存有争议，则不应由作为争议一方的监察机关就争议进行处理。

首先，这显然与“任何人不得自己做自己案件的法官”这一经典的正当法律程序要求相悖。否则，无论出于何种理由或考虑，没有任何机关敢于拒绝执行协助，至于审查协助请求也就失去了意义，请求协助和执行协助间的权力制约将完全丧失。

其次，即使因不协助而应由监察机关追究责任，也不适宜由此前请求协助的监察机关处理。我国法律法规对此类协助争议如何处理没有明确规定，但一些相关规定的精神值得借鉴。例如，公安机关关于办理辩护人犯罪案件的管辖规定要求，公安机关在办理辩护人因干扰诉讼活动涉嫌犯罪的案件时，办理辩护人所承办案件的公安机关及其下级公安机关均不得办理辩护人犯罪案件，以保障辩护人依法辩护，不受不当压力的影响和干扰，同时也避免对公安机关可能会“暗箱操作”的猜疑，维护公安机关的执法公信力。因而，为防止不必要的质疑，对于监察机关与公安机关执行协助的争议，由请求协助的监察机关的上级机关商请同级公安机关作出认定处理，应是较为可行的方式。

---

① 参见中共中央纪律检查委员会法规室、中华人民共和国国家监察委员会法规室编写：《〈中华人民共和国监察法〉释义》，中国方正出版社2018年版，第269页。

二、检察机关的责任认定

检察机关的宪法定位是国家的法律监督机关，《行政诉讼法》《刑事诉讼法》《民事诉讼法》三大诉讼法均明确规定了人民检察院依法对诉讼活动的法律监督。对于公安机关执行监察协助的行为，检察机关在法律监督过程中有权认定公安机关的责任。

（一）检察机关责任认定的时间

检察机关对公安机关执行监察协助相关责任的认定可以从何时启动，有学者认为，在监察调查阶段，检察机关对公安机关协助监察机关执行活动是否合法进行监督的时间节点，应在监察机关采取留置措施之后，发现公安机关行为违法或造成严重后果的，有权建议监察机关通知公安机关停止协助执行、变更协助执行单位或人员等[①]。

根据《监察法》和《刑事诉讼法》的规定，在刑事诉讼活动中检察机关对监察机关的监督，主要体现在审查起诉活动中的退回补充调查、自行补充侦查以及不起诉决定。为与《监察法》有机衔接、相互协调，2018 年《刑事诉讼法》修改时，在明确规定检察机关有权对“侦查活动是否合法”进行监督的同时，已将“侦查”的定义作了调整，明确将监察机关办理监察案件的调查活动排除在侦查之外。基于监察调查的性质，在监察案件移送审查起诉之前，检察机关对监察机关的调查活动不能进行诉讼监督，似也应无权在此阶段对监察机关要求公安机关协助以及公安机关提供协助活动当然地作出责任认定，而应在监察案件移送审查起诉之后。对于将公安机关协助监察机关的活动归为侦查措施，从而按照检察机关可以对公安机关侦查活动依法进行监督的逻辑，来推论检察机关对公安机关协助监察机关的活动自然拥有监督权，至少在当前似乎还存在一定障碍。随着监察体制改革的不断推

① 参见徐汉明、李少波：《〈监察法〉与〈刑事诉讼法〉实施衔接路径探究》，载《法学杂志》2019 年第 5 期。

进，对一些理论和现实问题研究更为深入，相关法律的衔接也会更为顺畅，也许将来对监察调查犯罪活动纳入刑事侦查范围能够达成共识，届时将检察机关的法律监督权延伸至监察调查阶段，才能水到渠成。

那么，当检察机关应监察机关商请，提前介入监察案件时，是否有权对监察调查活动及协助活动进行监督并追责？根据《人民检察院刑事诉讼规则》《国家监察委员会与最高人民检察院办理职务犯罪案件工作衔接办法》等规定，提前介入主要是对证据标准、事实认定、案件定性及法律适用提出意见，需要补正的由监察机关予以补正，并审查是否需要采取强制措施，未涉及监督调查活动[①]。与提前介入公安机关侦查的犯罪案件不同，检察机关介入监察案件的时间是在监察案件进入监察机关的案件审理阶段之后到移送检察机关审查起诉之前，且须经监察机关商请，而不能自行认为有必要而主动介入；其重点在于提前审查是否符合起诉条件，而不是监督调查活动的合法性与合理性。提前介入并非监督程序。检察机关在提前介入监察案件时发现公安机关执行监察协助活动存在违法情形的，从排除非法证据的角度可以建议监察机关通知公安机关停止协助执行，但不宜由检察机关直接通知公安机关停止协助执行。这是因为公安机关执行监察协助，是应监察机关请求，而如检察机关通知停止，将会导致公安机关执行时无所适从，造成监察协助执行的困扰和无序。

（二）检察机关责任认定的主要情形

检察机关对公安机关执行监察协助的责任认定，主要涉及以下情形：

1. 对于监察机关已经采取留置措施的，检察机关决定是否需要采取逮捕、取保候审、监视居住措施时，对留置措施的适用进行监督。比如，公安机关协助执行监察留置，执行留置时间是否超过法定期限

---

① 参见《人民检察院刑事诉讼规则》（高检发释字〔2019〕4号）第256条，《国家监察委员会与最高人民检察院办理职务犯罪案件工作衔接办法》（国监办发〔2018〕1号）第12条至第15条。

或监察机关决定的时限，是否存在虐待、体罚等侵犯被留置人员合法权利的行为。

2. 检察机关审查起诉时，可以对公安机关协助监察机关采取调查措施进行审查，查看是否有完备的法律手续和诉讼文书，是否符合法定情形；可以审查协助收集证据活动是否合法，有无应当排除非法证据的情形；还可以审查协助查封、扣押涉案财物是否依法实施并妥善保管等。检察机关经过审查，有权依法排除非法证据，退回补充调查或自行侦查取证。

3. 检察机关发现公安机关工作人员在执行监察协助过程中，利用职权实施非法搜查、非法拘禁行为，涉嫌构成犯罪的，予以立案侦查，追究有关人员的刑事责任。发现涉嫌贪污贿赂、滥用职权、玩忽职守等行为，涉嫌构成监察机关管辖的犯罪的，将案件线索移送监察机关。

4. 公安机关在执行监察协助过程中使用武器造成人员伤亡的，检察机关有权依照《人民警察使用警械和武器条例》的规定，对使用武器是否合法、是否适度进行责任认定。

三、国家赔偿中的责任认定

国家赔偿程序由赔偿请求人提出赔偿请求启动，赔偿义务机关作出先行处理，并以人民法院判决为最终决定。在此种意义上，国家赔偿既包含内部程序，又包含外部程序。

公民的国家赔偿权是宪法赋予的基本权利。国家赔偿的正当化、制度化程度是衡量国家法治现代化的一个重要尺度。国家赔偿制度兼具监督与救济的双重目的。尽管其本质在于损害救济，责任追究或惩罚并非主要用意①；但国家赔偿仍不失为一种重要的责任追究制度，尤其是赔偿义务机关还可以向有关责任人员追偿更体现了这一功能。

① 参见马怀德、孔祥稳：《我国国家赔偿制度的发展历程、现状与未来》，载《北京行政学院学报》2018年第6期。

《监察法》明确了国家赔偿责任的适用，有关部门也曾表示《国家赔偿法》将于《监察法》出台后进行修改，规定监察机关的国家赔偿责任[①]，但至今《国家赔偿法》尚未修改以回应监察赔偿立法的需求，未能体现监察赔偿的一系列制度设计问题。2021 年 9 月实施的《监察法实施条例》对监察赔偿的范围、赔偿义务机关、赔偿程序和赔偿方式作了原则规定；但与《国家赔偿法》的规定相比还较为笼统，尤其是赔偿程序的规定过于简略。因此，《监察法实施条例》关于监察赔偿的规定仍属衔接性规定，对监察赔偿制度的主要内容仍需由《国家赔偿法》进一步作出规定。

（一）监察赔偿范围

监察赔偿范围是归责原则的外在表现。《监察法》和《监察法实施条例》对赔偿范围的规定不够全面，监察赔偿范围的立法模式有待完善，一些具体情形是否纳入、如何纳入赔偿范围还需明确。

1. 监察赔偿范围的立法模式。现行《国家赔偿法》采取权利标准与行为方式相结合的模式，以列举方式规定行政赔偿和刑事赔偿范围，在三个层面对赔偿范围作出界定：首先明确纳入国家赔偿范围的法定权利类型为人身权和财产权，其次明确列举侵权行为种类，最后明确列举免责事由，构成正反两面的界定。《监察法》未明确规定监察赔偿范围，《监察法实施条例》将申请国家赔偿的情形界定为五种。其中三种针对侵害人身权利，涉及留置、人员伤亡、非法剥夺人身自由；一种针对侵害财产权利，即违法查封、扣押、冻结、没收、追缴财物；还有一种兜底情形。可见，《监察法实施条例》仅在列举侵权行为种类一个层面上作出了规定。

然而，一个层面的规定难以对监察赔偿范围作出准确界定。《监察法实施条例》中赔偿范围规定兜底条款的方式，作为不能穷尽列举

---

① 参见中共中央纪律检查委员会法规室、中华人民共和国国家监察委员会法规室编写：《〈中华人民共和国监察法〉释义》，中国方正出版社 2018 年版，第 284 页。

时常用的立法方式，能够增加规定的包容性和灵活性，适应实践中的复杂情况。但问题在于侵犯“合法权益”包括哪些合法权益未予明确，容易引起分歧和争议。《国家赔偿法》关于赔偿范围的规定采取的是概括性规定与列举式规定相结合的混合式立法模式，而且在列举式规定中又采用肯定性规定与否定性规定相结合的模式①。如《国家赔偿法》第2条对侵犯合法权益做概括规定，第3条、第4条、第17条、第18条、第38条分别列举应予赔偿的范围，而第5条、第19条分别列举不予赔偿的范围，列举中又均有兜底条款，形成较为严密的规定。对于概括规定中的“合法权益”因有“本法规定的”修饰，与其他列举一并对“合法权益”的范围作了实际限定。而《监察法实施条例》中的兜底规定，既脱离《国家赔偿法》的整体框定，本身也未对权利类型作出任何解释或限定，按照文本解释，合法权益除人身权、财产权外，还有政治权、劳动权、受教育权等，监察机关的立法意图是否将纳入国家赔偿的权利范围扩大？如并非如此，则宜通过进一步明确规定以澄清认识、明确规则。

为进一步完善监察赔偿的赔偿范围，并考虑与《国家赔偿法》的立法方式保持协调，在《国家赔偿法》中增加监察赔偿的内容时，对监察赔偿的情形列举也采取分别列举侵犯人身权和财产权的行为的方式更为适宜。将其他国家机关执行监察协助，侵害人身权和财产权的，也纳入赔偿范围，受害人有取得赔偿的权利。② 如此对监察赔偿

---

① 参见许安标、武增主编：《中华人民共和国国家赔偿法解读》，中国法制出版社2010年版，第14页。

② 如可以明确监察机关行使职权有下列侵犯人身权情形之一的，受害人有取得赔偿的权利：采取留置措施后，监察机关决定撤销案件，检察机关作出不起诉决定，或者经法院判决宣告无罪终止追究刑事责任的；非法拘禁或者以其他方法非法剥夺公民人身自由的；刑讯逼供或者以殴打、虐待等行为或者唆使、放纵他人以殴打、虐待等行为造成公民身体伤害或者死亡的；造成公民身体伤害或者死亡的其他违法行为。对于监察机关行使职权有下列侵犯财产权情形之一的，受害人有取得赔偿的权利：违法对财产采取查封、扣押、冻结、追缴等措施的；造成财产损害的其他违法行为。其他国家机关执行监察协助，有以上情形的，受害人有取得赔偿的权利。

保护的权利类型作出明确规定，较为清晰，可以防止出现理解和适用的分歧。至于赔偿义务机关是监察机关还是协助机关，则应根据责任主体的认定来判断。

同时，还应明确不承担国家赔偿责任的情形。从《国家赔偿法》分别规定行政赔偿、刑事赔偿的赔偿免责事由看，对监察赔偿也可单独明确相应的免责事由。关于公安机关执行监察协助的免责事由主要有三类：第一类免责事由主要是受害人自伤、自残等自己的行为致使损害发生的，以及监察机关或公安机关工作人员与行使职权无关的个人行为。第二类免责事由主要是被调查人实施了犯罪行为，但因超过追诉时效、犯罪情节显著轻微等不追究刑事责任的情形。第三类免责事由可以用法律规定的其他情形作为兜底性规定，以便为将来进一步明确免责情形或者调整国家赔偿责任的免除范围留有制度空间。如正当防卫、紧急避险、不可抗力等因素造成损害的，在民法和刑法领域均可成为违法阻却事由，将来亦可成为免除国家赔偿责任的事由。

2. 监察赔偿范围的几个特别问题。监察赔偿范围的确定有几个具体问题，是否应纳入赔偿范围，以何种形式纳入赔偿范围，值得关注和研究。

（1）关于留置措施。对于采取留置措施违法，但被留置人员被判处刑罚的，因留置期限可以折抵刑期，不再因留置对被留置人员承担国家赔偿责任。而对于依法采取的留置措施，其后终止追究刑事责任的，反而应承担国家赔偿责任，是因为监察制度和刑事诉讼制度是为了公共利益而建立，个人因制度原因受到了不应有的损害，应由社会共同负担，不应由受损害的个人单独承担。《监察法实施条例》仅规定采取留置措施后，决定撤销案件的，纳入国家赔偿范围，回避了在审查起诉和审判阶段终止追究刑事责任的情况。这两种方式虽并非由监察机关作出，但实质上与监察机关撤销案件具有同样的效果，无论何种方式下终止刑事责任的追究，被留置人员因留置受到的损害均应得到救济。《监察法实施条例》此种有意或无意的“留白”，或许基于条例的定位，但在《国家赔偿法》修改时有必要明确予以回应。

（2）关于限制出境措施。限制出境是防止被调查人及相关人员逃匿境外的一种预防性措施，如被限制出境人未计划出境，对被限制出境人未造成实质上的人身自由限制；即使其计划出境，对其人身自由的限制强度也较弱。出于此种考虑，最高人民法院将限制出境纳入国家赔偿范围时，将其限定为因违法采取限制出境造成财产直接损失的情形①。鉴于此，对限制出境是否需要国家赔偿应根据被限制出境人的财产权是否受到直接损害来具体判断，并不必然是需要赔偿的事项；因此限制出境不需在具体情形中直接列举，将其纳入“造成财产损害的其他违法行为”考虑更为适宜。

（3）关于医疗服务。有学者建议将“被留置人员未能得到医疗服务的”情形纳入监察赔偿范围②。《监察法》规定保障被留置人员的饮食、休息和安全，提供医疗服务，并非国家法律对被留置人员的特殊待遇，而是对被留置人员的普遍关怀。根据有关法律法规的规定，看守所和监狱等羁押场所均应为被羁押人员提供医疗服务③。如果被留置人员在留置期间患病，或者疾病加重影响健康甚至生命，需要判断是否因监察机关导致，即判断监察机关是否应提供而未提供医疗服务或者提供的医疗服务是否及时、有效与其生命健康权受到损害有无因果关系。实践中如确发生此种情形，需要监察机关或羁押机关承担责任的，可以用“造成公民身体伤害或者死亡的其他违法行为”这一侵害人身权的兜底条款来涵盖；而如若单独规定此种情形，与行政赔偿、刑事赔偿不同，反而易招致被留置人员享有特殊待遇的非议。因而，此种情形虽有应纳入监察赔偿范围的可能性，但将其作为“造成

---

① 参见《最高人民法院关于限制出境是否属于国家赔偿范围的复函》（〔2013〕赔他字第1号）。

② 参见张红：《监察赔偿论要》，载《行政法学研究》2018年第6期。

③ 参见《监狱法》第54条规定、《看守所条例》第26条规定。

公民身体伤害或者死亡的其他违法行为”，不在具体情形中直接列举更为适宜。

（4）关于不作为。《国家赔偿法》对于不作为造成的损害采取了有限纳入赔偿范围的方式①，有关司法解释也明确了行政不作为造成损害的应当承担行政赔偿责任②。不作为由于影响结果的间接性，在损害发生过程和结果中所起的作用不易判断，需要综合考虑多方面的因素；因而《国家赔偿法》对典型的不作为行为造成的损害予以直接规定，未将不作为整体上作为一种赔偿类型，其他可能情形则适用兜底条款，是务实明智的立法方式。监察赔偿范围的确定仍可沿用此种方式，不需直接规定因不作为行为导致损害的情形，而对放纵他人殴打、虐待被调查人等不作为行为明确列入应予赔偿的情形。

此外，对于受害人因精神损害请求赔偿的情形，精神损害赔偿请求权不是一种独立的权利，根据《国家赔偿法》第35条规定和《民法典》第1183条规定，精神损害一般限于因人身权受到侵犯而引起，符合法定情形的也属于赔偿范围。

（二）监察赔偿义务机关

国家作为一种抽象的政治体，无法直接接收赔偿请求和支付赔偿，需要具体的机关代表国家参与赔偿程序，履行赔偿责任。赔偿义务机关正是为方便受害人提出赔偿请求，防止国家机关之间互相推诿而设置的。“国家赔偿、机关当被告”的原则成为赔偿制度的通例。

监察赔偿中，一般情况由监察机关作为赔偿义务机关，执行监察协助中涉及的赔偿义务机关问题，与本章第一节责任主体的确定有许多相通之处。在监察赔偿的范围内，公安机关因协助监察机关产生单独承担或者与监察机关共同承担的赔偿责任，责任的分担根据各自行

---

① 行政赔偿和刑事赔偿中规定的“放纵他人……”即属于一种不作为的形态。

② 参见《最高人民法院关于公安机关不履行法定行政职责是否承担行政赔偿责任问题的批复》（法释〔2001〕23号，已失效）。

使权力的行为与损害结果的因果关系来确定。以采取留置措施为例，如果监察机关未依法履行审批手续而采取留置措施，要求公安机关协助，公安机关将被留置人员羁押在看守所看管，但未按照监察机关解除留置通知及时释放被留置人员，监察机关与公安机关均应承担赔偿责任。其中，监察机关对采取留置措施承担责任，公安机关对超过留置期限承担责任。如果监察机关将被留置人员交由公安机关协助看管监护，其后发现留置对象错误，不应对其留置，则监察机关应承担赔偿责任，公安机关不承担赔偿责任。如果监察机关依法采取留置措施，公安机关协助看管时有殴打、虐待被留置人员行为的，则由公安机关而非监察机关承担责任。

监察赔偿中一个较为特殊的问题是，因采取留置措施需要承担国家赔偿责任的，作出逮捕决定的检察机关是否需要和监察机关一起作为共同赔偿义务机关。有学者认为，监察机关采取留置措施并且检察机关决定逮捕的案件，其后终止追究刑事责任的，赔偿义务机关为检察机关，一并对监察留置承担赔偿责任①。也有学者认为，此种情况监察机关与检察机关为共同赔偿义务机关②。

从职务犯罪案件办理程序看，监察机关调查、检察机关审查起诉、审判机关判决等阶段相互衔接、相互关联，前一阶段的处理是后一阶段的基础。如果让所有参与机关各自承担赔偿责任，固然能够更具体地区分各个机关的不同责任，但会造成赔偿义务的认定过于复杂，反而不利于赔偿请求人及时获得赔偿③。对此，可借鉴《国家赔偿法》关于刑事赔偿的有关规定：刑事赔偿程序不像行政赔偿程序，并未规定共同赔偿义务机关，而是遵循“最后处理”原则，赔偿责任

① 参见张红：《监察赔偿论要》，载《行政法学研究》2018 年第 6 期。

② 参见徐汉明、李少波：《〈监察法〉与〈刑事诉讼法〉实施衔接路径探究》，载《法学杂志》2019 年第 5 期。

③ 参见许安标、武增主编：《中华人民共和国国家赔偿法解读》，中国法制出版社 2010 年版，第 107 页。

发生在刑事诉讼过程中的某些阶段，由最后作出侵犯受害人合法权益的决定的机关作为赔偿义务机关。还可参照实践中司法机关在刑事赔偿案件中确定赔偿义务机关的做法：对于采取拘留措施后又采取逮捕措施，需要承担国家赔偿责任的，将作出逮捕决定的机关确定为赔偿义务机关①。因而，监察机关采取留置、检察机关采取逮捕措施后终止追究刑事责任的，可不将监察机关一起作为共同赔偿义务机关，而由作出逮捕决定的检察机关作为赔偿义务机关对监察留置和逮捕措施一并承担国家赔偿责任。

（三）监察赔偿程序

《国家赔偿法》按照案件类型分别设计了刑事赔偿程序和行政赔偿程序。监察案件因其特殊性，监察赔偿应适用何种程序，建立单独的程序或是纳入现有的程序，《监察法》和《监察法实施条例》并未给出明确的答案。

1. 赔偿程序设置模式的选择

有学者建议，通过修改《国家赔偿法》将监察机关纳入刑事赔偿义务机关，明确监察赔偿应适用刑事赔偿程序②。一些学者主张，监察权作为一种新型的国家权力，现行刑事赔偿或行政赔偿制度无法适用于监察赔偿，通过修法建立单独的监察赔偿制度是较为可行和合理的路径③。

从监察机关的定位、监察权的性质以及监察办案程序看，有必要在国家赔偿制度体系中构建独立的监察赔偿制度。首先，监察机关作为《宪法》规定的专门机关，与行政、司法机关并列，其行使的公权力是监察权，既不属于行政权力，也不属于司法权力，在国家赔偿制

---

① 参见《最高人民法院、最高人民检察院关于办理刑事赔偿案件适用法律若干问题的解释》第11条。

② 参见马怀德、孔祥稳：《我国国家赔偿制度的发展历程、现状与未来》，载《北京行政学院学报》2018年第6期。

③ 参见张红：《监察赔偿论要》，载《行政法学研究》2018年第6期。

度的设计中，将监察机关直接并入现行制度中的行政赔偿义务机关、刑事赔偿义务机关或者司法赔偿义务机关，均与新的国家权力再配置的路径不相符合。

其次，监察机关办理涉嫌职务违法和职务犯罪案件，也不宜分别适用行政赔偿程序和刑事赔偿程序。固然，同一国家机关拥有不同性质的权力时，可以根据权力性质而分别适用不同的赔偿程序，[①] 像公安机关作为赔偿义务机关时正是如此。公安机关行使刑事权造成损害的，适用刑事赔偿程序；行使行政权造成损害的，适用行政赔偿程序。但是，监察机关办案不像公安机关区分行政案件和刑事案件，具有不同的办案程序，其立案调查并不区分办理职务违法或职务犯罪案件，调查权也难以区分为行政权力或刑事权力，尤其是监察机关调查职务犯罪案件并不适用《刑事诉讼法》，不属于刑事侦查权。“监察机关对特殊的职务违法犯罪的调查程序并不受《刑事诉讼法》的直接规范，而属于刑事诉讼的前置程序”[②]，难以按照行政和刑事的权力性质来切割监察权。涉及赔偿问题时，无法分别适用行政赔偿或者刑事赔偿程序，且适用行政赔偿程序则会导致后续的行政诉讼程序，又与立法设计不将监察调查活动纳入行政复议和行政诉讼的初衷相悖。因此，建立专门的监察赔偿制度有其理论必要性和现实需要。

如单独规定监察赔偿，将同行政赔偿、刑事赔偿一样，涉及赔偿范围、赔偿请求人和赔偿义务机关以及具体赔偿程序设计等问题。同时，鉴于许多监察措施需要包括公安机关在内的其他机关协助才能完成，需要在新的监察赔偿制度中对协助执行的赔偿作出适当规定。

2. 监察赔偿程序的具体设计

《监察法实施条例》对于赔偿程序仅规定了监察机关作为赔偿义务机关的，由负责复审复核工作的部门受理赔偿请求；而对赔偿请求

---

① 参见王青斌：《论监察赔偿制度的构建》，载《政法论坛》2019 年第 3 期。

② 马怀德：《再论国家监察立法的主要问题》，载《行政法学研究》2018 年第 1 期。

人不服赔偿决定的，后续程序如何处理未作规定。监察赔偿虽应作为独立的赔偿类型，但在赔偿程序设计上，未必迥异于刑事和行政赔偿程序。《监察法实施条例》对监察机关作为赔偿义务机关先行处理的规定，与行政赔偿、刑事赔偿的第一道程序相似，现行的国家赔偿制度积累的有益经验可供借鉴。

有学者主张，监察赔偿设置可参照行政机关和司法机关的赔偿程序作出制度设计①。也有学者认为，基于监察机关本身的性质和定位以及职务犯罪调查的性质，监察赔偿的程序设计可以更多地参考刑事赔偿程序②。

监察赔偿程序设计的目的，是保障侵权行为受害人行使赔偿请求权，及时而有效地弥补受损的权利和秩序。根据《监察法》和《行政诉讼法》关于受案范围的规定，监察机关行使权力的行为不属于行政诉讼的范围，也不宜纳入行政赔偿诉讼，借鉴行政赔偿程序设置监察赔偿程序的思路似未获立法机关接受。监察机关办理职务犯罪案件，监察调查与刑事诉讼的程序对接、《监察法》与《刑事诉讼法》的有机衔接，使借鉴刑事赔偿程序设计监察赔偿程序具有了制度上的可行性和可复制性。而且，从刑事赔偿义务机关的分析看，刑事赔偿“最后处理”原则也更有利于赔偿请求人行使和实现赔偿请求权。

参考刑事赔偿程序，监察赔偿可分为监察机关先行处理、监察机关复议、人民法院决定三个基本环节。第一个环节是监察机关先行处理程序。同刑事和行政赔偿程序中赔偿义务机关先行处理一样，这一环节的设计可以方便赔偿请求人提出赔偿请求，实现权利尽快弥补、损害尽快修复的目的，维护监察机关的良好形象。同时，还可以充分

---

① 参见杨立邦：《监察法律责任的逻辑谱系与价值意蕴》，载《武汉科技大学学报(社会科学版)》2021 年第 4 期。

② 参见王青斌：《论监察赔偿制度的构建》，载《政法论坛》2019 年第 3 期；张红：《监察赔偿论要》，载《行政法学研究》2018 年第 6 期。

借助监察机关对本领域案件的专业知识，准确适用法律，快速便捷查明事实，确属应当赔偿的尽快进行自我修正，从而提高赔偿效率，节约司法资源。第二个环节是复议程序。赔偿请求人不服监察机关不予赔偿的决定或赔偿决定的具体内容，可以向监察机关的上一级机关申请复议。但如果赔偿义务机关是国家监察委员会，则复议机关仍为国家监察委员会。第三个环节为司法程序，即法院赔偿委员会的决定程序。监察机关逾期不作复议决定或者赔偿请求人不服监察机关的复议决定的，可向作为复议机关的监察机关所在地同级人民法院赔偿委员会申请作出赔偿决定。

被调查人认为监察机关监察措施及公安机关执行监察协助的活动侵害自己的人身权或合法财产权，向监察机关提出赔偿请求的，按照监察赔偿程序进行处理：除对监察机关行为进行审查认定外，还应对公安机关协助执行行为是否应由监察机关承担责任一并作出认定；必要时，监察机关可将赔偿请求印送公安机关，由公安机关对执行监察协助的赔偿责任部分提出处理意见。监察行为和协助行为均应由监察机关承担责任的，监察机关一并予以赔偿；协助行为应由公安机关承担责任的，则可告知赔偿请求人向公安机关提出。如果赔偿请求人对监察机关和公安机关分别提出赔偿请求，由监察机关、公安机关分别作为赔偿义务机关审查赔偿申请。如果被调查人仅对公安机关协助执行行为不服提出赔偿，比如，认为公安机关在协助执行留置期间，未能尽监管责任，则应直接向公安机关提出。如果公安机关执行监察协助活动是否合法的认定，需要以监察机关请求协助的监察行为是否合法作为前提，则可建议赔偿请求人先向监察机关提出，待监察机关作出认定后，再向公安机关提出。

在修改《国家赔偿法》对专门的监察赔偿作出规定之前，如赔偿请求人仅对公安机关协助执行行为提出国家赔偿请求，可暂时分别按照目前的行政赔偿、刑事赔偿程序办理。有些执行行为的属性比较明确，如技术侦查、搜查适用于涉嫌职务犯罪的被调查人，只适用刑事赔偿程序审查；无论被调查人是职务违法还是职务犯罪，限制出境措施都属于行政措施，可按照行政赔偿程序审查；还有些既涉及职务违法又涉及职务犯罪的措施，如留置，由于监察机关一般对职务犯罪行为人适用，公安机关协助执行时也多在看守所看护监管，一般可适用刑事赔偿程序。当然，这些仅仅是修法之前的权宜之计；要从根本上解决监察赔偿涉及的一系列问题，还是要通过《国家赔偿法》的修改，建立起完善的监察赔偿程序。

四、公安机关内部责任认定

公安机关执行监察协助作为公安机关执法活动的重要组成部分，除接受监察机关、检察机关和人民法院的外部监督，公安机关内部也有权对执行监察协助的活动进行全方位、多角度的监督，包括上级公安机关对下级公安机关的监督领导、法制部门对执法办案的监督管理，督察部门对执法办案及遵守纪律情况的现场监督，警种条线上的监督指导等。具体形式有执法质量考评、执法过错责任追究等方式。随着执法全流程记录制度的建立，公安机关通过文字、图片、音频、视频等方式对执法活动的各个环节，特别是收集固定证据活动，进行全面记录，打造全面覆盖、有机衔接、闭环管理的执法记录链条，从而实现执法活动的全过程留痕、可回溯管理①，为执法监督管理提供了有效而全面的证据材料。

（一）执法质量考核评议

上级公安机关对下级公安机关、公安机关对所属执法部门及其人民警察的执法办案质量进行考核评议。执法质量考核评议实行日常考评、阶段考评、专项考评、年终考评相结合的方式，由公安机关行政首长牵头负责，有关部门参加，具体日常工作由法制部门组织实施。在《监察法》实施后，公安部未修改执法质量考核评议的相关规定，

① 参见《公安部关于建立健全公安机关执法全流程记录机制的意见》。

但这并不妨碍将执行监察协助活动纳入执法质量考核评议的范围。例如，现行规定关于办理案件情况、执法安全情况、监管场所管理与安全措施落实情况等，均可适用于监察协助的执行活动。

年度考评结果分为优秀、达标、不达标三档。如果发现被考评单位在执行监察协助时出现违法使用武器、警械致人重伤、死亡，殴打、体罚、虐待被留置人员致其重伤、死亡等情形的，直接确定为不达标。考评结果进行内部通报；被考评单位如有异议，提出申诉的，由考评机关进行复查。发现执法办案确有错误，需要追究有关人员执法过错责任的，可以按照《公安机关人民警察执法过错责任追究规定》进行追究。

（二）执法过错责任追究

公安机关人民警察在执法办案中，因故意或者过失造成执法错误，由其所在公安机关负责查处，追究执法过错责任。执法过错包括作出违法处理决定、违反法定程序、适用法律错误、认定事实错误等，在执行监察协助时发生的多是违反法定程序。执法过错责任追究的范围与国家赔偿范围有重合，但不尽一致。有的属于国家赔偿范围，但不存在执法过错。比如，逮捕后终止追究刑事责任的，公安机关执行逮捕均未必存在执法过错。有的不属于国家赔偿范围，但仍要追究执法过错责任。比如，利用职权或者职务上的影响干预监察机关调查工作的，利用协助执行的便利，违法窃取、泄露监察机关的调查工作信息的，因监管看护失职致使被调查人逃脱的等。此外，国家赔偿有两年的请求时效，执法过错责任追究并无时效的限制，执法过错责任人在执法办案过程中有故意或者重大过失从而造成错案的，即使工作岗位调动、职务变迁、职级变动甚至退休，均不影响执法过错责任的终身追究。

公安机关执法办案部门、法制部门和督察审计等部门都有权按照有关规定在各自职责范围内检查、纠正、处理执法过错责任案件。其中，是否构成执法过错，由法制部门根据执法过错责任人员的违法事实、情节、后果和责任程度，形成认定意见，公安机关根据认定意见分别作出诫勉谈话、通报批评、延期晋级晋职或者降低警衔、限期调离公安机关等处理。对于需要追究刑事责任、行政纪律责任的，移送监察机关处理。被追究执法过错责任的单位或个人有异议的，可以向作出处理决定的公安机关申诉；申诉处理决定除法律另有规定外，一般是最终决定。

（三）现场督察

公安机关督察审计部门负责对公安机关及工作人员行使职权等情况的现场督察，例如，重要警务活动的组织实施，侦查、调查、处罚和强制措施的实施情况等。

督察分作随警督察、重点督察、专项督察，可以采取明察、暗访不同的形式①。根据发现的违法违纪的具体情况，督察部门可以采取当场纠正、当场扣留、带离现场等措施。例如，发现执行监察协助的公安民警警容风纪不整，影响公安机关形象的，可以当场予以纠正；发现执行监察协助时违反法定情形使用警械、武器，有权当场扣留正在使用的警械和武器，遇有阻碍、抗拒的，可以立即将违纪违法人员带离现场。为了制止违法违纪行为，防止造成恶劣影响，还可以对违纪违法的公安民警采取 1 日至 7 日的禁闭措施②，被禁闭的人员在公安机关禁闭室执行，由所在单位派专人看护。

（四）国家赔偿的追偿

赔偿义务机关承担国家赔偿义务后，有权追偿，责令在行使职权时有法定严重违法行为的工作人员承担部分或全部赔偿责任。追偿制度作为国家赔偿制度的重要补充，在通过国家赔偿实现受害人权利救济与保障的前提下，要求负有责任的工作人员承担应有的责任份额，

---

① 参见《公安机关督察条例》《公安机关督察条例实施办法》。

② 参见《公安机关实施停止执行职务和禁闭措施的规定》。

有助于监督国家机关工作人员恪尽职守、履行职责，依法慎重行使公权力，还可以在一定程度上减轻国家财政负担。

《国家赔偿法》仅原则规定了赔偿义务机关有权追偿，对于具体的追偿程序与数额并未作规定。追偿属于一种内部责任追究程序，被追偿的责任人与赔偿义务机关具有管理上的隶属关系，具体如何进行追偿可以由赔偿义务机关根据具体情况确定。公安机关执行监察协助，发生国家赔偿的情形的，公安机关作为赔偿义务机关代表国家向赔偿请求人支付赔偿费用后，可以依法责令负有责任的工作人员承担部分或者全部赔偿费用。追偿的情形和数额应依法科学设定，与责任人应承担的责任份额相适应：既体现有权必有责、权责相一致，加强监督约束，防止滥用职权和腐败；又避免执法办案民警动辄得咎，导致过于谨小慎微，不敢担当负责。

判断个人责任有无及大小，首先依据法律法规的明确规定；没有明确规定的，可以根据具体情况下中等程度的注意义务和作为义务作为"合理标准"①，来判断是否存在重大过失、故意等主观过错。公安机关执行监察协助，需要向违法行使权力的工作人员追偿的适用范围主要涉及以下情形：协助执行留置措施时，虐待、殴打被留置人员造成伤亡的；违法使用警械、武器造成人员伤亡的；执行协助时有贪污受贿、徇私舞弊行为的等。至于追偿的具体数额，应当对被追偿人个人行为的危害程度、过错程度、与损害后果之间的因果关系以及国家赔偿金额、责任人的工资收入等因素进行综合考量后确定，并为被追偿人及其扶养的家属保留必需的生活费用，原则上不影响其基本生活和家庭生计。公安机关行使追偿权后，还要根据执法过错责任追究等相关规定对责任人员给予处分，构成犯罪的移送监察机关依法追究刑事责任。

---

① 参见许安标、武增主编：《中华人民共和国国家赔偿法解读》，中国法制出版社2010年版，第77页。

第三节　公安机关执行监察协助的责任承担方式

归责原则关注责任是否成立，而责任承担方式解决的是责任的具体落实问题。归责原则决定责任成立后，究竟如何承担责任，还要落脚到具体的责任承担方式上。在此意义上，归责原则作为责任成立依据，是抽象的归责基础，而责任承担方式才是具体责任的最终体现。

《监察法》直接规定的责任承担方式有党纪责任、政务责任、刑事责任和国家赔偿责任。公安机关执行监察协助所涉法律责任，既有《监察法》直接明确规定的责任，也会涉及其他法律所规定的相应责任。责任承担方式不同，其侧重的法律后果或功能也有所不同。根据功能和责难程度的差异，责任承担方式可分为三种：否定性责任方式、补救性责任方式、惩戒性责任方式[①]。不同的责任承担方式，可以单独适用，也可以合并适用。

一、否定性责任方式

否定性责任方式的功能重在对所涉行为的非难与否定评价，责难程度较轻。公安机关承担执行监察协助的否定性责任，是通过一定程序否定和停止公安机关的违法或者不当行为，使该违法和不当行为不再具有法律效力；包括上级公安机关对下级公安机关作出责令改正、撤销某项行为的决定，人民法院作出确认违法的判决等。

（一）责令改正

责令改正是常见的否定性责任承担方式。按照现有法律规定，既

① 参见莫于川：《论新监察体系中的法律责任机制》，载《现代法治研究》2019 年第 1 期。

有国家机关对相对人的责令改正，如《行政处罚法》规定的实施处罚的行政机关责令当事人限期改正违法行为；也有上级机关对下级机关的责令改正，如《行政复议法》规定的行政复议机关责令被申请人在一定期限内重新作出具体行政行为，《行政诉讼法》规定的上级人民法院对于下级人民法院不接收起诉状、接收起诉状后不出具书面凭证等行为，应当责令改正。责令改正能够弥补单纯事后处罚的不足，可以及时纠正违法行为，消除由违法行为所产生的违法状态，有效防止损害后果进一步扩大，从而使法律秩序尽快恢复到被破坏前的状态。

根据《监察法》和《监察法实施条例》的有关规定，对于公安机关执行监察协助，适用责令改正责任方式的情形有三种：

1. 拒不执行监察机关作出的处理决定。这种情形针对的是机关。例如，监察机关对有职务违法行为的某公安机关工作人员作出开除的政务处分决定，被处分人所在单位不办理解除人事关系的手续；监察机关按照管理权限，对不履行、不正确履行公安机关法定职责负有责任的领导人员，作出问责决定，所在单位不及时执行等。监察机关作出的处理决定具有强制效力，监察对象及所在单位必须执行；即使对处理决定有异议，也不得拒绝执行，而应通过复议、复审程序提出。没有申请复议、复审，或者经复议、复审程序维持原处理决定的，必须执行处理决定，否则上级公安机关应当责令改正，及时执行。上级公安机关并不仅限于上一级公安机关，上级公安机关对自己管辖范围的公安机关均有权作出责令改正的决定。

2. 无正当理由拒不采纳监察建议。这种情形针对的也是机关。如监察机关在监督、调查、处置工作中，发现某公安机关廉政建设、制度建设、权力配置、监督机制等方面存在问题的，可以提出监察建议，这是监察机关的一项法定职责。被提出监察建议的机关如无正当理由，都应当采纳；如有正当理由，应当通过法定程序向监察机关提出。否则，上级公安机关应责令改正，要求其采纳监察机关提出的监察建议。

3. 拒不配合监察机关调查。这种情形针对的是工作人员。例如，某公安机关工作人员违反《监察法》规定，不按照监察机关要求提供有关材料，拒绝、阻碍调查措施实施的，其所在公安机关或上级公安机关应当责令改正，监察机关也有权责令改正。

（二）撤销、确认违法

撤销是有权机关令某项行为、决定、规章制度、资格、权利等自始无效的活动。在宪法、法律、行政法规等各级法律规范中均规定了“撤销”。例如，《宪法》中明确规定各级人民代表大会撤销其常务委员会不适当的决定，人民代表大会常务委员会撤销本级政府、下级人民代表大会违反上位法的决定，国务院和地方人民政府有权撤销所属各工作部门和下级人民政府的不适当决定等。

撤销既可由上级机关通过内部监督作出，也可以由人民法院通过诉讼程序作出。对于违法行为，原则上应当撤销或变更，否定其效力。但也有的情形中不宜撤销所涉行为，如根据《行政诉讼法》的规定，对于有的行政行为虽然违法，但如撤销会给国家利益、社会公共利益造成重大损害，综合考虑、统筹平衡各种法益后，仍认定行政行为的效力，并不予撤销；这时就产生了确认违法。在法律中，明确规定确认违法的只有《行政诉讼法》。在行政诉讼中，通常情况下被诉的行政行为经过法院审查后，如被认定违法，本应依法予以撤销，取消其法律效力，但是当撤销判决可能引起更大的利益冲突时，不能适用维持判决或者驳回诉讼请求判决，这时可以确认违法。还有的行政行为虽然违法，但客观上不需要撤销或并无撤销可能性，作出确认违法的处理更为适宜。因此，违法与有效共存，是确认违法的一个鲜明特色；同时，确认违法判决作为两难困境之下的“第三条道路”，创设确认违法判决其实是一种法律的“无奈”①，对违法行政行为的

① 参见章剑生：《论利益衡量方法在行政诉讼确认违法判决中的适用》，载《法学》2004 年第 6 期。

“宽容”和妥协[①]，需要严格适用。

《监察法》中未直接规定撤销和确认违法的责任方式[②]，《监察法实施条例》中规定了一种撤销的情形。实践中，公安机关执行监察协助时，以撤销或确认违法方式承担法律责任的情形有以下几种：

1. 撤销违法行为。对行使职权行为未按照法律规定的条件和程序进行的，可以撤销。如对于不符合适用技术调查措施条件的被调查人及相关人员，违反法律和相关规定进行场所监控、通信监控，属于违法行使职权，本级公安机关和上级公安机关发现的，均可予以撤销。

2. 确认程序违法。执行活动存在程序上的轻微违法，但对当事人的合法权利没有实质影响，没有必要撤销后重新作出的，可被确认违法。

3. 确认行为违法。有的违法事实行为不具有可撤销内容的，如在协助搜查、留置过程中侮辱、打骂被调查人，虽然实际影响被调查人的合法权利，但并不具有可撤销内容，也应确认违法。当然，确认违法后，需要补救或者赔偿的，仍应积极采取补救措施、承担赔偿责任。

（三）通报批评

通报批评是有权主体在一定范围内以公开的方式，陈述有关单位或组织的违纪违法行为，对其进行一定程度的负面评价，促使认清错误、不再发生违纪违法行为。从形式上看，“通报”形式要求采取在社会上或在一定范围内公开的方式；从内容上看，“批评”实质体现对所涉行为的否定性评价和价值判断。

通报批评的适用对象主要是单位或组织。根据不同的适用场景，通报批评具有不同的内外部属性。有的具有外部性，在对外行使职权

---

① 参见袁杰主编：《中华人民共和国行政诉讼法解读》，中国法制出版社2014年版，第204－206页。

② 《监察法》第45条规定的撤销，针对撤销案件这一终结案件的方式，而不是撤销行使职权行为的责任方式。

的社会管理活动中使用，如 2021 年修订的《行政处罚法》将通报批评新增为行政处罚的种类之一，并授权国务院部门规章、地方政府规章有权设定。但从现有法律层面看，直接使用“通报批评”表述的行政处罚，所涉法律秩序领域十分有限而且分散，仅适用于少数的特定范围[①]。大多情况下的通报批评具有内部性，针对内部管理关系，在组织内部管理活动中使用。例如，根据《中国共产党纪律处分条例》的规定，对于违犯党的纪律的党组织，上级党组织可以对其通报批评。《监察法》《监察法实施条例》《公职人员政务处分法》等法律法规规定，有关机关、单位无正当理由拒不采纳监察建议、拒不执行监察机关依法作出的处理决定的，由其主管部门、上级机关责令改正，并进行通报批评。这种通报批评属于具有内部属性的组织内部管理措施。公安机关执行监察协助中通报批评的适用范围与责令改正一致，在此不再赘述。较之责令改正，通报批评的影响面更广，负面评价程度更强，同时还兼有警示提醒、以儆效尤的作用。

二、补救性责任方式

补救性责任方式的功能重在对受损害的权利和秩序进行弥补，责难程度介于否定性和惩戒性责任方式之间。公安机关承担执行监察协助的补救性责任，是因公安机关违法或不当的执行行为，损害公民、法人或者其他组织合法权益的，对其予以补偿救济。具体分为损害赔偿、返还财产、恢复原状、消除影响、恢复名誉、赔礼道歉等方式。

（一）损害赔偿

损害赔偿是民法中适用最为广泛的责任形式，也是《侵权责任法》（已失效）、《国家赔偿法》最主要的赔偿责任形式。适用损害赔偿责任形式时，由实施不法行为的行为人支付一定的金钱，以赔偿对

---

① 参见朱芒：《作为行政处罚一般种类的“通报批评”》，载《中国法学》2021 年第 2 期。

他人造成的损害。

对于公安机关执行监察协助造成损害的，根据《监察法》《监察法实施条例》的规定精神，应适用国家赔偿制度；在修改《国家赔偿法》并将监察赔偿明确纳入赔偿范围之前，其具体的赔偿范围、赔偿方式和计算标准可以参照《国家赔偿法》的规定执行。对侵犯财产权造成损害的，按照直接损失给予赔偿，预期利益等间接损失则不予赔偿。对侵犯人身权的赔偿主要有：侵犯人身自由权的赔偿，以国家统计局公布的国家上年度职工日平均工资作为每日赔偿金的标准，适用统一的标准便于计算，且可以根据经济发展状况随时调整，具有便捷性和灵活性的特点；侵犯生命健康权的赔偿，根据伤害程度支付相应的医疗费、护理费，赔偿因误工减少的收入等；侵犯人身权造成严重精神损害的，还应支付精神损害抚慰金。精神损害具有无形性、非财产性特点[①]，使精神损害固然无法通过金钱衡量，赔偿数额难以精准计算和定量分析；但金钱仍具有一定的补偿精神损害的功能，能够抚慰受害人受到的创伤，平息其痛苦和怨恨的心理，化解社会的不安定因素。一些国家采取酌定赔偿方法、固定赔偿方法、最高限额赔偿方法、医药费比例赔偿方法、日标准赔偿方法等确定精神损害赔偿的标准。我国《国家赔偿法》没有规定精神损害赔偿的具体标准，实践中根据侵权人的过错程度、侵权情节轻重、损害后果等确定，不同案件实际执行的精神损害赔偿数额差别很大。公安机关执行监察协助时，对造成的损害进行国家赔偿后，还可进行追偿。鉴于国家赔偿案件的主管部门是公安机关法制部门，追偿赔偿费用由公安机关法制部门会同相关执法办案部门提出追偿意见，经公安机关主要负责人批准，责令有关责任人员缴纳所追偿的赔偿费用。

---

① 参见许安标、武增主编：《中华人民共和国国家赔偿法解读》，中国法制出版社2010年版，第151页。

（二）返还财产、恢复原状

返还财产、恢复原状是针对财物损害的责任承担方式。返还财产是当事人一方将其占有的物返还给另一方当事人，包括动产和不动产、债券、股票、基金份额和其他证券以及房产证等财产凭证。恢复原状是将损害的他人财物恢复到损害行为发生之前的状态。恢复原状是大陆法系民法中的重要术语，最早见于《德国民法典》；在各种责任方式中，恢复原状具有最高优先级，是首先应考虑适用的责任方式，除非恢复原状不可能或不经济时才考虑代之以金钱赔偿等方式①。有学者提出，广义的恢复原状是使受损的权利恢复到受侵害之前的状态，包括金钱赔偿在内②。也有学者认为，恢复原状具有双重身份：既可以作为损害赔偿基本原则，体现在所有的具体责任承担方式之中；又可以作为具体责任承担方式，主要适用于轻微侵权案件③。但我国目前立法主要在具体责任承担方式的意义上使用恢复原状一词，且同金钱赔偿等方式作区分，如《民法典》第179条规定的承担民事责任的方式中第5项即为恢复原状，与赔偿损失、返还财产等责任方式相并列。

恢复原状具有完全赔偿、损益相抵两方面的价值功能；既保护受害人利益，也防止加害人受到过分苛责。公安机关执行监察协助时，产生返还财产、恢复原状责任的情形主要是因协助执行查封、扣押侵犯财产权造成损害的，应当在监察机关解除对财产的查封、扣押后，协助监察机关及时返还财产；至于监察机关追缴、没收财产以及人民法院判处罚金等涉及财产权的，一般与公安机关没有直接关系，返还

---

① 参见王智鬼、赵继伦：《论作为损害赔偿原则与责任承担方式的恢复原状——以侵权法为中心》，载《山东师范大学学报（人文社会科学版）》2018年第1期。

② 参见魏振瀛：《侵权责任方式与归责事由、归责原则的关系》，载《中国法学》2011年第2期。

③ 参见王智鬼、赵继伦：《论作为损害赔偿原则与责任承担方式的恢复原状——以侵权法为中心》，载《山东师范大学学报（人文社会科学版）》2018年第1期。

财产的责任由监察机关、人民法院承担。

（三）消除影响、恢复名誉、赔礼道歉

消除影响、恢复名誉、赔礼道歉往往适用于侵害人格权的侵权行为，作为责任方式时，亦具有一定的强制性。三者均是针对名誉权、荣誉权受到的损害，由有关机关、单位、个人通过公开的方式，消除侵权行为带来的负面影响，或者一并表达歉意、请求谅解。

赔礼道歉与消除影响、恢复名誉不同的是，赔礼道歉针对自己的行为或自己负有管理责任的行为，而消除影响、恢复名誉可以是针对他人的行为。例如，根据《公务员法》的规定，公务员因错误的人事处理而受到名誉损害的，作出人事处理决定的机关应当赔礼道歉，为其恢复名誉、消除影响。《国家赔偿法》将国家机关为受害人消除影响、恢复名誉、赔礼道歉，作为致人精神损害的责任方式。根据《公职人员政务处分法》的规定，对于公职人员受到不实检举、控告或者诬告陷害，造成不良影响的，监察机关应为其及时澄清事实，恢复名誉，消除不良影响，以保护公职人员的合法权益。这里的不良影响是因他人的不实检举、控告、诬告陷害造成的，监察机关恢复名誉、消除影响是针对他人的行为。至于因监察机关的政务处分决定造成公职人员名誉损害的，处分被撤销后，监察机关应在原政务处分决定公布范围内为其恢复名誉。

然而，一个现实存在、不容忽视的问题是，监察案件中的被调查人因监察调查致使人身权、财产权受到损害的，按照《监察法》和《监察法实施条例》的规定，可以通过国家赔偿予以救济，但是，因被错误追究责任，而影响职业发展甚至错失重要机遇的，如何得到赔偿或者补偿？目前尚无相关规定对此作出回应。当然这不仅是监察赔偿独有的问题，在其他赔偿类型或者行政、刑事案件中都有涉及的可能性，但对公职人员的影响也许更重更深刻。尽管理论上通过消除影响、恢复名誉，被调查人的名誉、声誉可以恢复到被调查之前，但实际上，名誉与声誉一旦受损如同打碎的瓷器，无法完好无瑕地恢复，职业发展机遇对个人而言亦往往是一去不复返。这似乎一定程度上成为从政的一种风险。对于这种风险，一方面需要公职人员个人严格自律，另一方面也需要有相应的制度保障，将错误追究责任后的影响降至最低。

三、惩戒性责任方式

惩戒性责任方式的功能重在惩戒，责难程度最强。公安机关承担执行监察协助的惩戒性责任，是对实施违法或不当行为的责任主体实施惩罚，使其承担相应的不利的法律责任；主要包括党纪处分、政务处分与行政处分、刑事处罚。

（一）党纪处分

通常理解，“违法”是违反法律法规，并不包括违反党内法规及规范性文件。全国人大常委会办公厅建设并向社会公开的“国家法律法规数据库”也未将党内法规数据纳入其中[①]。那么，党纪处分是否属于法律责任方式？

对党纪处分的理解取决于对党内法规地位的认识。党内法规的发展完善经历了逐步深化的过程。自 1987 年 10 月党的十三大报告宣告“初步形成”“社会主义法律体系”，至 2011 年 10 月国务院发布《中国特色社会主义法律体系》白皮书，宣告“已经形成”“中国特色社会主义法律体系”，尚未将党内法规纳入法律体系之中。2014 年，党的十八届四中全会决定将加强建设和完善党内法规制度提升到构建法治体系的高度[②]。2016 年，党的历史上第一次全国党内法规工作会议召开，谋划部署加强新时代党内法规制度建设；《中共中央关于加强

① 法规数据库包括宪法、法律、行政法规、监察法规、司法解释和地方性法规。

② 根据《中共中央关于全面推进依法治国若干重大问题的决定》，中国特色社会主义法治体系包含五大体系，即完备的法律规范体系、高效的法治实施体系、严密的法治监督体系、有力的法治保障体系和完善的党内法规体系。

党内法规制度建设的意见》同年出台，明确了党内法规制度体系“1＋4”基本框架[1]。党内法规制度体系以党章为根本、以准则条例为主干，覆盖党的领导和党的建设各方面，成为全面从严治党的系统规范与长远之策。因此，虽然党的纪律是适用于党的各级组织和全体党员的行为规则，并不要求全体社会成员遵守，但党内法规制度作为中国特色社会主义法治体系的重要组成部分，将党纪责任包含在责任体系之中也是应有之义。可以认为，法律体系是从国家法律的角度而言，法治体系则是更广泛意义上的，包括国家法律和党内法规。“党纪与国法的共治已成为监察法治运行的客观形态”[2]。

《中国共产党纪律处分条例》对违反政治纪律、组织纪律等六大方面纪律的处分进行了全面规定，《中国共产党问责条例》规定了对党的组织和领导干部维护党的六大方面纪律不力的问责；这些规定是公安机关执行监察协助责任涉及党纪处分的制度依据。在六大方面纪律中，执行监察协助涉及的主要是廉洁纪律方面，如利用职权或者职务上的影响为他人谋取利益的，收受可能影响公正执行监察协助的财物的，借用执行对象的钱款、住房、车辆等影响公正执行公务的，接受可能影响公正执行公务的宴请的等。此外，也可能存在不按照规定落实党纪处分决定或者申诉复查决定有关事项等违犯工作纪律的情况。根据违纪情况的情节轻重，在执行监察协助中违纪的党员可能受到警告、严重警告、撤销党内职务、留党察看、开除党籍等纪律处分。对党的领导干部还可以采取通报、诫勉、组织调整或者组织处理、纪律处分四种问责方式。

---

① 在党章之下分为党的组织法规制度、党的领导法规制度、党的自身建设法规制度、党的监督保障法规制度四大板块。参见《中共中央印发〈关于加强党内法规制度建设的意见〉》，载人民网，http：//politics. people. com. cn/n1/2017/0626/c1001－29361527. html。

② 王译、江国华：《逻辑原点、基本原则与功能期待：完善监察监督机制的应然面向》，载《中共天津市委党校学报》2020 年第 1 期。

（二）政务处分、行政处分

根据《公职人员政务处分法》的规定，监察机关有权按照管理权限，依法给予违法的公职人员政务处分。政务处分并未替代处分。《公职人员政务处分法》出台后，公职人员任免机关、单位仍有权根据《公职人员政务处分法》和《公务员法》的规定，按照管理权限对违法的公职人员给予处分。如果公职人员任免机关、单位应当给予处分而未给予，监察机关还会向其提出监察建议；但按照“一事不二罚”的原则，对公职人员的同一违法行为，政务处分和处分不重复给予。

政务处分和处分的种类一致，包括警告、记过、记大过、降级、撤职、开除六种。公安机关执行监察协助时，有关执行人员有贪污受贿、滥用职权、泄露国家秘密或泄露因履行职责掌握的商业秘密与个人隐私等行为的，由监察机关给予政务处分，或者由公安机关给予处分。

（三）刑事处罚

在各种法律责任方式中，刑事处罚给行为人所带来的不利影响或后果远比其他法律责任方式严重得多，涉及剥夺人身自由、财产、政治权利甚至生命，因而毫无疑问是最严厉的惩戒性责任方式。《监察法》对刑事责任的规定采用了援引方式，具体适用何种罪名则按照《刑法》的有关规定办理。

公安机关近年来开展执法规范化建设，严格公正规范文明执法，执法能力和水平进一步提升。目前未见到公安机关工作人员执行监察协助中的行为构成犯罪、被追究刑事责任的案例，此部分涉嫌罪名的探讨，是从理论上根据《刑法》规定有关罪名的犯罪构成进行的分析。公安机关执行监察协助时，违反《监察法》《刑法》和有关规定，涉嫌构成犯罪的情形主要有：

1. 渎职罪。这是执行监察协助可能涉嫌犯罪的最主要类型。例如，执行监察协助时，违反保密规定泄露工作信息，情节严重的可能涉嫌《刑法》第 398 条规定的故意泄露国家秘密罪或过失泄露国家秘密罪；违法实施留置措施，虐待、体罚被调查人，在办案中发生安全事故，导致严重后果或情节严重的，可能涉嫌《刑法》第 397 条规定的滥用职权罪、玩忽职守罪。但故意毁损、转移、变卖被监察机关查封、扣押、冻结的财产，并不属于渎职罪，而是妨害司法罪，可能构成《刑法》第 314 条规定的非法处置查封、扣押、冻结的财产罪。

2. 侵犯公民人身权利罪。执行监察协助时，体罚、虐待被调查人或涉案人员造成伤亡，可能涉嫌《刑法》第 234 条规定的故意伤害罪、第 233 条规定的过失致人死亡罪、第 235 条规定的过失致人重伤罪；非法搜查被调查人或相关人员身体、住宅或者非法侵入住宅，可能涉嫌构成第 245 条规定的非法搜查罪、非法侵入住宅罪；对被调查人、证人或相关人员刑讯逼供、逼取证言的，可能涉嫌第 247 条规定的刑讯逼供罪、暴力取证罪；违反规定采取留置措施，可能涉嫌《刑法》第 238 条规定的非法拘禁罪。

3. 贪污贿赂罪。执行监察协助时，收受被调查人或者涉案人员的财物，干预调查，为其逃避调查、谋取非法利益的，可能涉嫌《刑法》第 385 条规定的受贿罪。

此外，对于依法不公开审理的案件，泄露不应当公开的信息造成严重后果的，可能涉嫌《刑法》第 308 条之一规定的泄露不应公开的案件信息罪；协助执行留置措施时，留置场所发生安全事故，应当报告而不报或者谎报事故情况，贻误事故抢救的，可能涉嫌《刑法》第 139 条之一规定的不报、谎报安全事故罪。

至于以上情形所涉刑事责任的追究，按照监察调查程序还是刑事侦查程序进行，应根据监察机关和公安机关、检察机关管辖的罪名来予以区分，在第三章中职能管辖与关联案件的管辖部分已有详细论述。

本章小结

法律责任是权力在法治轨道运行的保障。法律责任是否科学设定、能否落实到位，相当程度上影响法律法规的实施效果和制度构建的目标实现。公安机关执行监察协助的法律责任，以责任类型、归责原则和责任主体确定作为责任划分的基础，通过监察机关的认定、检察机关的认定、国家赔偿中的认定、公安机关内部监督中的认定等形式开展，并体现为否定性、补救性、惩戒性三类责任承担方式。完善公安机关执行监察协助的法律责任，才能真正建立起完整的监察协助权力配置、权力运行、权力监督的系统规范。

结 语

完善公安机关执行监察协助的制度构建

习近平总书记深刻指出，要制定同监察法配套的法律法规，将监察法中原则性、概括性的规定具体化，形成系统完备、科学规范、运行有效的法规体系。① 这一重要论述为监察法治的发展与完善提供了根本遵循。党的十八届四中全会《中共中央关于全面推进依法治国若干重大问题的决定》明确要求，“加快推进反腐败国家立法，完善惩治和预防腐败体系”。《宪法修正案》《监察法》《监察法实施条例》的出台以及《刑事诉讼法》的修改，为监察机关履行职责、公安机关执行监察协助提供了基本的宪法法律框架，但尚属监察法治的起点。新的监察机关成立与监察权的运行所带来的深刻的、深远的影响，远非仅仅刑事案件管辖权的重新分配，而对整个法律制度体系尤其是刑事法律制度体系造成重大冲击，带来一系列需要调适的问题。因而“反腐败国家立法”必然是一系统工程，对于新的机关、新的权力、新的协助类型所带来一系列新的挑战，须在今后继续进行探究和回应，从多个层面构建系统完备、科学规范、运行有效的监察法治，包括完善的公安机关执行监察协助制度。

① 参见习近平：《论坚持人民当家作主》，中央文献出版社 2021 年版，第 252 页。

一、法律层面的制度构建

监察法治的发展既需要完善细化监察制度本身，也涉及与其他法律制度的衔接协调；这给整个法律体系的完整性与协调性带来了挑战。为适应监察体制改革带来的变革，刑事、行政、救济等诸多方面法律制度均须作出多方位多层面的调适与完善，方能将制度优势转化为治理效能。有学者提出，为将监察体制改革全程纳入法治轨道，需要制定修改十余部法律[①]。从完善公安机关执行监察协助的角度，除学者探讨较多且已作修改调整的《刑事诉讼法》外，主要涉及修改《人民警察法》《国家赔偿法》等法律。

对于修改《人民警察法》，需对部分条文中的“行政监察机关”相应修改为“监察机关”，内容上的修改调整主要是增加公安机关执行监察协助的相关规定。公安部2016年《人民警察法（修订草案稿）》中增加一条外部警务协助的规定[②]，明确其他国家机关请求公安机关提供协助的条件及请求形式，公安机关提供协助的范围，同时也明确了公安机关基于正当理由有权拒绝提供协助。出于前瞻性考虑，修订草案稿并未将请求协助的国家机关限于行政机关，对监察机关的协助请求应当仍可适用。但其中对协助情形“以排除其履行职责的妨碍为限”的要求已不能完全适应协助监察机关的需要，毕竟对部分监察措施执行权与决定权分离的立法设计不能归作“履行职责的妨碍”。解决方案可有两种：一是将现有规定限定为行政协助，即对其他行政机关的协助；对监察机关的协助，另规定一条或一款，体现协助监察机关的特殊性要求。二是删去“以排除其履行职责的妨碍为

---

① 童之伟：《将监察体制改革全程纳入法治轨道之方略》，载《法学》2016年第12期。

② 《人民警察法（修订草案稿）》第15条规定。参见《公安部关于〈中华人民共和国人民警察法〉（修订草案稿）公开征求意见的公告》，载公安部网2016年12月1日，https：//www.mps.gov.cn/n2254536/n4904355/c5561673/content.html。

限”的限定，可以兼顾协助监察机关的特殊性要求，但如此恐有协助请求泛化之虞，因而采取方案一更妥当。

同时，对公安机关执行监察协助进行规范应当警觉的是，应防止出现公安机关“协助角色法制化”。在我国台湾地区，近年来一些业务主管机关在其主管领域的法律中，明确规定可以会同警察机关执行，将警察机关推向执行一线，既导致反客为主、权责不明的怪象，也影响了警察机关自身业务的开展①；在大陆，通过部门法规定公安机关协助义务的现象也已较为突出。因而，对公安机关执行协助的规定，原则上应体现在《人民警察法》中，在立法环节进行统筹控制，一般不应由其他部门法规定公安机关应当或必须予以协助的义务；如有规定也应控制在法律层级，且进行慎重研究论证，缓解协助需求与警察权泛化的张力。

对于修改《国家赔偿法》，应完善监察赔偿与执行监察协助赔偿责任的规定。《监察法》明确肯定了国家赔偿责任的适用，《监察法实施条例》对监察赔偿的范围、赔偿义务机关、赔偿程序和赔偿方式作了原则性规定；但现有规定仍属衔接性规定，有待通过修改《国家赔偿法》，回应监察赔偿立法的需求，完成监察赔偿的制度构建。比如，明确监察赔偿中的主要归责原则，确定以违法归责、结果归责作为归责原则；在责任法定、权责一致、过责相当基础上，确定在行为人与受损害人之间的损害分担、不同行为人之间的责任分配；采取概括性规定和列举式规定相结合的方式，进一步明确监察赔偿的范围与具体情形，并对协助执行的赔偿作出适当规定，尤其是针对广受关注的留置措施的赔偿应力求周延无重大遗漏；设定单独的监察赔偿程序，对监察赔偿的先行处理、复议及司法决定等程序予以规范等。

---

① 据统计，各行政机关主管领域的法律法规中，规定警察协助的事项有逐年增加趋势，2004 年计约 66 种，2009 年增加至 121 种，2011 年增加至 147 种，2012 年增至 176 种，2013 年已增至 182 种。参见蔡震荣：《行政法强制执行之困境与职务协助》，载《行政法学研究》2015 年第 2 期。

二、法规层面的制度构建

全国人大常委会 2019 年通过决定授权国家监察委员会制定监察法规，产生了独属监察系统的监察法规制定权，以人大立法权为核心且以行政立法权和军事立法权为补充的“一元二系”立法权架构产生横向拓展，形成“一元三系”立法分工体系[①]。法规层面的制度构建由此扩展为监察法规和行政法规两个方面。

在监察法规方面，《监察法实施条例》对监察制度体系进一步细化，其中对审判、检察、执法机关与监察机关的协助配合问题也作出了专门规定。然而，同《监察法》采取避开《刑事诉讼法》另作规定的方式一样，《监察法实施条例》也采用了“另起炉灶”单独规定监察程序的方式。这种方式虽然可以在一定程度上兼顾监察机关查处职务违法与犯罪活动的需要，但实际上，在监察机关适用法律法规并无特别要求时，如果监察法律法规重复有关规定，不仅会造成立法不经济，更难免因规范过于简略导致制度不完善，执行中无所遵循[②]。完善《监察法实施条例》及相关监察法规，有必要适当采用援引规定的方式，借鉴并依托现有更为成熟的立法与制度成果，甚至形成后发优势。对于监察机关适用法律法规的特别规定，如监察权调动包括警察权在内的其他权力提供协助，应如何划定权力界限、遵守何种程序规范、法律责任如何分配等问题，则可作出较为系统完备的规定。

在行政法规层面，虽然行政法规无法直接调整监察法律关系，但一些与执行监察协助相关的法规会根据需要作出调整，以适应更好保障监察职能实现、保持法律法规协调衔接的需要。例如，关于《人民警察使用警械和武器条例》，现有规定要求人民警察使用武器造成人

---

① 参见聂辛东：《国家监察委员会的监察法规制定权限：三步确界与修法方略》，载《政治与法律》2020 年第 1 期。

② 参见龙宗智：《监察与司法协调衔接的法规范分析》，载《政治与法律》2018 年第 1 期。

员伤亡的，应及时通知当地人民检察院，在新的监察机关成立后，亦应增加监察机关的监督，并明确监察机关与检察机关在监督警械武器使用中的职责分工。

三、规章及规范性文件层面的制度构建

法律、法规普遍制定周期长，加之立法出于稳定性考虑，规定内容往往相对简略。为完善执行监察协助的制度体系、解决当前存在的突出问题，在规章及规范性文件层面进行重点构建，与法律法规形成互补，有其重要意义和价值。因而，制定公安机关执行监察协助的程序规定有其必要性和紧迫性。

由于《刑事诉讼法》对“侦查”定义的修改，监察机关调查职务犯罪案件不适用《刑事诉讼法》，也不属于刑事侦查活动，公安机关执行监察协助也不同于办理自身有权管辖的刑事案件，执行监察协助活动不能完全适用公安机关侦查犯罪活动的规范。同理，监察机关办理涉嫌职务违法案件时，由于并非公安机关有权管辖的行政案件，公安机关亦无法完全适用其办理行政案件的规范。因而，有必要制定专门程序以规范公安机关执行监察协助活动。

从理论可能性看，方式可有两种：一是制定专门的协助办理监察案件程序规定，与当前的刑事、行政、国家赔偿等案件程序规定相并列。其优势在于不同案件适用不同程序，逻辑关系清晰顺畅，更可以凸显监察案件及程序的特殊性，也便于执法人员集中学习和掌握。二是对现有的行政、刑事案件程序规定进行修改完善，增加部分条文，明确哪些属于办理监察案件的特殊要求，需要单独做出规定，以及哪些属于可以参照现行行政、刑事案件要求办理。其优势在于立法成本低，减少重复性规定。最高人民检察院修订《人民检察院刑事诉讼规则》即采用了此种方式，在第六章中增加了第六节“监察机关移送案件的强制措施”，其余修改基本是在审查起诉等涉及监察机关的内容

中，将“公安机关”修改为“监察机关或公安机关”。考虑到公安机关与检察机关在监察案件办理中的职责作用相差较大，第二种方式需要作出特殊性的规定会较多，而且涉及公安机关办理刑事、行政案件以及国家赔偿等程序。从总体上考虑，制定单独的程序规定如“公安机关执行监察协助程序规定”，对公安机关执行监察协助的责任主体、程序要求、法律责任进行全面规范，应当更符合实践需要，立法技术上也相对易于把握。当然，如果当前全面制定协助办理监察案件程序规定时机尚不成熟，采取“分步走”方式，先就急需解决的重点问题分别制定相应规定或规则，或者有关部门联合出台规范性文件，将来再制定系统性规定，也不失为一种务实之策。

附　录

公安机关执行监察协助程序规定

（试拟稿）

目　录

第一章　总　　则

第一条（规定目的）　为了规范公安机关执行监察协助活动，保证公安机关在执行监察协助中正确履行职权，保护公民、法人和其他组织的合法权益，根据《中华人民共和国监察法》、《中华人民共和国刑事诉讼法》、《中华人民共和国治安管理处罚法》、《中华人民共和国监察法实施条例》等有关法律、法规，制定本规定。

第二条（概念界定） 本规定所称执行监察协助，是指当监察机关在履行监察职责过程中基于法律规定，或者因遇到障碍，向公安机关提出协助请求时，公安机关依法向监察机关提供职务上的帮助，以支持实现监察职能的活动。

第三条（监察协助范围） 公安机关执行监察协助的范围，包括执行技术调查、通缉、限制出境措施，协助搜查、留置措施，以及有关法律、法规规定的涉及人员、信息、财物的协助活动。

第四条（职权法定原则、正当程序原则） 公安机关执行监察协助，应当在法律、行政法规、监察法规等明确规定的职权范围内，按照法定的条件和程序执行，不得实施法定职权以外的行为。

第五条（权利保障原则） 公安机关执行监察协助，应当尊重和保障人权，保护公民的人格尊严。

第六条（协助适度原则） 公安机关执行监察协助，采取的措施应当与已经或者可能造成的危害的性质、程度和范围相适应，尽可能将对合法权益造成的损害降低到最小限度。

使用警械、武器应当符合法定情形，根据违法犯罪行为和违法犯罪人的危险性质、程度和紧迫性，合理判断使用警械、武器的必要限度。

第七条（权力监督原则） 公安机关执行监察协助，依法接受监察机关、人民检察院的监督。

第二章 执 行 主 体

第八条（职能管辖） 对于监察机关依法请求公安机关予以协助的事项，属于公安机关职权范围的，公安机关应当协助。

对属于其他机关或者单位职权范围的事项，监察机关请求公安机关予以协助，公安机关可以告知监察机关具有相关职权的机关或者单位。

第九条（同级协助） 对于监察机关提出的属于公安机关职权范围的协助请求，由同级公安机关执行。

公安机关发现请求协助事项属于上级公安机关职权的，应当告知提出请求的监察机关通过其上级监察机关提出；请求协助事项属于下级公安机关职权的，可以告知监察机关通过下级监察机关提出。

第十条（同地协助） 对于监察机关提出的属于公安机关职权范围的协助请求，由当地公安机关执行。

公安机关收到异地监察机关提出的协助请求，应当告知其通过公安机关所在地监察机关提出。

对于监察机关因采取通缉、限制出境措施或者出于办理案件的特殊需要，请求其他地方公安机关执行协助的，公安机关应当告知监察机关可以通过上级监察机关向其同级公安机关请求协助，或者通过被请求公安机关所在地的同级监察机关提出协助请求。

第十一条（互涉案件） 公安机关执行监察协助，发现被调查人或者相关人员同时涉及公安机关管辖的刑事案件时，应当及时与同级监察机关协商，由监察机关和公安机关分别依职权立案。分别立案，以监察机关为主调查的，公安机关予以协助。并案调查更有利于及时收集证据、查明事实的，可以商请监察机关一并立案调查。

公安机关侦查刑事案件时，发现属于监察机关管辖的案件及线索，应当及时移送监察机关。

第十二条（争议解决） 收到协助请求的公安机关与提出请求的监察机关就是否应当由公安机关执行监察协助有争议的，可以进行协商。协商不成的，由请求协助的监察机关的上级机关商请同级公安机关作出认定处理。

上级公安机关认为应当协助的，通知下级公安机关执行。下级公安机关必须执行。

第三章　审 查 申 请

第十三条（接收部门）　各级公安机关办公厅（办公室）负责统一接收监察机关提出的执行监察协助请求，交办分发协助事项，并对协助请求执行情况进行协调、调度。

第十四条（审查程度）　对于监察机关请求公安机关执行技术调查、通缉、限制出境措施的，公安机关对协助请求进行初步审查，法律手续完备，且应当由本公安机关执行的，接收监察协助请求的公安机关应当及时予以协助。

对监察机关请求公安机关协助执行其他措施或者提供帮助的，公安机关对协助请求还应当进一步审查，判断是否符合协助的适用情形，是否符合相关法律规定。

第十五条（形式审查）　接收监察机关协助请求的部门对监察协助请求的形式要件是否齐备进行初步审查：

（一）是否由当地同级监察机关提出；

（二）是否清晰载明需要协助的事项及要求；

（三）是否加盖监察机关印章；

（四）是否附有相关措施的决定书。

发现不符合以上条件的，经本部门负责人批准，及时告知提出请求的监察机关。

第十六条（实质审查）　接收监察协助请求的部门按照公安机关内部分工将协助事项交由承办部门办理后，承办监察协助事项的部门对监察协助请求的下列内容做进一步审查：

（一）请求协助执行的事项是否符合有关法律明确规定的协助适用情形；

（二）请求协助执行的事项是否应当由公安机关协助执行；

（三）请求协助执行的事项是否应当由本公安机关协助执行。

第十七条（审查时限） 除紧急情况外，对监察协助请求的初步审查应当在二个工作日内完成，进一步审查应当在五个工作日内完成。

经商监察机关补充申请材料的，监察机关补充材料时间不计入审查时限。

第十八条（审查结果通知） 经审查，承办监察协助事项的部门经本公安机关负责人批准后，分别作出以下处理：

（一）监察协助请求符合法律和相关规定要求，且应当由本公安机关执行的，同意予以协助。同意提供协助的，应当及时通知监察机关，并注明协助方式、人数、时间、执行部门及联络方式。

（二）监察协助请求书提供的信息不准确或者材料不齐全难以执行的，应当告知监察机关予以修改或者补充。

（三）监察协助请求符合相关法律规定，但不属于本级或者本地公安机关执行的，应当及时告知监察机关，说明理由，并将协助请求书及有关材料退回监察机关。

对于技术调查、通缉、限制出境措施，承办监察协助事项的部门认为不应当由本公安机关执行的，应当经上一级公安机关批准后，告知监察机关。承办监察协助事项的部门属于公安部内设机构的，由公安部批准。

第十九条（紧急联络途径） 对于监察机关遇有紧急情形，不立即采取措施可能造成难以弥补的重大损害，来不及出具书面公函而请求公安机关立即予以协助的，公安机关情报指挥部门与监察机关有关部门可以进行紧急联络，记录协助请求、转交有关部门立即办理，并告知监察机关及时补办书面公函提供公安机关。

第四章　执　　行

第一节　一般规定

第二十条（原则要求）　对于应当由本公安机关执行的监察协助，公安机关根据监察协助请求的事项和公安机关的部门分工，确定具体的执行部门，按照法律规定和监察机关的协助执行请求，开展监察协助执行工作。

第二十一条（适用情形）　对于监察机关因遇有以下情形，请求公安机关协助的，公安机关应当依法予以协助：

（一）因法定职权分工，有关措施必须由公安机关执行的；

（二）因事实原因，监察机关调查遇有障碍无法排除，需要公安机关使用强制性权力的；

（三）在监察机关履行职责过程中，发生属公安机关管辖的违法犯罪活动或者有发生的现实可能性的。

对于监察机关认为需要协助的其他情形，商请公安机关提供协助，且属于公安机关的法定职责范围的，公安机关可以依法提供协助。

第二十二条（执行部门）　公安机关执行监察协助的具体部门根据监察机关请求执行监察协助的措施种类和性质确定。多个部门均有权执行的，由审查部门统筹考虑案件情况确定。执行部门有争议且无法协商达成一致的，审查部门提出意见，经公安机关负责人批准后确定执行部门。

第二十三条（执行人员）　执行监察协助时，公安机关工作人员不少于二人，且均应当取得执法资格。必要时，应当依照规定出示证件表明身份。

第二十四条（回避）　公安机关工作人员在执行监察协助时有下

列情形之一的，应当自行回避，被调查人也有权要求他们回避：

（一）是协助执行的监察案件当事人或者当事人的近亲属的；

（二）本人或者其近亲属与协助执行的监察案件有利害关系的；

（三）担任过协助执行的监察案件的证人、鉴定人、辩护人、诉讼代理人的；

（四）与协助执行的监察案件当事人有其他关系，可能影响公正处理案件的。

执行监察协助的工作人员的回避，由县级以上公安机关负责人决定；县级以上公安机关负责人的回避，由同级人民检察院检察委员会决定。

第二十五条（适用法律要求） 公安机关执行监察协助，应当遵守监察法律、法规有关规定以及公安机关办理行政、刑事案件的有关法律、法规要求。

第二十六条（证据） 公安机关协助监察机关收集、调取证据的，应当按照有关法律规定进行，及时固定证据，并对收集、调取的证据材料的真实性、合法性、关联性及证明力予以审查、核实。必要时，可以采用录音录像的方式固定证据内容及取证过程。

第二十七条（保密） 公安机关执行监察协助人员对执行监察协助中知悉的国家秘密、商业秘密和个人隐私，应当保密。

第二十八条（执行结果通知） 对于监察机关的协助请求，公安机关是否同意执行以及执行中的重要情况与结果，应当及时通知监察机关。

第二十九条（移交人员、证据与涉案财物） 公安机关协助监察机关采取措施后，应当及时移交人员、证据材料和涉案财物。

第二节　技术调查的执行

第三十条（执行技术调查的适用情形） 对于监察机关办理重大

贪污贿赂等职务犯罪案件，采取常规的调查措施或者其他调查措施无法实现调查目的，交由公安机关采取技术调查措施的，公安机关依法执行技术调查措施。

对于监察机关决定通缉在逃的被留置人员的，公安机关进行追捕可以采取必需的技术调查措施。

第三十一条（执行技术调查的形式审查） 监察机关将采取技术调查措施决定书送公安机关的，公安机关应当审查是否有明确的适用对象、措施种类和执行期限。需对多个被调查人采取技术调查措施的，审查是否已在法律文书中明确对每一被调查人所采取的措施种类和执行期限。需要补充有关材料的，应当及时告知监察机关。

对于设区的市级以下监察机关决定采取技术调查措施的，还应当查验是否附有监察机关的立案决定书。

第三十二条（技术调查的执行部门） 技术调查由设区的市级以上公安机关负责技术侦查的部门执行。

第三十三条（技术调查的批准） 公安机关负责技术侦查的部门执行技术调查，应当经设区的市级以上公安机关负责人批准。

第三十四条（技术调查的种类） 公安机关执行技术调查措施，可以采取记录监控、行踪监控、场所监控等措施，不得使用涉及谈话内容、侵犯公民通讯自由和通信秘密的措施。

第三十五条（技术调查的范围） 公安机关采取技术调查措施，必须严格按照监察机关批准的措施种类、适用对象和期限执行，不得自行变更技术调查措施的种类、对象或者缩短、延长执行时限。

第三十六条（技术调查的变更） 在技术调查有效期限内，监察机关认为需要变更技术调查措施种类或者适用对象，重新提请公安机关执行的，公安机关应当在收到协助请求后按照新的技术调查决定书执行。

第三十七条（技术调查的解除） 技术调查有效期限届满，未收到监察机关延长技术调查措施期限的法律文书及通知的，公安机关负责技术侦查的部门应当立即解除技术调查措施。

在技术调查有效期限内，监察机关认为不需要继续采取技术调查措施，书面通知公安机关解除的，公安机关负责技术侦查的部门应当立即解除技术调查措施。

在采取技术调查措施过程中，发现不再具备继续采取技术调查措施的条件，或者已经达到采取技术调查目的，公安机关应当及时告知监察机关，并根据监察机关解除技术调查措施的决定立即解除。

第三十八条（移交信息材料） 公安机关采取技术调查措施收集的信息和材料，应当向提出协助请求的监察机关完整移交。

第三十九条（保护措施） 使用技术调查措施收集的材料作为证据时，可能危及有关人员的人身安全或者产生其他严重后果的，公安机关应当采取不暴露有关人员身份和使用的技术设备、调查方法等保护措施。

第三节 通缉的执行

第四十条（执行通缉的适用情形） 对于涉嫌职务犯罪的被调查人应当依法留置，但因逃避调查而下落不明，或者涉嫌职务犯罪的被调查人已经被留置但又逃脱，监察机关决定通缉的，公安机关应当执行通缉。

第四十一条（执行通缉的形式审查） 县级以上监察机关将通缉决定书送公安机关的，公安机关应当初步审查是否具有明确的被通缉人员和范围，是否提供被通缉人员的基本信息和相关信息，是否附有决定留置的法律文书。

第四十二条（通缉令） 公安机关根据监察机关提供的信息签发通缉令时，应当注明被通缉人员的姓名、性别、年龄、身份证号码等基本信息，以及近期照片、体貌特征、行为习惯等便于识别辨认的有关信息。

纸质通缉令在通缉令的发送范围内广泛张贴，也可以通过计算机网络、报刊、广播、电视等方式一并发布。

第四十三条（补发通报）　通缉令发出后，监察机关获悉被通缉人员新的可能藏身地点，发现被通缉人员面貌特征有改变或者可能携带危险物品，向公安机关提供新的信息的，发出通缉令的公安机关可以补发通报。通报应当注明原通缉令的编号和日期。

第四十四条（查缉）　通缉令发布后，接到通缉令的公安机关应当迅速部署采取措施，组织力量布置查缉。

第四十五条（悬赏通告）　监察机关为发现重大犯罪线索、追缴涉案财物或者证据、查获在逃的被留置人员，请求公安机关发布悬赏通告的，公安机关根据监察机关的决定发布悬赏通告，注明悬赏对象的基本情况和赏金的具体数额。

第四十六条（撤销通缉令）　公安机关抓获被通缉人员，或者经核实被通缉人员已经自动投案、死亡或者被其他机关采取限制人身自由措施的，应当在原发布范围内撤销通缉令，并告知监察机关。

监察机关对被通缉人员终止调查或者通过其他方式查获被通缉人员，通知公安机关的，公安机关应当立即在原通缉令发布范围内撤销通缉令。

第四十七条（移交被通缉人员）　公安机关抓获被通缉人员的，应当通知监察机关及时移交，由监察机关确认、核实身份后予以接收。

在被通缉人员移交前，公安机关凭通缉令、监察机关留置决定书与通缉决定书等法律文书，将其送至监察机关的留置场所羁押。

第四节　限制出境的执行

第四十八条（执行限制出境的适用情形）　对于被调查人及相关

人员有可能潜逃境外，且已经办理护照或者其他出入境证件，或者尚未办理出入境证件，但有证据表明其可能申办出入境证件潜逃境外，监察机关决定采取限制出境措施的，公安机关依法执行限制出境。

第四十九条（执行限制出境的形式审查） 省级以上监察机关将限制出境决定书送公安机关的，公安机关应当审查是否列明限制出境人员及其身份信息，是否提出限制出境的具体措施，是否明确限制出境的口岸范围。

对于监察机关需要出入境边防检查机关限制被调查人及相关人员的人身自由的，公安机关应当同时查验是否附有留置决定书、通缉令等法律文书。被限制人身自由人员为县级以上人民代表大会代表的，应当核查是否附有相应的许可证明材料。

第五十条（交控） 对于国家监察委员会作出的限制出境决定，国家移民管理局受理交控手续，交由出入境边防检查机关实施。

对于省级监察机关作出的限制出境决定，国家移民管理局指定的出入境边防检查机关受理交控手续并实施。

第五十一条（边控措施） 对于被调查人及相关人员已办理出入境证件，需要在口岸采取边控措施，省级监察机关出具限制出境决定书和边控对象通知书送公安机关执行的，省级公安机关通知本省、自治区、直辖市有关口岸所在地出入境边防检查机关，依法阻止边控对象出境。

国家监察委员会需要在全国范围内采取边控措施的，国家移民管理局通知全国边防口岸采取边控措施。

县级以上监察机关遇有紧急情况，来不及通过省级机关办理交控手续，按照规定直接提请办理临时边控措施的，接控的口岸所在地出入境边防检查机关可以在管辖口岸采取临时边控措施，期限不超过七日，不得延期。

第五十二条（法定不批准出境措施） 对于被调查人及相关人员

尚未办理出入境证件，需要采取法定不批准出境措施，省级以上监察机关出具限制出境决定书和通报备案法律文书，送公安机关执行的，公安机关出入境管理机构在受理出入境证件申请时，通过数据库对申请人进行身份核查，属于法定不批准出境人员的，不为其办理出入境证件。

第五十三条（边防检查站检查）　边防检查站对出境人员边防检查，核查人员与护照等出入境证件是否相符，查验护照、签证和有关证件、证明的真伪及有效期，核对在控人员名单。

边防检查站发现出境人员具有限制出境的法定情形的，有权作出以下处理：

（一）扣留或者收缴其出境证件；

（二）限制其活动范围；

（三）进行调查或者移送有关机关处理。

边防检查站有权对出境的交通运输工具进行检查，认为载有危害国家安全和社会秩序的人员、非法出入境人员的，可以阻止出境。

第五十四条（边控措施的延长与撤销）　边控措施期限届满前，监察机关认为需要延长边控措施，或者边控措施期限届满后，再次对同一对象实施边控措施，监察机关按照原交控渠道办理续控手续的，公安机关按照续控要求执行边控措施。

边控措施期限届满，监察机关未办理续控手续的，公安机关应当立即撤控。

边控措施期限届满前无须继续实施边控，或者已查获被调查人阻止其出境的，监察机关按照原交控途径办理撤控手续的，公安机关应当立即撤控。

第五十五条（羁押与移交人员）　监察机关需要扣留被限制出境人员的，边防检查站凭监察机关法律文书临时羁押被限制出境人员，并通知监察机关及时移交。

第五节 搜查的协助执行

第五十六条（协助搜查的适用情形） 监察机关采取搜查措施，遇有被搜查人及其他人员可能阻碍搜查、实施自伤或者伤害他人行为，以及现场发现危险物品等情形，请求公安机关协助的，公安机关可以协助执行搜查。

第五十七条（协助搜查的形式审查与实质审查） 公安机关收到监察机关提请协助采取搜查措施公函的，应当审查是否列明协助搜查的目的、对象、范围及时间、地点和要求，是否附有搜查证复印件，是否符合协助搜查的适用情形。

第五十八条（现场处置一） 在监察机关进行搜查时，公安机关可以应监察机关请求协助警戒、封锁搜查现场，维护现场秩序。

被搜查人及其他人员阻碍、抵抗搜查活动，或者在现场实施自杀、自残、伤害他人行为的，公安机关应当及时制止。

需要见证人对搜查活动签名的，公安机关可以配合监察机关通知被搜查人的家属、邻居或者其他人作为见证人。

第五十九条（现场处置二） 公安机关协助监察机关搜查时，发现被搜查人或者搜查场所可能隐藏爆炸、剧毒等危险物品，应当协助妥善处置。

搜查现场发生妨害公务、寻衅滋事等活动的，公安机关应当及时制止或者将有关人员带离现场。构成违反治安管理行为的，依法给予治安管理处罚；构成犯罪的，依法追究刑事责任。

第六十条（协助搜查的要求） 公安机关协助搜查不得超出监察机关的搜查证和协助公函确定的搜查的时间、地点、范围，不得进行无证搜查。

第六节 留置的协助执行

第六十一条（协助留置的适用情形） 对于监察机关采取留置措

施，遇有以下情形，请求公安机关协助的，公安机关可以协助执行留置：

（一）被留置人员使用暴力方式阻碍、反抗、伤害监察机关调查人员的；

（二）被留置人员可能自伤、自残、脱逃的；

（三）监察机关羁押监管设施或者人力不足以保证监管安全的；

（四）在监察机关采取留置措施过程中，发生属公安机关管辖的其他违法犯罪活动或者有发生的现实可能性的。

第六十二条（协助留置的形式审查与实质审查）　公安机关收到监察机关提请协助采取留置措施公函的，应当审查是否列明协助留置的对象、协助事项和要求，是否明确协助采取措施的时间、地点，是否附有留置法律文书复印件，是否符合协助留置的适用情形。

对于监察机关出于保密需要，在采取留置措施前对被留置人员部分信息作保密处理的，公安机关不应仅因缺少被留置人员部分信息而拒绝协助。

第六十三条（协助送至留置场所）　对于被留置人员可能有逃跑、自杀、自残或者其他妨碍调查的行为的，公安机关可以协助监察机关控制、约束被留置人员，必要时，可以根据规定使用制服性或者约束性警械，并将其送至留置决定书确定的留置场所。

第六十四条（看守所羁押看管）　应监察机关要求在看守所执行留置措施的，看守所凭留置决定书和提请协助公函收押被留置人员，并协助办理案件的监察机关调查人员办理入所手续。

看守所执行留置，应当设置独立或者相对独立的留置专区，与其他羁押区域隔离。

看守所应当保障被留置人员的饮食、休息和安全，提供医疗服务。发现被留置人员为怀孕的妇女的，应当立即通知监察机关。

被留置人员在押期间要求委托辩护人，向看守所提出的，看守所应当及时向监察机关转达其要求。

第六十五条（协助监管看护） 监察机关在其留置场所执行留置，请求公安机关协助看护的，公安机关可以派员协助进行监管看护。

第六十六条（协助安全保障） 对于监察机关请求公安机关协助将被留置人员提解出所就医、开展辨认、配合追缴财物，移送被留置人员至其他羁押场所或者送往监狱执行刑罚的，公安机关可以派员协助保障安全。

第六十七条（协助应急处置） 对于留置场所发生或者可能发生紧急、重大突发性事件的，公安机关应监察机关请求可以组织警力及时协助妥善处置。

第六十八条（留置期满） 对于留置期限即将届满的，看守所应当在留置决定书注明的留置期限届满七日前，通知办理案件的监察机关。

对于超过留置期限，仍未对被留置人员变更或者解除留置措施的，看守所应当报告人民检察院，并通知办理案件的监察机关。

第六十九条（留置措施的解除） 对于监察机关认为不需要继续采取留置措施，或者发现采取留置措施不当，通知公安机关解除的，看守所应当立即办理出所手续。

第七节　其他措施的协助执行

第七十条（查询、调取的协助执行） 监察机关请求协助查询、调取公安机关相关信息的，公安机关查看以监察机关名义出具的介绍信、调查人员工作证以及案件相关法律文书，可以协助查询、调取相关信息材料。

对于有关信息材料涉及国家秘密、警务工作秘密、商业秘密或者个人隐私，且为监察机关调查案件所必需的，公安机关提供材料时，应当作出标注或者单独组卷提供。

第七十一条（查封、扣押、冻结、追缴的协助执行）　监察机关对涉案财物采取查封、扣押、冻结措施，请求公安机关协助的，公安机关可以协助维护现场秩序。对以暴力、威胁等方法阻碍监察机关调查人员查封、扣押、冻结的，依法及时制止。涉嫌违法的，依法给予治安管理处罚；涉嫌犯罪的，依法追究刑事责任。

监察机关对被调查人违法取得的财物及孳息决定追缴或者责令退赔，请求公安机关协助的，公安机关可以依法协助执行。

监察机关扣押机动车，将扣押决定书送达车辆户籍所在地的公安机关车辆管理部门的，公安机关应当及时登记，在查封、扣押期间不再办理权属关系变更或者转移登记手续。

对于公安机关已经查封、冻结的涉案财物，监察机关轮候查封、冻结时，请求公安机关协助交由监察机关查封、冻结的，公安机关可以在查封、冻结期限届满时不再办理续封、续冻手续，或者在期限届满前解除查封、冻结，由监察机关办理查封、冻结手续。

第七十二条（谈话、询问、讯问的协助执行）　看守所协助执行留置时，监察机关调查人员持相关法律文书和工作证件对被调查人进行谈话、讯问、询问的，看守所应当及时安排。

监察机关调查人员需要对看守所羁押的犯罪嫌疑人、被告人、执行余刑的罪犯，在拘留所执行行政拘留的人员，或者在强制隔离戒毒所进行强制隔离戒毒的人员进行谈话、讯问、询问，出示以监察机关名义出具的介绍信、调查人员工作证件、请求协助的文书或者公函，以及谈话、讯问、询问法律文书的，看守所、拘留所、强制隔离戒毒所可以予以协助。

监察机关对被调查人进行谈话、讯问、询问，需要查找其住处或者居所的，公安机关可以协助监察机关查找和确定。

第七十三条（证人保护）　对于被害人、鉴定人、证人因作证，本人或者近亲属人身安全存在危险的，公安机关可以应监察机关协助请求，协助采取必要的保护措施。

第七十四条（反腐败国际合作中的协助执行） 国家监察委员会向公安部提出协助缉捕逃亡境外的被调查人的，公安部凭国家监察委员会的协助请求、办案监察机关同级人民检察院作出的逮捕决定，由国际刑事警察组织中国国家中心局通过国际刑事警察组织进行查找和缉捕。

监察机关对逃匿境外的被调查人提出引渡请求的，公安机关在接收移交的被引渡人和涉案财物后，应当及时移交提出引渡请求的监察机关；也可以会同监察机关共同接收被引渡人以及涉案财物。

第五章 执行监督

第七十五条（内部监督） 公安机关执行监察协助，应当建立、完善和严格执行办案责任制度、执法过错责任追究制度等内部执法监督制度。

公安机关通过上级对下级的监督领导、法制部门对执法办案的监督管理、督察部门对执法办案与遵守纪律情况的现场监督以及警种部门的监督指导，加强对执行监察协助情况的内部监督。

第七十六条（配合监察监督） 监察机关依照有关规定对公安机关工作人员在执行监察协助活动中的违法违纪行为进行线索核查、立案调查、处置的，公安机关应当予以配合，自觉接受监督。

第七十七条（配合检察监督） 公安机关在执行监察协助过程中使用武器造成人员伤亡的，应当及时通知当地人民检察院。

人民检察院发现公安机关工作人员在执行监察协助过程中，利用职权实施非法搜查、非法拘禁行为，涉嫌构成犯罪，予以立案侦查的，公安机关应当予以配合。

第七十八条（国家赔偿违法归责） 公安机关执行监察协助，因违反法律规定行使职权或者超出监察机关请求协助的范围，造成人员伤亡或者财产损害，受害人请求国家赔偿的，公安机关应当予以赔偿。

第七十九条（国家赔偿情形）　公安机关执行监察协助，有下列侵犯人身权情形之一的，受害人有取得赔偿的权利：

（一）非法拘禁或者以其他方法非法剥夺人身自由的；

（二）刑讯逼供或者以殴打、虐待等行为或者唆使、放纵他人以殴打、虐待等行为造成人员身体伤害或者死亡的；

（三）造成人员身体伤害或者死亡的其他违法行为。

公安机关执行监察协助，有下列侵犯财产权情形之一的，受害人有取得赔偿的权利：

（一）违法对财产采取查封、扣押、冻结、追缴等措施的；

（二）造成财产损害的其他违法行为。

属于下列情形之一的，公安机关不承担赔偿责任：

（一）因受害人自己的行为致使损害发生的；

（二）公安机关工作人员与行使职权无关的个人行为；

（三）法律规定的其他情形。

第八十条（国家赔偿先行处理程序）　赔偿义务机关法制部门接收赔偿申请，自赔偿申请受理之日起五个工作日内，将申请材料副本送赔偿请求所涉办案部门。办案部门应当自收到之日起十个工作日内向法制部门作出书面答复，并提供赔偿请求所涉职权行为的证据、依据和其他材料。

赔偿义务机关应当自受理赔偿申请之日起两个月内，经本机关负责人批准，分别作出是否予以赔偿的决定。决定予以赔偿的，应当载明赔偿方式、项目和数额。

第八十一条（国家赔偿复议程序）　赔偿请求人不服赔偿义务机关作出的决定或者逾期未作决定的，可以申请赔偿复议。

赔偿义务机关的上一级公安机关受理复议申请。赔偿义务机关是公安部的，公安部受理复议申请。

复议机关法制部门应当自复议申请受理之日起五个工作日内，将申请材料副本送赔偿义务机关。赔偿义务机关应当自收到之日起十个工作日内向复议机关作出书面答复，并提供相关证据、依据和其他材料。

复议机关法制部门自受理之日起两个月内，经本机关负责人批准作出维持、确认违法、责令限期重作的决定，或者自行重新作出决定。

第八十二条（国家赔偿司法程序） 赔偿复议机关逾期不作复议决定或者赔偿请求人不服复议决定的，可向复议机关所在地同级人民法院赔偿委员会申请作出赔偿决定。

第八十三条（前置程序） 公安机关在审查国家赔偿请求时，发现执行监察协助活动以监察机关请求协助行为的合法性作为前提的，可以告知赔偿请求人先向监察机关提出国家赔偿请求，待监察机关作出认定后，再向公安机关提出。

第八十四条（追偿） 赔偿义务机关支付赔偿金后，可以向有关责任人员追偿部分或者全部赔偿费用。

追偿数额的确定，应当综合考虑赔偿数额、被追偿人过错程度以及损害后果等因素确定，并为被追偿人及其扶养的家属保留必需的生活费用。

第八十五条（依法履职的免责） 公安机关工作人员应监察机关请求执行监察协助，并按照法定条件和程序行使职权，造成损害的，不承担法律责任。

第八十六条（政务处分、纪律处分与刑事责任） 公安机关工作人员在执行监察协助中，违法行使职权的，依照有关规定给予政务处分、行政纪律处分；构成犯罪的，依法追究刑事责任。

第六章 附 则

第八十七条（法律文书） 执行本规定所需要的法律文书式样，由公安部制定。公安部没有制定式样，执行监察协助工作中需要的其他法律文书，省级公安机关可以制定式样。

第八十八条（案卷与信息系统） 监察协助请求的接收和执行部门应当将监察协助请求的接收、协助调查、协助采取强制措施、通知与反馈、移交人员及涉案财物等执行监察协助过程中形成的文书材料，按照一案一卷原则建立案卷，并按照有关规定录入执法办案信息系统。

第八十九条（数级定义） 本规定所称“以上”“以下”“内”皆包括本数或者本级。

第九十条（实施） 本规定自 年 月 日起施行。公安部其他规章对办理执行监察协助的具体事项有特别规定的，按照特别规定办理；没有特别规定的，按照本规定办理。

参考文献

专　著

陈光中主编：《21 世纪域外刑事诉讼立法最新发展》，中国政法大学出版社 2004 年版。

陈瑞华：《刑事审判原理论》，北京大学出版社 1997 年版。

陈新民：《德国公法学基础理论》，山东人民出版社 2001 年版。

葛洪义主编：《法理学》，中国政法大学出版社 1999 年版。

韩延龙、苏亦工等：《中国近代警察史》，社会科学文献出版社 2000 年版。

季卫东：《法治秩序的建构》，中国政法大学出版社 1999 年版。

柯良栋、李民真主编：《〈公安机关组织管理条例〉释义》，群众出版社 2007 年版。

李培传：《论立法》，中国法制出版社 2004 年版。

李震山：《警察行政法论——自由与秩序之折冲》，台北，元照出版有限公司 2009 年版。

刘伯祥主编：《外国警察法》，中国法制出版社 2007 年版。

卢建军：《警察职权的界定与配置》，北京大学出版社 2017 年版。

聂福茂、余凌云主编：《警察行政法学》，中国人民公安大学出版社 2005 年版。

秦前红：《监察改革中的法治工程》，译林出版社 2020 年版。

秦前红、叶海波等：《国家监察制度改革研究》，法律出版社2018年版。

秦前红主编：《监察法学教程》，法律出版社2019年版。

孙茂利主编：《公安机关办理刑事案件程序规定释义与实务指南》（2020年版），中国人民公安大学出版社2020年版。

孙茂利主编：《公安机关刑事执法程序一本通》（2020年版），中国人民公安大学出版社2020年版。

童之伟：《法权与宪政》，山东人民出版社2001年版。

童之伟、殷啸虎主编：《宪法学》（第2版），上海人民出版社、北京大学出版社2010年版。

王大伟主编：《欧美警察科学原理——世界警务革命向何处去》，中国人民公安大学出版社2007年版。

王利明、杨立新编著：《侵权行为法》，法律出版社1996年版。

吴庚：《行政法之理论与实用》，台北，三民书局股份有限公司2015年版。

习近平：《论坚持全面深化改革》，中央文献出版社2018年版。

习近平：《论坚持人民当家作主》，中央文献出版社2021年版。

《习近平谈治国理政》（第三卷），外文出版社2020年版。

许安标、武增主编：《中华人民共和国国家赔偿法解读》，中国法制出版社2010年版。

姚文胜：《国家监察体制改革研究》，中国社会科学出版社2019年版。

应松年主编：《行政程序法立法研究》，中国法制出版社2001年版。

袁杰主编：《中华人民共和国行政诉讼法解读》，中国法制出版社2014年版。

张文显：《法哲学范畴研究》（修订版），中国政法大学出版社

2001 年版。

中共中央纪律检查委员会法规室、中华人民共和国国家监察委员会法规室编写：《〈中国共产党纪律检查机关监督执纪工作规则〉释义》，中国方正出版社 2019 年版。

中共中央纪律检查委员会法规室、中华人民共和国国家监察委员会法规室编写：《〈中华人民共和国监察法〉释义》，中国方正出版社 2018 年版。

卓泽渊：《法治国家论》，法律出版社 2008 年版。

[法] 孟德斯鸠：《论法的精神》（上卷），许明龙译，商务印书馆 2009 年版。

[美] 汉密尔顿等：《联邦党人文集》，程逢如等译，商务印书馆 1980 年版。

[美] 卡尔·J. 弗里德里希：《超验正义：宪政的宗教之维》，周勇、王丽芝译，生活·读书·新知三联书店 1997 年版。

[美] 罗伯特·兰沃西、劳伦斯·特拉维斯：《什么是警察——美国的经验》，尤小文译，群众出版社 2004 年版。

[日] 松井茂：《警察学纲要》，吴石译，中国政法大学出版社 2005 年版。

[英] 丹宁勋爵：《法律的正当程序》，李克强等译，群众出版社 1984 年版。

[英] 罗伯特·雷纳：《警察与政治》，易继苍、朱俊瑞译，知识产权出版社 2008 年版。

期　刊

卞建林：《监察机关办案程序初探》，载《法律科学（西北政法大学学报）》2017 年第 6 期。

蔡震荣：《行政法强制执行之困境与职务协助》，载《行政法学研究》2015 年第 2 期。

陈光中：《关于我国监察体制改革的几点看法》，载《环球法律评论》2017 年第 2 期。

陈光中、姜丹：《关于〈监察法（草案）〉的八点修改意见》，载《比较法研究》2017 年第 6 期。

陈光中、兰哲：《监察制度改革的重大成就与完善期待》，载《行政法学研究》2018 年第 4 期。

陈光中、邵俊：《我国监察体制改革若干问题思考》，载《中国法学》2017 年第 4 期。

陈辉：《论监察委员会处置权的合理配置与规范运行》，载《社会主义研究》2019 年第 6 期。

陈辉、汪进元：《论"监、检、审"三机关间的分工、配合与制约关系》，载《南京社会科学》2018 年第 5 期。

陈明辉：《论我国国家机构的权力分工：概念、方式及结构》，载《法商研究》2020 年第 2 期。

陈鹏：《公法上警察概念的变迁》，载《法学研究》2017 年第 2 期。

陈瑞华：《论国家监察权的性质》，载《比较法研究》2019 年第 1 期。

陈瑞华：《论监察委员会的调查权》，载《中国人民大学学报》2018 年第 4 期。

陈卫东、石献智：《警察权的配置原则及其控制——基于治安行政管理和刑事诉讼的视角》，载《山东公安专科学校学报》2003 年第 5 期。

陈卫东：《职务犯罪监察调查程序若干问题研究》，载《政治与法律》2018 年第 1 期。

陈勇、许燕：《监察机关与审判机关关系问题研究》，载《理论观察》2019 年第 4 期。

陈越峰：《监察措施的合法性研究》，载《环球法律评论》2017 年第 2 期。

陈征：《国家从事经济活动的宪法界限——以私营企业家的基本权利为视角》，载《中国法学》2011 年第 1 期。

程华、沈国琴：《警察行政救助权的有效行使及法律规制》，载《中国人民公安大学学报（社会科学版）》2014 年第 4 期。

杜仪方：《新〈国家赔偿法〉下刑事赔偿的司法实践研究》，载《当代法学》2018 年第 2 期。

高文英：《和谐社会警察权配置的利益考量——尊重和协助保护私权的视角》，载《中国人民公安大学学报（社会科学版）》2011 年第 3 期。

韩大元：《论国家监察体制改革中的若干宪法问题》，载《法学评论》2017 年第 3 期。

郝赤勇：《警察权力论》，载《公安研究》2005 年第 9 期。

洪浩：《刑事诉讼视域下的国家监察机关：定位、性质及其权力配置》，载《法学论坛》2019 年第 1 期。

胡铭：《职务犯罪留置措施衔接刑事诉讼的基本逻辑》，载《北方法学》2019 年第 4 期。

黄学贤：《特别权力关系理论研究与实践发展——兼谈特别权力关系理论在我国的未来方位》，载《苏州大学学报（哲学社会科学版）》2019 年第 5 期。

黄学贤、吴志红：《行政协助程序研究》，载《行政法学研究》2009 年第 4 期。

黄学贤、吴志红：《行政协助分类研究初探》，载《江苏社会科学》2009 年第 1 期。

黄学贤：《行政程序中的协力行为研究——基于两岸理论与实践

的比较》，载《苏州大学学报》2006 年第 5 期。

黄学贤、周春华：《行政协助概念评析与重塑》，载《法治论丛（上海政法学院学报）》2007 年第 3 期。

江国华：《国家监察体制改革的逻辑与取向》，载《学术论坛》2017 年第 3 期。

江国华：《国家监察与刑事司法的衔接机制研究》，载《当代法学》2019 年第 2 期。

江国华、何盼盼：《中国特色监察法治体系论纲》，载《新疆师范大学学报（哲学社会科学版）》2018 年第 5 期。

江国华、王冲：《监察委员会留置措施论析》，载《湖北社会科学》2018 年第 9 期。

江国华、张硕：《监察过程中的公安协助配合机制》，载《法学研究》2019 年第 2 期。

江国华：《正当性、权限与边界——特别权力关系理论与党内法规之证成》，载《法律科学（西北政法大学学报）》2019 年第 1 期。

姜明安：《国家监察法立法的若干问题探讨》，载《法学杂志》2017 年第 3 期。

姜明安：《论监察法的立法目的与基本原则》，载《行政法学研究》2018 年第 4 期。

姜明安：《正当法律程序：扼制腐败的屏障》，载《中国法学》2008 年第 3 期。

蒋秋明：《程序正义与法治》，载《学海》1998 年第 6 期。

焦洪昌、古龙元：《从全国人大常委会授权看监察体制改革》，载《行政法学研究》2017 年第 4 期。

李健和：《论我国警察权力配置的原则与优化路径——警察权力专题研究之三》，载《中国人民公安大学学报（社会科学版）》2007 年第 6 期。

李样举、韩大元：《论宪法之下国家立法具体化功能的实现》，载《厦门大学学报（哲学社会科学版）》2013 年第 3 期。

林艺芳：《监察机关与公安机关配合衔接机制研究》，载《湘潭大学学报（哲学社会科学版）》2018 年第 5 期。

刘茂林：《国家监察体制改革与中国宪法体制发展》，载《苏州大学学报（法学版）》2017 年第 4 期。

刘茂林：《警察权的现代功能与宪法构造难题》，载《法学评论》2017 年第 1 期。

刘茂林：《全面深化公安改革背景下警察权配置问题思考》，载《中国法律评论》2018 年第 3 期。

刘熊擎天：《论监察机关与公、检、法之间的规范关系——从〈监察法〉第 4 条切入》，载《湖北警官学院学报》2019 年第 2 期。

刘艳红：《程序自然法作为规则自洽的必要条件——〈监察法〉留置权运作的法治化路径》，载《华东政法大学学报》2018 年第 3 期。

刘艳红：《监察委员会调查权运作的双重困境及其法治路径》，载《法学论坛》2017 年第 6 期。

龙宗智：《监察与司法协调衔接的法规范分析》，载《政治与法律》2018 年第 1 期。

龙宗智：《司法的逻辑》，载《中国法律评论》2018 年第 4 期。

卢建军：《以权力关系的视角解析警察权——兼论适应国家治理现代化要求的警察权力关系》，载《中国人民公安大学学报（社会科学版）》2015 年第 4 期。

马怀德：《国家监察体制改革的重要意义和主要任务》，载《国家行政学院学报》2016 年第 6 期。

马怀德、孔祥稳：《我国国家赔偿制度的发展历程、现状与未来》，载《北京行政学院学报》2018 年第 6 期。

马怀德：《再论国家监察立法的主要问题》，载《行政法学研究》2018 年第 1 期。

马岭：《监察委员会的设立与人大制度的完善及宪法修改》，载《苏州大学学报（法学版）》2017 年第 4 期。

门中敬：《我国政府架构下的权力配置模式及其定型化》，载《中国法学》2021 年第 6 期。

莫于川：《论新监察体系中的法律责任机制》，载《现代法治研究》2019 年第 1 期。

莫于川：《试论条理法在调整特别权力关系中的作用——以公立高校管理行为争议解决机制为例》，载《河南财经政法大学学报》2014 年第 3 期。

倪铁：《监察技术调查权运作困境及其破局》，载《东方法学》2019 年第 6 期。

聂辛东：《国家监察委员会的监察法规制定权限：三步确界与修法方略》，载《政治与法律》2020 年第 1 期。

齐小力、陆冬华：《论公安机关和监察机关互相配合、互相制约》，载《中国人民公安大学学报（社会科学版）》2018 年第 3 期。

钱宁峰：《监察机关与执法部门之间关系的宪法定位及其具体化》，载《学海》2019 年第 3 期。

秦前红：《国家监察体制改革宪法设计中的若干问题思考》，载《探索》2017 年第 6 期。

秦前红：《监察权一词的流变和现实观照》，载《中国纪检监察》2019 年第 8 期。

秦前红：《监察体制改革的逻辑与方法》，载《环球法律评论》2017 年第 2 期。

秦前红、刘怡达：《国家监察体制改革背景下人民法院监察制度述要》，载《现代法学》2018 年第 4 期。

秦前红、刘怡达：《国家监察体制改革的法学关照：回顾与展望》，载《比较法研究》2019 年第 3 期。

秦前红、石泽华：《监察委员会留置措施研究》，载《苏州大学学报（法学版）》2017 年第 4 期。

秦前红、石泽华：《论监察权的独立行使及其外部衔接》，载《法治现代化研究》2017 年第 6 期。

秦前红、石泽华：《目的、原则与规则：监察委员会调查活动法律规制体系初构》，载《求是学刊》2017 年第 5 期。

秦前红：《我国监察机关的宪法定位：以国家机关相互间的关系为中心》，载《中外法学》2018 年第 3 期。

秦前红、周航：《党纪处分与政务处分的衔接协调及运行机制》，载《中国法律评论》2021 年第 1 期。

秦文峰：《国家监察体制改革背景下律师帮助权研究》，载《吉林大学社会科学学报》2017 年第 6 期。

任喜荣：《国家机构改革的宪法界限》，载《当代法学》2017 年第 4 期。

上官春光：《台湾通讯监察制度及其借鉴意义》，载《国家检察官学院学报》2008 年第 6 期。

沈寿文：《政府横向权力配置新论——从结构功能主义角度的分析》，载《政法论丛》2011 年第 1 期。

苏力：《当代中国的中央与地方分权——重读毛泽东〈论十大关系〉第五节》，载《中国社会科学》2004 年第 2 期。

孙首灿：《论特别权力关系在中国之体现及破除》，载《云南行政学院学报》2016 年第 1 期。

谭羚雁、郎悦：《公安机关职责同构问题研究》，载《山东警察学院学报》2020 年第 6 期。

汤颖：《警察行政协助制度研究——以警察人身权益保障为视

角》，载《经济研究导刊》2016 年第 26 期。

唐冬平：《公安协助配合监察事项范围之限缩》，载《法学》2019 年第 8 期。

唐震：《行政协助行为基本要素解析》，载《政治与法律》2013 年第 4 期。

童之伟：《对监察委员会自身的监督制约何以强化》，载《法学评论》2017 年第 1 期。

童之伟：《将监察体制改革全程纳入法治轨道之方略》，载《法学》2016 年第 12 期。

王利明：《立法应当去部门化》，载《当代贵州》2015 年第 21 期。

王利明：《我国〈侵权责任法〉归责原则体系的特色》，载《法学论坛》2010 年第 2 期。

王麟：《行政协助论纲——兼评〈中华人民共和国行政程序法（试拟稿）〉的相关规定》，载《法商研究》2006 年第 1 期。

王青斌：《论监察赔偿制度的构建》，载《政法论坛》2019 年第 3 期。

王秀梅、黄玲林：《监察法与刑事诉讼法衔接若干问题研究》，载《法学论坛》2019 年第 2 期。

王旭：《国家监察机构设置的宪法学思考》，载《中国政法大学学报》2017 年第 5 期。

王译、江国华：《逻辑原点、基本原则与功能期待：完善监察监督机制的应然面向》，载《中共天津市委党校学报》2020 年第 1 期。

王智嵬、赵继伦：《论作为损害赔偿原则与责任承担方式的恢复原状——以侵权法为中心》，载《山东师范大学学报（人文社会科学版）》2018 年第 1 期。

魏昌东：《中国特色国家监察权的法治化建构策略——基于对监

察“二法一例”法治化建构的系统性观察》，载《政法论坛》2021年第6期。

魏建新：《违法抑或过错：行政不作为赔偿归责原则的重构》，载《江汉论坛》2018年第11期。

魏薇：《监警协作机制研究》，载《法制与社会》2019年第32期。

魏振瀛：《侵权责任方式与归责事由、归责原则的关系》，载《中国法学》2011年第2期。

吴传毅：《论正当法律程序的作用及其原则》，载《行政论坛》2008年第3期。

吴建雄：《国家监察体制改革的法治逻辑与法治理念》，载《中南大学学报（社会科学版）》2017年第4期。

吴建雄：《国家监察体制改革“试点工作在全国推开”的法理思考》，载《中国党政干部论坛》2017年第11期。

谢维雁：《论美国宪政下的正当法律程序》，载《社会科学研究》2003年第5期。

徐国利：《论行政问责的责任与归责原则》，载《上海行政学院学报》2017年第1期。

徐汉明、李少波：《〈监察法〉与〈刑事诉讼法〉实施衔接路径探究》，载《法学杂志》2019年第5期。

徐汉明、张乐：《监察委员会职务犯罪调查与刑事诉讼衔接之探讨——兼论法律监督权的性质》，载《法学杂志》2018年第6期。

杨立邦：《监察法律责任的逻辑谱系与价值意蕴》，载《武汉科技大学学报（社会科学版）》2021年第4期。

杨小君：《国家赔偿的归责原则与归责标准》，载《法学研究》2003年第2期。

叶青：《监察机关调查犯罪程序的流转与衔接》，载《华东政法大学学报》2018 年第 3 期。

余凌云：《警察权的“脱警察化”规律分析》，载《中外法学》2018 年第 2 期。

余凌云：《警察权的央地划分》，载《法学评论》2019 年第 4 期。

余凌云：《警察权划分对条块体制的影响》，载《中国法律评论》2018 年第 3 期。

余湘青：《基于警察行政协助的视角谈〈警察法〉的修改》，载《公安学刊（浙江警察学院学报）》2010 年第 6 期。

袁博：《监察制度改革背景下检察机关的未来面向》，载《法学》2017 年第 8 期。

詹建红、崔玮：《职务犯罪案件监察分流机制探究——现状、问题及前瞻》，载《中国法律评论》2019 年第 6 期。

张红：《监察赔偿论要》，载《行政法学研究》2018 年第 6 期。

张建伟：《法律正当程序视野下的新监察制度》，载《环球法律评论》2017 年第 2 期。

张建伟：《监察至上还是三察鼎立——新监察权在国家权力体系中的配置分析》，载《中国政法大学学报》2018 年第 1 期。

张晋藩：《中国古代监察机关的权力地位与监察法》，载《国家行政学院学报》2016 年第 6 期。

张骐：《论当代中国法律责任的目的、功能与归责的基本原则》，载《中外法学》1999 年第 6 期。

张翔：《国家权力配置的功能适当原则——以德国法为中心》，载《比较法研究》2018 年第 3 期。

张翔、赖伟能：《基本权利作为国家权力配置的消极规范——以监察制度改革试点中的留置措施为例》，载《法律科学（西北政法大学学报）》2017 年第 6 期。

张翔：《我国国家权力配置原则的功能主义解释》，载《中外法学》2018 年第 2 期。

张云霄、温树飞：《论我国职务犯罪技术侦查措施适用与人权保障之平衡——以与国外职务犯罪技术侦查措施适用比较研究为视角》，载《法学杂志》2014 年第 7 期。

章剑生：《论利益衡量方法在行政诉讼确认违法判决中的适用》，载《法学》2004 年第 6 期。

赵炜：《公安机关体制改革论纲》，载《中国人民公安大学学报（社会科学版）》2014 年第 6 期。

郑琳：《警察协助的产生与发展考》，载《公安学刊（浙江警察学院学报）》2019 年第 6 期。

郑琳：《警察协助分类的再探讨》，载《江苏警官学院学报》2020 年第 2 期。

郑琳：《警察协助活动的分类改革与完善路径》，载《苏州大学学报（法学版）》2020 年第 1 期。

郑琳：《论警察协助执行义务》，载《中国刑警学院学报》2018 年第 1 期。

郑琳：《我国警察协助模式的选取——一种比较法上的检讨与反思》，载《行政法学研究》2019 年第 6 期。

郑智航：《从互惠性到宽容性：法律责任构造逻辑的嬗变》，载《山东大学学报（哲学社会科学版）》2018 年第 2 期。

周叶中、胡爱斌：《中国特色的“权力分工协调”论》，载《南京社会科学》2018 年第 6 期。

周永坤：《权力结构模式与宪政》，载《中国法学》2005 年第 6 期。

周佑勇：《监察委员会权力配置的模式选择与边界》，载《政治与法律》2017 年第 11 期。

朱福惠：《论检察机关对监察机关职务犯罪调查的制约》，载《法学评论》2018 年第 3 期。

朱芒：《作为行政处罚一般种类的“通报批评”》，载《中国法学》2021 年第 2 期。

朱孝清：《国家监察体制改革后检察制度的巩固与发展》，载《法学研究》2018 年第 4 期。

祝捷、宋静：《党内法规体系的结构耦合特征及其实践意义——基于系统论的思考》，载《理论与改革》2020 年第 1 期。

左卫民、安琪：《监察委员会调查权：性质、行使与规制的审思》，载《武汉大学学报（哲学社会科学版）》2018 年第 1 期。

学位论文

曹秋龙：《党内“两规”问题的宪法学研究》，华东政法大学 2015 年博士学位论文，第 92－95、157 页。

雷蓉：《公安警察行政协助制度研究》，山西大学 2010 年硕士学位论文，第 37 页。

李倩：《纪检监察机关办案协作模式研究》，石家庄铁道大学 2016 年硕士学位论文，第 12－13 页。

刘琳璘：《宪法学视野下警察权问题研究》，郑州大学 2016 年博士学位论文，第 37 页。

刘雪梅：《特别权力关系理论与中国行政法》，中国政法大学 2002 年硕士学位论文，第 5－9 页。

孟庆超：《中国警制近代化研究——以法文化为视角》，中国政法大学 2004 年博士学位论文，第 3 页。

任广浩：《当代中国国家权力纵向配置问题研究》，河北师范大学 2009 年博士学位论文，第 41 页。

文华：《我国警察权力的法律规制研究》，武汉大学 2010 年博士学位论文，第 9－10、52、73、118 页。

张杰：《中国民主建设中的政治权力配置方式》，中共中央党校2006年博士学位论文，第113页。

张强：《法治视野下的警察权》，吉林大学2005年博士学位论文，第97－114页。

周春华：《行政协助过程规制论》，苏州大学2008年硕士学位论文，第30－31页。

报　纸

本报评论员：《中国的司法权从根本上说是中央事权》，载《人民日报》2014年1月22日，第9版。

董柳：《民法典草案最大亮点：人格权独立成编》，载《羊城晚报》2020年5月19日，A4版。

马怀德：《全面从严治党亟待改革国家监察体制》，载《光明日报》2016年11月12日，第3版。

《习近平：在庆祝全国人民代表大会成立60周年大会上的讲话》，载《人民日报》2014年9月6日，第2版。

张天培：《强化受案立案监管，执法活动全程留痕，全国范围内建立投诉平台　公安执法越来越规范》，载《人民日报》2021年9月15日，第12版。

钟纪晟：《被审查对象既涉嫌职务犯罪又涉嫌其他刑事犯罪，监委和公安机关分别立案调查、侦查的案件，怎样移送起诉？如何做到同步起诉？》，载《中国纪检监察报》2019年9月25日，第8版。

钟纪言：《提高国家治理能力必须强化对权力运行的制约和监督——读〈中外监督制度比较〉》，载《中国纪检监察报》2019年11月7日，第6版。

钟纪言：《以有力有效监督促进国家治理》，载《中国纪检监察报》2020年5月14日，第7版。

网络文献

陈光中:《〈监察法〉是党规转向国法的重要变化》,载中新网,https://www.chinanews.com.cn/gn/2018/03-22/8473449.shtml。

《法工委:将按监察法要求,对留置场所的设置管理作进一步规定》,载澎湃新闻网 2018 年 2 月 17 日,https://www.thepaper.cn/newsDetail_forward_2011064。

福建省纪委监委:《福建:构建监察机关与公安机关协作配合工作机制》,载福建省纪委监委网,http://www.fjcdi.gov.cn/html/zsyxggjxs/20180523/1685577.html。

公安部:《公安部关于〈中华人民共和国看守所法(公开征求意见稿)〉公开征求意见的公告》,载公安部网 2017 年 6 月 15 日,https://www.mps.gov.cn/n2254536/n4904355/c5728120/content.html。

公安部:《公安部关于〈中华人民共和国人民警察法〉(修订草案稿)公开征求意见的公告》,载公安部网 2016 年 12 月 1 日,https://www.mps.gov.cn/n2254536/n4904355/c5561673/content.html。

《公安局多一个新警种!专门负责这项工作的警察!》,载澎湃新闻网 2019 年 11 月 30 日,https://www.thepaper.cn/newsDetail_forward_5107832。

郭兴、段晓博:《精打"组合拳" 全面试用 12 项调查措施》,载中央纪委国家监委网,http://www.ccdi.gov.cn/toutiao/201712/t20171208_126403.html。

郭兴:《中央纪委国家监委机关各单位以开展"不忘初心、牢记使命"主题教育为动力 进一步提高依规依纪依法履职水平》,载中央纪委国家监委网,https://www.ccdi.gov.cn/toutiaon/201907/t20190720_95592.html。

湖北省纪委监委案件监督管理室:《牢牢守住审查调查安全底线》,

载湖北省纪委监委网2018年5月9日，http：//www. hbjwjc. gov. cn/mbag/103781. htm。

《纪委监委机关执纪监察文书模板大全》，载清风知己网2018年9月17日，https：//www. zhijidoc. com/p－7423. html？fs＝1。

李建国：《关于〈中华人民共和国监察法〉（草案）的说明》，载新华网，http：//www. xinhuanet. com/politics/2018lh/2018－03/14/c_1122532994. htm。

刘亮：《习近平在中央人大工作会议上发表重要讲话强调坚持和完善人民代表大会制度 不断发展全过程人民民主》，载央视新闻网，https：//news. cctv. com/2021/10/14/ARTIf1ZP8bz7psTNAF1QxwMm211014. shtml。

刘一霖、程威：《反腐败法规制度体系不断完善 推进纪检监察工作规范化法治化正规化》，载中央纪委国家监委网，https：//www. ccdi. gov. cn/yaowenn/202201/t20220119_165439. html。

申欣旺：《〈行政程序法〉难产25年背后：权力不愿自缚手脚》，载中国新闻网，http：//www. chinanews. com/gn/news/2010/05－14/2283088. shtml。

王岐山：《坚持党的领导 依规管党治党为全面推进依法治国提供根本保证》，载中央纪委监察部网，http：//www. ccdi. gov. cn/gcsy/201411/t20141104_29984. html。

新华社记者：《积极探索实践 形成宝贵经验 国家监察体制改革试点取得实效——国家监察体制改革试点工作综述》，载新华网，http：//news. xinhuanet. com/2017－11/05/c_1121908387. htm。

新华社：《中共中央办公厅印发〈中国共产党纪律检查机关监督执纪工作规则〉》，载中国政府网，http：//www. gov. cn/zhengce/2019－01/06/content_5355392. html。

新华社：《中共中央印发〈关于加强党内法规制度建设的意

见〉》，载人民网，http：//politics. people. com. cn/n1/2017/0626/c1001 – 29361527. html。

许菁：《全国已有 1500 个看守所正式向社会开放》，载财新网，https：//china. caixin. com/2011 – 02 – 24/100228748. html。

中央纪委国家监委：《监察法一周年 · 看制度建设推动执法贯通、有效衔接司法》，载中央纪委国家监委网，https：//www. ccdi. gov. cn/toutiaon/201903/t20190319_94916. html。

中央纪委国家监委：《2018 年度十大反腐热词》，载中央纪委国家监委网，https：//www. ccdi. gov. cn/toutiao/201812/t20181229 _ 185999. html。

中央纪委国家监委：《中共中央纪委国家监察委员会印发〈监察机关监督执法工作规定〉》，载中央纪委国家监委网，http：//www. ccdi. gov. cn/toutiao/201907/t20190715_197112. html。

《重庆市公安局监管总队监察留置管理支队护卫服务（21C00907）中标（成交）结果公告》，载中国政府采购网，http：//www. ccgp. gov. cn/cggg/dfgg/zbgg/202109/t20210927_16946490. htm。

周根山：《国家监委与有关单位联合印发意见　加强和完善监察执法与刑事司法衔接机制》，载中央纪委国家监委网，https：//www. ccdi. gov. cn/toutiaon/202101/t20210117_98736. html。

《走近监察法：留置程序、场所、时间等细节问题，听刘建超权威解答!》，载浙江省监察委员会网，http：//www. zjsjw. gov. cn/ch112/system/2018/03/15/030768227. shtml。

Robert Longley，*The History of Modern Policing*，Thought Co.（July 13，2020），https：//www. thoughtco. com/the – history – of – modern – policing – 974587.

后　　记

本书完成实为不易。幸而，得到许多帮助和支持，每念及此，心中一直充满感恩。

感谢老师的指导与提携。武汉大学法学院副院长、博士生导师祝捷教授从主要思路确定、篇章结构安排、论证逻辑自洽、表述统一规范等各方面，处处悉心指导，时时鼓励督促，分析问题鞭辟入里、透彻深刻，为人处世正直大度、善良体谅，让我既敬佩又感动。武汉大学副校长周叶中教授和《法学评论》主编秦前红教授对于我斗胆创新提出“监察协助”概念毫不吝惜给予包容与欣赏，并对充实重要内容、优化篇章结构、完善论证逻辑等提出宝贵的指导意见。还有清华大学余凌云教授以及很多老师给予了许多帮助。老师们深厚的学术功底、严谨的治学态度、对后学的帮助提携，我永远铭记在心。

感谢家人的包容和爱护。数年来几乎所有的工作之余，我都如同高中生争分夺秒地学习。两位伟大的母亲，帮我承担全部家务琐事，为我一点点进展由衷地欣喜。可爱的孩子，多少个静静的夜晚，我们一起挑灯夜读、奋笔疾书，互相见证彼此的努力和勇毅。我的爱人，作为律师本已十分忙碌，仍始终坚定不移地支持我所有的选择、赞同我所有的决定，为我排除所有干扰与困难，让我心无旁骛、潜心研究，成为更好的自己。

感谢挚友的帮助和鼓励。学识渊博、经验丰富的陈敏博士和康宁博士，情同姐妹，总能急我所急、想我所想，在资料收集、写作内容、成果运用上鼎力支持、一路扶助。低调儒雅、严谨细致的王平原老师，在论证逻辑、规范表达等方面给予了无可替代的帮助。

感谢法律出版社的接纳和支持。法律应用出版分社冯雨春分社长充分信任、统筹策划，责任编辑张颖老师精心组织、专业审校、细致沟通，为本书的质量提供了有力的背书。本书忝列为法律出版社这一出版名社的作品，全出于她们和多位编辑老师的付出与辛劳。

谨以此致谢。